Kapital, Crash, Krise

Kapital, Crash, Krise...

Kein Ausweg in Sicht?

Fragen an Sahra Wagenknecht

Pahl-Rugenstein

Breite Str. 47 53111 Bonn
Tel. 0228/63 23 06 Fax 0228/63 49 68

ISBN 3-83144-250-5

Lektorat: Orazio Czerwenka, czerger@bigfoot.com
Druck: Interpress, Budapest

Die Deutsche Bibliothek - CIP-Einheitsaufnahme

Kapital, Crash, Krise... : kein Ausweg in Sicht? ;
Fragen an Sahra Wagenknecht. - Bonn : Pahl-Rugenstein, 1998
ISBN 3-83144-250-5

Inhaltsverzeichnis

»...daß Du Dich wehren mußt, wenn Du nicht untergehen willst, das wirst Du doch einsehn!«

Bertolt Brecht

I. Krise! Welche Krise?

PIERRE CURIEUX: Die bedingungslose Kapitulation des »real existierenden Sozialismus« liegt gerade acht Jahre zurück. Glauben Sie wirklich, daß die alten Rezepte eine angemessene Antwort auf die Krise im heutigen Deutschland sind?

SAHRA WAGENKNECHT: Reden wir erst mal über die Ursachen der Krise. Die kommt ja nicht vom Himmel und auch nicht nur aus dem Kanzleramt. In anderen europäischen Ländern gibt es ähnliche Entwicklungen, ganz gleich, welche Partei die Regierung stellt. Millionen sitzen auf der Straße, immer mehr junge Leute bleiben chancenlos, geleistete Arbeit wird immer schlechter bezahlt und soziale Sicherungen werden zerstört. Die Finanzmärkte dagegen brummen, die Großindustrie fährt Rekordgewinne ein und wenige Reiche werden immer reicher.

PIERRE CURIEUX: Der Kapitalismus von heute ist trotzdem nicht der Kapitalismus von 1887.

SAHRA WAGENKNECHT: Das behauptet auch keiner. Aber hat sich sein Wesen gewandelt? Seit der osteuropäische Sozialismus verschwunden ist, regiert der Profit auch im Westen wieder mit einer Brutalität, die in den vorangegangenen Jahrzehnten undenkbar schien. Die Löhne werden nach unten gedrückt, damit die Dividenden steigen. Ein Betriebsteil, der sich nicht maximal rentiert, wird geschlossen, egal, ob eine ganze Region verarmt, egal, ob tausende Lebensperspektiven ruiniert werden. Einziges Kriterium ist die Rendite der Aktionäre. Das Grundprinzip des Marktes gilt für die gesamte Gesellschaft: Wer nicht zahlungskräftig ist, zählt nicht. Und die Profitlogik sorgt dafür, daß immer mehr Menschen auf der Strecke bleiben. Nein, Sozialismus ist kein »altes Rezept«. Er ist aktuell wie nie.

PIERRE CURIEUX: Die Ursachen der Krise lassen sich aber auch woanders finden. Vielleicht rührt die Lähmung gerade daher, daß wir jahrzehntelang über unsere Verhältnisse gelebt haben?

SAHRA WAGENKNECHT: Wer ist »wir«? Ja, ja, ich kenne die Phrasen: »Anspruchsdenken«, »Sozialschmarotzertum«. Das Geschrei der Unternehmerverbände erweckt den Eindruck, als stünde die deutsche Wirtschaft kurz vor dem Ruin, weil unersättliche Belegschaften fürstliche Gehälter nach Hause tragen, während Großaktionäre Hunger leiden, Topmanager ihre Anzüge aus der Kleidersammlung holen müssen und kein deutsches Produkt mehr auf ausländischen Märkten Absatz findet. Mit der Realität hat das nichts zu tun. Das »Alle-müssen-Opfer-bringen«-

Gerede ist zynisch. Wenn die herrschende Klasse unter sich ist, jammert sie viel weniger. Möchten Sie eine kleine Auslese der Titelmeldungen aus der »Frankfurter Allgemeinen Zeitung« der letzten Wochen? 12. Februar: »Allianz erfreut die Aktionäre mit einer höheren Dividende«, 19. Februar: »Neue Höchststände im deutschen Außenhandel«, 23. Februar: »Dresdner Bank erwirtschaftet Rekordgewinn«, 3. März: »Mercedes-Benz glänzt mit Rekordzahlen«, 6. März: »Die Deutsche Shell schließt mit einem Rekordgewinn ab«, 11. März: »Bayer erhöht die Dividende«, 11. März: »Volkswagen verzeichnet Rekordergebnis und erhöht Dividende«, 15. März: »BASF mit Rekordwerten bei Umsatz, Ertrag und Dividende«. Und so weiter und so fort. Ein paar Seiten weiter folgt dann die Kehrseite der Medaille: »Armut und Verwahrlosung wuchern um Berlins Mitte« (31. Januar), »Die Beschäftigungschancen von Jugendlichen sinken« (27. April), »Verdeckte Armut auch unter Erwerbstätigen« (22. April), »Die Finanzlage der deutschen Kommunen verschlechtert sich wieder« (20. Januar), »Für ein Automobil muß wieder länger gearbeitet werden« (13. März) »Der Umsatz im Einzelhandel sinkt« (17. April), »1997 abermals Insolvenzrekord in Deutschland« (7. Februar)...

PIERRE CURIEUX: Schlagzeilen ersetzen nicht Analyse.

SAHRA WAGENKNECHT: Das sollen sie auch nicht. Aber sie zeigen, daß die sozialen Kontraste zum Himmel schreien. Einige Großaktionäre, Großindustrielle und Bankiers sahnen ab; Millionen abhängig Beschäftigte, Arbeitslose und kleine Selbständige zahlen die Zeche dafür.

PIERRE CURIEUX: Aber sitzen wir nicht – als Gesamtgesellschaft betrachtet – letztlich doch alle in einem Boot?

SAHRA WAGENKNECHT: In einem Boot vielleicht, aber an sehr unterschiedlichen Plätzen. Die einen feiern auf dem Luxusdeck, weil ihnen das Boot gehört, die andern sind froh, daß sie wenigstens rudern dürfen und die dritten werden im Frachtraum weggesperrt und mit dürftigen Almosen abgespeist. Dabei werden die Almosen immer rarer, denn die Zahl der Ausgestoßenen wächst. Und einer solchen Gesellschaft soll die Zukunft gehören?

PIERRE CURIEUX: Wenn Sie die Leute vom Luxusdeck über Bord werfen, hat sich an der Situation der Menschen im Frachtraum noch nichts verändert.

SAHRA WAGENKNECHT: Aber ja. Dann müßte doch niemand mehr im Frachtraum herumsitzen. Es ist doch nur das Interesse der Eigentümer, das Schiff mit möglichst wenigen Ruderern zu betreiben. Ob die dann überarbeitet und gestreßt sind, kümmert die Herrschaften nicht. Auch was aus den anderen wird, ist ihnen egal, denn für deren Unterhalt zahlen sie ja nicht. Im übrigen geht es nicht darum, jemanden über Bord zu werfen. Es geht darum, daß das Schiff nicht länger einer kleinen steinreichen Clique gehört und deren Interesse über die Fahrroute entscheidet.

PIERRE CURIEUX Über die »Fahrtroute« entscheiden Regierungen, die in den westlichen Gesellschaften demokratisch gewählt werden.

SAHRA WAGENKNECHT: Das glauben Sie doch selbst nicht! Private Unternehmen, Versicherungen und Investmentfonds bewegen heute größere Summen als sie ein Politiker je in die Hände bekommt. Wer die Fabriken, die Banken, die großen Dienstleistungsunternehmen und Handelsketten eines Landes kontrolliert, der kann dem Rest der Gesellschaft seine Interessen diktieren. Er sitzt allemal am längeren Hebel. Denn er entscheidet darüber, ob und wo investiert wird, ob Arbeitsplätze entstehen oder vernichtet werden.

PIERRE CURIEUX: Wer Eigentümer der Unternehmen ist, ist eine juristische Frage, die praktisch nicht viel verändert. Außerdem gibt es heute nur noch sehr wenige Großunternehmen, die sich in traditionellem Familienbesitz befinden.

SAHRA WAGENKNECHT: Ob Familienbesitz oder Verfügung über große Aktienpakete ist in der Wirkung gleich. Eigentum begründet Recht auf Einkommen. Reichtum wird Quelle von noch mehr Reichtum. Es geht so gesehen ganz biblisch zu: Wer hat, dem wird gegeben. Im letzten Jahr haben fast alle deutschen Konzerne ihre Dividenden erhöht, Investmentfonds garantieren weit über zehn Prozent Rendite. 220 Milliarden DM hat die deutsche Oberschicht allein auf diese Art 1997 eingestrichen. Nach offiziellen Statistiken. Wobei das Statistische Bundesamt zugibt, daß mindestens 40% der tatsächlichen Bezüge nicht erfaßt werden. Die Kehrseite ist, daß das Geld dann natürlich an anderer Stelle fehlt. Wären beispielsweise diese 220 Mrd. DM gesellschaftlich verfügbar, könnte ein erstklassiges Sozialsystem finanziert werden, könnten Lehrstellen und Freizeiteinrichtungen für Jugendliche, gutbezahlte Arbeitsplätze im Bildungs- und Gesundheitswesen ohne Probleme geschaffen werden.

PIERRE CURIEUX: Aber Eigentum begründet Interesse an den Ergebnissen des Wirtschaftens. Wird es aufgehoben, besteht die Gefahr, daß alles im allgemeinen Schlendrian untergeht.

SAHRA WAGENKNECHT: Diejenigen, die arbeiten, sind heute längst nicht mehr die Eigentümer. Nicht mal in den Führungspositionen. Die einzigen Einkommen, die in Deutschland seit Jahren in die Höhe schießen, sind die, die man fürs Nichtstun bekommt: Zinsen, Dividenden,

Kursgewinne.

PIERRE CURIEUX: Der Anleger geht immerhin ein Risiko ein, die Kurse können auch fallen, das Unternehmen kann Verluste machen. Wer wagt, gewinnt, heißt es doch.

SAHRA WAGENKNECHT: Ach was, Risiko! Hat der Arbeitende etwa kein Risiko? Wenn er seinen Arbeitsplatz verliert, weil das Unternehmen dicht macht, steht er vor dem Nichts. Er hat seine Existenzgrundlage verloren, nicht bloß einen Teil seines Vermögens. Bekommt er etwa einen »Risikozuschlag« dafür? Der Multimillionär steht selbst nach einer Fehlanlage wohl kaum vor dem Aus. Je größer ein Vermögen ist, desto besser kann es gesplittet werden. Kein Vermögender wird sein gesamtes Geld in eine einzige Aktie stecken. Als sicheres Polster bleiben außerdem die Festverzinslichen, die völlig risikolos erkleckliche Zinsen abwerfen...

PIERRE CURIEUX: Derzeit in Deutschland um die vier Prozent...

SAHRA WAGENKNECHT: Selbst das sind bei einer Anlagesumme von 100 Millionen Mark eben 4 Millionen DM Einkommen im Jahr. Das verdient der fleißigste Arbeiter in seinem Leben nicht. Außerdem gibt es genügend Vermögensverwaltungsgesellschaften, die den Reichen selbst noch diese letzte Mühe abnehmen, über die richtige Anlage ihres Geldes nachzudenken. Und die garantieren Renditen weit über 4 Prozent. Freilich muß man oft mindestens eine Millionen Mark mitbringen, um bei diesen erlesenen Instituten Kunde werden zu können.

PIERRE CURIEUX: Aber widerspricht diese Trennung zwischen Eigentum und Verfügung nicht Ihrer These von vorhin, daß Eigentum Macht begründet? Der Eigentümer erhält Einkommen, das ist richtig. Aber er verliert jeden Einfluß auf wirtschaftliche Entscheidungen. Die fällen vielmehr Nicht-Eigentümer: die Topmanager der großen Wirtschaftsunternehmen, die Verwalter der Investmentfonds.

SAHRA WAGENKNECHT: Ja, aber der Eigentümer hat ein entscheidendes Druckmittel: Er kann sein Kapital jederzeit abziehen und an anderer Stelle anlegen. Sobald der Shareholder-Value (Profitrate) unbefriedigend ausfällt, wird er das tun. Sein diesbezügliches Drohpotential ist um so größer, je höher die Kapitalsummen sind, mit denen er disponiert. Treten riesige Fonds als Kapitalsammelstellen zwischen Anleger und Unternehmen, können die Renditediktate besonders rigoros vorgetragen werden. Bestes Beispiel dafür ist die USA. Mit Kapitalrenditen unter 15% kann sich kein Unternehmen mehr sehen lassen. Die Privatisierung der Alterssicherung führt Europa auf den gleichen Pfad. Der Leiter des globalen Investmentbanking von J.P. Morgan, Walter A. Gubert, sieht dieser Entwicklung mit Freude entgegen: »Die Deutschen fühlen den Druck ihrer Aktionäre noch nicht«, meint er. Wenn erst die Investmentfonds auch in Deutschland ausgelagert, privatisiert und professionell verwaltet würden, würden sich »Aktionäre ... vieles nicht mehr gefallen lassen, wie Ineffizienzen, zu niedrige Eigenkapitalrenditen und unwirtschaftliche Beteiligungen und Überkreuzverflechtungen ...«[1]

PIERRE CURIEUX: Gut, aber es gibt auch einen Kapitalismus ohne Fonds ...

SAHRA WAGENKNECHT: Früher haben die Banken mit ihren Kreditlinien und Rentabilitätsvorgaben diesen Part übernommen. Zum Teil tun sie das auch heute noch. Es bringt nichts, die Pensionsfonds als Buhmann aufzubauen. Sie bestärken nur einen Trend, den es auch ohne sie gibt: die Logik der Börse zwingt das Management, steigende Renditen für die Kapitaleigner rauszuholen. Das ist ihr einziger, absoluter Auftrag. Sonst fallen die Kurse und damit wird Eigenkapital teurer und der Zugang zu Fremdkapital schwieriger. Die »Steigerung des Unternehmenswertes« steht heute überall im Zentrum der Unternehmensführung. Außerdem haben die Topmanager selbst genügend Aktien und Optionen in ihrem Portefeuille, um abweichende Interessen gar nicht erst aufkommen zu lassen. Das Ergebnis läßt sich sehen: Der DAX hat 1997 um 50% zugelegt, einzelne Titel haben Wertsteigerungen von über 100% erzielt. Im laufenden Jahr werden diese Rekorde voraussichtlich noch weit überboten. Für den Aktionär ist das bare Münze. Daneben sieht der Kleinsparer, der mit 3%-Zinsen auf sein Sparbuch nach Hause geschickt wird, ziemlich alt aus.

PIERRE CURIEUX: Allerdings steht der Aktienkauf auch dem Kleinsparer frei.

SAHRA WAGENKNECHT: Wenn er genügend Geld übrig hat. Bei den durchschnittlichen Nettoeinkommen abhängig Beschäftigter dürfte es schwer fallen, sich ein rentierliches Aktienpaket zusammenzukaufen. Die meisten sind froh, wenn sie mit ihrem Geld einigermaßen über die Runden kommen und die jährlichen Ersparnisse dann noch für ein oder zwei Reisen reichen. Viel mehr ist für sie nicht drin. Der Aktienbesitz ist in Deutschland ähnlich polarisiert wie die Einkommen[2]: 93 Prozent der Erwachsenen haben gar keine Aktien, die reichsten 1 Prozent dagegen verfügen über etwa 70% des gesamten privat gehaltenen Aktienbestandes. Es ist also eine winzige Schicht von Leuten, die von derartigen Kurskapriolen profitiert.

PIERRE CURIEUX: Also sollte darüber nachgedacht werden, wie weit mehr Menschen an der Aktienhausse beteiligt werden könnten. Politische Konzepte dafür täten not. Sozialneid auf die Aktionäre bringt uns nicht weiter.

SAHRA WAGENKNECHT: »Sozialneid«? Wer erwirtschaftet denn die Dividenden? Das Geld, das die Großaktionäre einstreichen, entsteht doch nicht in den Wertpapierdepots. Eine Freundin von mir arbeitet seit acht Jahren als Verkäuferin in einem Großkaufhaus. An den meisten Tagen geht sie früh halb neun zur Arbeit, ist abends halb zehn wieder daheim. Überstunden werden nicht bezahlt, bestenfalls irgendwann abgebummelt, oft nicht mal das. Allein in den letzten zwei Jahren wurden ihr vier mal die Provisionen gekürzt. Heute beträgt ihr Lohn für die Plackerei monatlich etwa 2000 DM netto. Neu eingestellte Kollegen erhalten noch weniger, von den vielen zeitweise und unversichert Beschäftigten ganz zu schweigen. Da sind inzwischen Stundenlöhne von 10 DM normal. Aber in jedem Jahr überweist der Konzern dreistellige Millionenbeträge an seine Aktionäre. Statt über »Sozialneid« sollten wir lieber über Ausbeutung reden. Denn die findet täglich statt, immer brutaler.

PIERRE CURIEUX: Aber das sind Einzelbeispiele. Viele Unternehmen kämpfen ums Überleben. Höhere Lohnkosten würden sie in die roten Zahlen treiben.

SAHRA WAGENKNECHT: Das gilt für viele Kleinbetriebe und Mittelständler, ja. Bei den Wirtschaftsgiganten sieht es anders aus. »Steigende Gewinne im sechsten aufeinanderfolgenden Jahr« titelte die FAZ im Februar.[3] Der Artikel beschreibt die Gewinnentwicklung jener dreißig Finanz- und Industriekonzerne, deren Börsenkurse die Basis des Deutschen Aktienindex bilden. Ihre Gewinne sind in den Neunzigern unentwegt gestiegen. Für 1998 wird ein weiterer Gewinnsprung von 14% vorausgesagt.

PIERRE CURIEUX: Von einer guten Gewinnentwicklung profitieren über kurz oder lang auch die Beschäftigten...

SAHRA WAGENKNECHT: Schön wär's ja. Das ist die alte Mär, mit der man die Leute hinhält. In Wirklichkeit ist das Geld, das sich oben häuft, direkt aus ihren Taschen weggeklaut. Ein Gewinnsprung von 14% läßt sich bei wirtschaftlichen Wachstumsraten von 2 – 3% nur auf Kosten anderer erreichen. Diese »anderen« sind zum einen konkurrierende Unternehmen im In- und Ausland, die vom Markt verdrängt oder gefressen werden. Ihre Belegschaften landen dann meist auf der Straße. Steigende Arbeitslosigkeit wiederum erlaubt noch stärkeren Druck auf die Gehälter der Beschäftigten. Kein Wunder also, daß die Lohnkosten seit Jahren sinken. Hier liegt die zweite wichtige Quelle der Gewinnrekorde. Nur dank dieser Umverteilung konnten die Vermögenseinkommen in den

Neunzigern zigmal schneller wachsen als die Wirtschaft insgesamt. Von 1993 bis 1996 haben die Bezüge der Unternehmer und Geldbesitzer netto um 33%[4] zugelegt, allein 1997 nochmals um 8,9%[5]. Die Kaufkraft der abhängig Beschäftigten dagegen ist seit 1990 um gut 8%[6] gesunken. Wenn die Menschen keine Lust mehr haben, den Luxus anderer durch Einbußen im eigenen Lebensstandard zu finanzieren, dann ist das nicht »Sozialneid« sondern berechtigt.

PIERRE CURIEUX: Man sollte aber die Maßstäbe nicht aus dem Blick verlieren. Deutschland ist international eines der Länder mit den höchsten Löhnen.

SAHRA WAGENKNECHT: Das stimmt bestenfalls für die Tariflöhne, die allerdings immer weniger Beschäftigte bekommen. Außerdem: Entscheidend ist das Verhältnis der Löhne zur Produktivität. Wenn pro Arbeitsstunde mehr produziert wird, kann auch mehr verteilt werden, und wenn der Produzent von diesem »mehr« nicht profitiert, dann tun es andere. Die Produktivität in Deutschland ist seit 1980 um 35 Prozent[7] gestiegen. Das heißt, jeder von uns könnte über ein Drittel mehr Einkommen haben oder eine um ein Drittel verkürzte Arbeitszeit. Das würde lediglich die Verteilungsverhältnisse des Jahres 1980 wiederherstellen. Von wegen, Arbeitszeitverkürzung mit vollem Lohnausgleich sei nicht finanzierbar!

PIERRE CURIEUX: Das ist, entschuldigen Sie, eine Milchmädchenrechnung. Denn die Produktivität ist in den verschiedenen Produktionsbereichen natürlich unterschiedlich stark gestiegen. Bei einer Arbeitszeitverkürzung um ein Drittel träfe sich der größte Teil des deutschen Mittelstands beim Konkursrichter wieder.

SAHRA WAGENKNECHT: Dort enden auch so immer mehr kleine Unternehmen. Obwohl die Reallöhne seit Jahren sinken. An denen kann es also nicht liegen. Die Produktivität im mittelständischen Sektor ist auch deshalb niedriger, weil ein Teil des eigentlich dort geschaffenen Werts von den Großen abgeschöpft wird. Wenn der Mittelstand die Möglichkeit hätte, sich ebenso billig Kapital zu beschaffen wie die Konzerne und wenn seine Produkte von den Handelsketten ordentlich bezahlt würden, dann wären kräftige Lohnsteigerungen auch für ihn kein Problem. Unter den heutigen Bedingungen freilich diktieren ihm die Banken teure Kredite zu schlechten Konditionen und die Handelskonzerne drücken kraft ihrer Marktmacht die Abnahmepreise nach unten.

PIERRE CURIEUX: Ja. Aber das ist nun mal die Realität.

SAHRA WAGENKNECHT: Natürlich müssen die Großen zur Kasse gebeten werden, nicht die Kleinen. Es geht mir doch nur um den Nachweis, daß weit höhere Löhne – volkswirtschaftlich gesehen – problemlos finanzierbar wären. Das Geld ist da. Die Verteilungsrelation zwischen den Einkommen der Lohn- und Gehaltsempfänger und den Zins- und Gewinneinkommen hat sich seit 1980 ständig zugunsten der letzteren verschoben. Das ist eine Tatsache. Die Lohnquote ist heute so niedrig wie noch nie in der Geschichte der Bundesrepublik. Diese Umverteilung nach oben muß die Massenkaufkraft ruinieren. Und das bekommt der Mittelstand, der primär auf den Binnenmarkt angewiesen ist, zu spüren. Die Wirtschaftsgiganten tun in ihren Geschäftspraktiken alles, um kleinere Betriebe vom Markt zu werfen. Just wenn es um die Löhne geht, entdeckt die Konzernlobby plötzlich ihr Herz für den konkursbedrohten Mittelständler. Das ist scheinheilig!

PIERRE CURIEUX: Sowohl die Einkommen der Lohn- und Gehaltsempfänger als auch die Zins- und Gewinneinkommen sind allerdings globale statistische Größen, die für sich wenig aussagekräftig sind. Beispielsweise zählen zu den Vermögenseinkommen auch die Zinsen, die der sparende Arbeitnehmer auf sein Festgeldkonto oder Sparbuch gutgeschrieben bekommt.

SAHRA WAGENKNECHT: Ja, aber das macht nichts besser. Dadurch, daß es sich um globale Größen handelt, werden die wirklichen Verhältnisse eher noch geschönt. Denn in die Summe der Lohn- und Gehaltseinkommen gehen auch die Gehälter der Topmanager und leitenden Angestellten ein. Diese Spitzengehälter sind entgegen dem allgemeinen Trend auch in den letzten Jahren kräftig gewachsen. Würden sie bei der Berechnung ausgeklammert, ergäbe sich ein noch drastischerer Rückgang des Einkommens der abhängig Beschäftigten. Die Vermögenseinkommen dagegen konzentrieren sich tatsächlich auf wenige tausend Multimillionäre und Milliardäre; der Anteil von Arbeitern mit Sparbuch oder Festgeldkonto fällt kaum ins Gewicht. Über die Polarisierung des Aktienbesitzes haben wir schon gesprochen. Bei den Vermögen insgesamt sieht es kaum anders aus. 0,6% der Haushalte in Deutschland besitzen jeweils über 10 Millionen Mark und konzentrieren etwa 25 Prozent des gesamten erfaßten Vermögens auf sich. Demgegenüber hat die Hälfte der Haushalte weniger als 38 000 auf der hohen Kante und an den Gesamtvermögen einen Anteil von insgesamt 1%.[8] Zieht man davon noch die Konsumentenkredite ab, bleibt weniger als nichts.

PIERRE CURIEUX: So ist es gegenwärtig, aber so muß es ja nicht bleiben. Ich muß noch mal auf meinen Einwand von vorhin zurückkommen. Sprechen nicht gerade die von Ihnen genannten Zahlen dafür, die Arbeitenden stärker an der Vermögensbildung zu beteiligen?

SAHRA WAGENKNECHT: Ja, aber dafür müßten höhere Löhne und

Gehälter gezahlt und mehr Arbeitsplätze geschaffen werden. Geschieht das nicht, ist die ganze Diskussion Augenauswischerei. Die Finanzmärkte sind schon heute überliquide. Wenn sie – etwa durch die Privatisierung sozialer Sicherungssysteme – noch mehr aufgebläht werden, wird deshalb keine einzige Ware zusätzlich produziert und kann damit auch nicht verteilt werden. Außerdem besteht die Gefahr, daß der Kleinsparer zur wehrlosen Manövriermasse der Großen wird, die auf seine Kosten ihre Spekulationsgewinne noch mehr in die Höhe treiben. Oder aber sich still und heimlich von überbewerteten Aktienpaketen verabschieden. Immerhin hat der Kleinanleger kaum eine Chance, sich über die Daten einzelner Unternehmen wirklich zu informieren. Eine Bank, die ihre Vertrauten in den Aufsichtsräten sitzen hat, verfügt über ganz andere Möglichkeiten. Außerdem: Je größer ein Vermögen, desto eher kann das Risiko, das bei Aktien immer mitspielt, gesplittet werden; wer mit einigen Millionen spekuliert, kann den Verlust einiger Hunderttausend leicht verkraften. Wenn der Kleinsparer seine Alterssicherung verliert, ist er ruiniert.

PIERRE CURIEUX: Nichts spricht dagegen, daß auch der Kleinanleger professionelle Fonds nutzt.

SAHRA WAGENKNECHT: Nur, die Konditionen, die er bekommt, sind immer schlechter als bei Großvermögen. Die Anlagen sind entweder niedriger verzinst oder risikovoller. Wie gesagt: Viele seriöse Vermögensverwaltungsgesellschaften geben sich mit »Kleinkram« unter einer Millionen Mark gar nicht ab.

PIERRE CURIEUX: Deshalb sollen bessere Möglichkeiten für Kleinanleger geschaffen werden. Von CDU-Seite wird der »Investivlohn« als Modell für höhere Verteilungsgerechtigkeit diskutiert.

SAHRA WAGENKNECHT: Er ist eher ein Modell für weiteren Lohnraub. Denn voraussichtlich werden die Löhne nicht um den investierten Betrag zusätzlich erhöht. Wahrscheinlicher ist, daß die Summe vom bisherigen Barlohn abgezwackt wird und die Unternehmen sich auf diese Weise billige Finanzierungsmittel besorgen. Wenn die Kurse weiter steigen, wird auch der Arbeiter Brosamen abbekommen. Wenn nicht, verliert er erneut einen Teil seines Einkommens. Außerdem: je mehr Leute beim Aktien-Monopoly mitspielen, desto risikovoller wird es. Die volkswirtschaftliche Verteilungsmasse erhöht sich eben nicht durch Aufblähung der Aktienkurse, sondern nur durch reale Investitionen...

PIERRE CURIEUX: ...die mittels der so mobilisierten Finanzierungsmittel getätigt werden könnten.

SAHRA WAGENKNECHT: Könnten, aber vermutlich nicht werden. Daß die Investitionsquote in Deutschland so niedrig ist wie noch nie, liegt nicht an mangelndem Geld in den Unternehmenskassen. Im Gegenteil, viele Wirtschaftskonzerne haben längst einen positiven Finanzierungssaldo, sie haben mehr Geld in Finanzdepots herumliegen als sie Schulden haben. Bei einigen übersteigen die Finanzanlagen sogar ihr Sachkapital. Das stellt jede volkswirtschaftliche Logik auf den Kopf. Es ist also fraglich, ob die »Investivlöhne« tatsächlich investiert oder nur auf den Finanzmärkten verspekuliert würden. Und wenn schon investiert wird, dann meist bloß zur Rationalisierung. Im Extremfall bezahlt der Arbeiter so die Vernichtung seines eigenen Arbeitsplatzes. Bei sinkender Massenkaufkraft gibt es eben keinen Grund, die Produktion zu erweitern . Der »Investivlohn« wird, so wie er derzeit konzipiert ist, die Barlöhne noch mehr nach unten drücken. Damit bricht wieder zahlungskräftige Nachfrage weg. Im Ergebnis wird weniger produziert, nicht mehr.

PIERRE CURIEUX: Das statistisch belegbare Sinken der Löhne und Gehälter betrifft allerdings in erster Linie die Nettowerte. Gestiegen sind vor allem Steuern und Abgaben. Dafür ist der Staat verantwortlich, nicht die Unternehmen.

SAHRA WAGENKNECHT: Aber schauen Sie sich doch an, wo die erhöhten Steuern und Abgaben hingeflossen sind. Den Steuerbelastungen der abhängig Beschäftigten stehen spiegelbildlich die Entlastungen der Unternehmen und reichen Vermögensbesitzer gegenüber. Das Gesamtaufkommen hat sich kaum verändert, verändert haben sich die Anteile der verschiedenen Steuerzahler. Der Anteil der Lohnsteuer etwa hat sich seit 1960 verdreifacht: von 12 auf 35 Prozent. Der Anteil der Gewinnsteuern dagegen bewegt sich seit Jahren rapide nach unten. 1980 waren es noch 16 Prozent, heute sind es ganze 5 Prozent[9], die Unternehmen zum Steueretat beitragen. Trotz ständig steigender Gewinne. Es ist ein Hohn, wenn die Konzerne über die angeblich allzu drückende Steuerlast klagen. Eine Studie hat kürzlich die tatsächliche Steuerbelastung der 30 DAX-Unternehmen untersucht. Sie lag 1989 noch bei 54 Prozent, 1995 waren es bloß noch 26 Prozent.[10] Tendenz: weiter fallend. Deutsche Bank, Commerzbank und Dresdner Bank haben ihre Steuerzahlungen zwischen 1992 und 1996 sage und schreibe halbiert. Siemens hat 1996 keinen Pfennig abgeführt. Daimler und Lufthansa gehören zu den Spezialisten, die sich zuweilen mehr Steuern zurückholen als sie zahlen. Im Gegenzug wird in diesem Jahr schon wieder die Mehrwertsteuer erhöht, also wieder der Kleinverdiener zur Kasse gebeten.

PIERRE CURIEUX: Ein Teil der Steuern wird allerdings auch von wachsenden Sozialausgaben absorbiert. Hinzu kommen hohe Sozialversicherungsbeiträge, die die Lohnkosten nach oben treiben, ohne daß der Beschäftigte etwas davon hat. In diesem Zusammenhang stellt sich die Frage, ob es nicht besser wäre, mehr Menschen in Lohn und Brot zu bringen, als hohe Sozialtransfers auszuzahlen.

SAHRA WAGENKNECHT: Das stimmt, aber der Zusammenhang existiert so nicht. Es ist einfach nicht wahr, daß bei einem niedrigeren Lohnniveau die Arbeitslosigkeit geringer wäre. Niedrigere Löhne bedeuten ja nur, daß der Anteil der abhängig Beschäftigten am volkswirtschaftlichen Verteilungskuchen noch kleiner wird, also spiegelbildlich dazu die Gewinn- und Vermögenseinkommen noch üppiger ausfallen.

PIERRE CURIEUX: Ludwig Erhard hat einmal gesagt, die sozialpolitische Aufgabe bestehe nicht in der Division, sondern in der Multiplikation des Sozialprodukts. Der gesamte Verteilungskuchen wird größer, wenn höhere Gewinne höhere Investitionen stimulieren.

SAHRA WAGENKNECHT: Ja, »wenn«! Das Thema hatten wir doch schon. Die Gewinne bewegen sich seit Jahren auf Rekordniveau, die Investitionsquote auch, aber in der entgegengesetzten Richtung! Wundern kann man sich darüber nicht. Sinkende Nachfrage auf den Verbrauchermärkten schafft noch mehr Überkapazitäten, stimuliert Rationalisierungen und weiteren Personalabbau. Also geht die Umverteilung nach oben einher mit immer neuen Arbeitslosenrekorden.

PIERRE CURIEUX: Die Investitionen könnten höher und die Arbeitslosigkeit geringer sein, wenn die Menschen bereit wären, auch zu niedrigeren Einstiegslöhnen Arbeit aufzunehmen. Dem stehen nicht zuletzt die vergleichsweise hohen sozialen Leistungen entgegen. In anderen Ländern wären viele froh, wenn sie das Einkommen eines deutschen Sozialhilfeempfängers hätten.

SAHRA WAGENKNECHT: Schlimm genug, daß es anderen noch schlechter geht. Der Regelsatz der Sozialhilfe beträgt 520 DM im Monat für den sogenannten »Haushaltsvorstand«. Arbeitslosenhilfe ist – alles in allem – nicht höher. Werden Strom, Gas, Telefon und ähnliches abgezogen, bleiben für den unmittelbaren Lebensunterhalt oft nicht mehr als 300 Mark. Haben Sie schon mal versucht, davon einen Monat lang zu leben? Hinzu kommen unwürdige und erniedrigende Bedürftigkeitsprüfungen. Die Kriterien werden immer schärfer. Es sind die Schwächsten, die es am schlimmsten trifft. Die Bundesärztekammer hat vor kurzem eine Studie veröffentlicht, die belegt, daß Armut bei Kindern und Jugendlichen in Deutschland wieder zu einem wesentlichen Krankheitsfaktor geworden ist.[11] Das ist eine Schande für dieses reiche Land!

PIERRE CURIEUX: Es gibt genügend Beispiele, daß Sozialhilfeempfänger sogar ein höheres Haushaltseinkommen beziehen als mancher Arbeitende.

SAHRA WAGENKNECHT: Das spricht gegen die Unternehmen, die Arbeitenden solche Hungerlöhne zahlen, nicht gegen die Sozialhilfe. Es ist der blanke Hohn, den ins Abseits Gedrängten auch noch zu unterstellen, sie befänden sich freiwillig da. Wie viele junge Menschen bleiben heute von vornherein auf der Strecke! Lehrstellen gibt es immer weniger. Studieren ist inzwischen eher eine Frage des elterlichen Geldbeutels als der persönlichen Fähigkeiten. Wer aber keine vernünftige Ausbildung hat, bleibt auch auf dem Arbeitsmarkt chancenlos. Welche Perspektive haben die rund 1 Millionen Kinder und Jugendlichen, die bereits als Sozialhilfebezieher aufwachsen müssen? Armut ist doch längst erblich geworden. Und wie steht es um die Menschen, die im besten Alter von Ende vierzig/Anfang fünfzig entlassen werden. Obwohl sie sich noch lange nicht zur Ruhe setzen wollten, obwohl sie Lebens- und Berufserfahrung, oft sogar hohe Qualifikation mitbringen, werden sie zum »alten Eisen« geworfen. Meist unwiderruflich.

PIERRE CURIEUX: Das ist die eine Seite. Aber es gibt doch nachweislich genug Fälle, wo Sozialleistungen erschlichen werden, wo eindeutiger Mißbrauch stattfindet. Wollen Sie das leugnen?

SAHRA WAGENKNECHT: Sicher gibt es Menschen, die Sozialleistungen beziehen und nebenher schwarz arbeiten. Das ist bei den kümmerlichen Leistungen verständlich. Davon profitieren eher die Unternehmen, die diese Leute unversichert und schlecht bezahlt beschäftigen. Viel häufiger als der sogenannte »Mißbrauch« ist es allerdings, daß Menschen – sei es aus Scham, sei es aus Unwissenheit – ihnen zustehende Leistungen gar nicht in Anspruch nehmen. In Deutschland gibt es fast 2,8 Millionen sogenannte »verdeckt Arme«, die von einem Einkommen unterhalb des Existenzminimums leben müssen. Es wird geschätzt, daß auf 100 Sozialhilfeempfänger etwa 110 »verdeckt Arme« kommen.[12] Ich bin die Debatte über angeblichen »Sozialmißbrauch« mehr als leid. Das wird doch nur hochgespielt, um von den wirklichen Profiteuren und Schmarotzern dieser Gesellschaft abzulenken.

PIERRE CURIEUX: Aber mindert nicht ein hohes Niveau an Sozialleistungen tatsächlich die Motivation, sich mit eigener Arbeit sein Einkommen zu verdienen?

SAHRA WAGENKNECHT: Ob jemand Arbeit hat oder nicht, ist in dieser Gesellschaft leider nur zum geringsten Teil eine Frage der Motivation. Wer 9 Millionen Menschen unterstellt, sie seien arbeitsfaul, weiß einfach nichts von der realen Situation im Land.

PIERRE CURIEUX: Ich glaube, das unterstellt keiner. Aber gibt es nicht viele, die eine etwas schlechter bezahlte Tätigkeit haben könnten, aber nicht angenommen haben.

SAHRA WAGENKNECHT: Es kann ja sein, ich kenne die falschen Leute. Aber die ich kenne, haben zum Teil schon die hundertste Bewerbung abgeschickt, sind verzweifelt und wissen einfach nicht mehr, was sie machen sollen. Ich kenne Akademiker, die einen Job als Briefträger angenommen haben und sogar noch froh darüber waren. Immer wieder gibt es Anzeigen: »Nehme jede Arbeit an«. Wie tief sollen sich die Menschen noch erniedrigen?

PIERRE CURIEUX: Trotzdem, die öffentlichen Kassen sind leer. Es mag populär sein, höhere Sozialleistungen zu fordern. Aber sind sie finanzierbar? Schon das gegenwärtige Niveau scheint kaum zu halten zu sein.

SAHRA WAGENKNECHT: Ich kann dieses Sparzwang-»Argument« nicht mehr hören. Das Volkseinkommen in der Bundesrepublik ist heute so hoch wie noch nie. Wenn die öffentlichen Kassen leer sind, muß man dafür sorgen, daß sie wieder voller werden. Die gegenwärtige Politik tut das Gegenteil. Allein der Eurofighter wird voraussichtlich an Forschungs-, Beschaffungs- und Betriebskosten um die 100 Mrd. DM verschlingen. Die Abschaffung der Vermögenssteuer reißt ein Loch von 8 Milliarden jährlich in den Staatshaushalt. Direkt betroffen sind die Kommunen von der Abschaffung der Gewerbekapitalsteuer. Die ergibt einen Fehlbetrag von 9 Mrd. DM jährlich. Für die eigentliche Sozialhilfe dagegen werden etwa 17 Milliarden Mark im Jahr ausgegeben. Das ist gar nichts. Das ruiniert den Staatsetat wahrlich nicht. Die Sozialhilfe steht auch nicht deshalb unter zunehmendem Beschuß der Unternehmerverbände, weil sie nicht mehr finanzierbar wäre, sondern weil die Menschen gezwungen werden sollen, ihre Arbeitskraft zu immer mieseren Konditionen zu verkaufen.

PIERRE CURIEUX: So oder so sind soziale Transfers leistungslose Einkommen, die von den Leistungsträgern aufgebracht werden müssen. Es ist unter keinen Umständen volkswirtschaftlich gesund, wenn diese Transfers immer mehr zunehmen.

SAHRA WAGENKNECHT: Nein. Aber das Problem löst man nicht mit Sozialkürzungen. Statt dessen muß jedem Menschen wirklich die Chance gegeben werden, sich mit eigener Arbeit einen menschenwürdigen Lebensunterhalt zu verdienen. Apropos leistungslose Einkommen: was sind die mageren 17 Mrd. DM Sozialhilfe im Vergleich zu den 220 Mrd. DM Vermögenseinkommen, die die deutsche upper class Jahr für Jahr einstreicht? Aber darüber redet niemand, die sind anscheinend nicht »unfinanzierbar«.

PIERRE CURIEUX: Kommen wir noch mal auf die Sozialbeiträge zurück: Krankenkasse, Renten- und Arbeitslosenversicherung. Diese Beträge sind in den letzten Jahren ständig gestiegen, sie reduzieren die Realeinkommen der Beschäftigten und treiben zugleich die Lohnkosten hoch. Ich glaube, man muß sich dem Problem stellen, daß diese Leistungen auf Dauer nicht mehr in der gegenwärtigen Größenordnung finanzierbar sein werden.

SAHRA WAGENKNECHT: Bleiben wir nur bei den Krankenkassenbeiträgen. Die sind doch nicht deshalb gestiegen, weil die Leute immer kranker werden oder wenigstens die Kranken immer besser versorgt würden. Nein, die gestiegenen Beträge finden sich spiegelbildlich in den eindrucksvollen Gewinnbilanzen der Pharmaindustrie wieder. Dank ihrer Marktmacht sind die Konzerne in der Lage, immer höhere Preise durchzusetzen. Das verschlingt die Krankenkassen-Beiträge und auch die immer höheren Zuzahlungen. Apotheken sind ja heutzutage ein Ort, den man meiden sollte, wenn man kein Millionär ist. Ich hatte kürzlich eine Virusgrippe. Für die vom Arzt verschriebenen Bagatellmittel wurden ich um 50 DM ärmer. Ich kenne etliche, die sich verschriebene Medikamente nicht mehr holen, weil sie sie einfach nicht bezahlen können. Im Ergebnis sind sie dann länger krank. Es ist volkswirtschaftlich der reinste Aberwitz. Und über Humanismus sollten die, die für solche Regelungen verantwortlich sind, schon gar nicht reden.

PIERRE CURIEUX: Wo soll das Geld für die medizinische Versorgung herkommen?

SAHRA WAGENKNECHT: Das Problem ließe sich vermeiden, wenn niedrige Höchstpreise für Pharmaerzeugnisse gesetzlich festgeschrieben würden. Dann wäre eine volle medizinische Versorgung für jeden finanzierbar, ohne Zuzahlung und sogar bei sinkenden Beiträgen. Freilich wäre dann mit der Krankheit kein Bombengeschäft mehr zu machen. Die Pharma-Industrie würde kostendeckend arbeiten, mehr nicht. Das dürfte den Schering-Aktionären kaum gefallen. Also werden lieber die Kranken zur Kasse gebeten. Und wehe dem, bei dem der Kontostand nicht stimmt. Medizinische Versorgung wird wieder zu einem Luxus, den sich nicht jeder leisten kann. Wer arm ist, stirbt früher. So einfach und brutal funktioniert dieses Wirtschaftssystem.

PIERRE CURIEUX: Außer Verdacht, Konzerne zu bereichern, steht die Rentenversicherung. Aber auch da genügen die Beiträge hinten und vorne nicht, um das Rentenniveau zu halten. Das hat in diesem Falle eindeutig demographische

Gründe, keine gesellschaftlichen. Immer weniger junge Leute zahlen die Rente für immer mehr alte.

SAHRA WAGENKNECHT: Es hat keine demographischen Gründe. Das stimmt einfach nicht. Natürlich gibt es die bekannte Alterspyramide. Aber dafür ist die menschliche Arbeit immer produktiver geworden. Der Anteil der Rentenbeiträge am Bruttoinlandsprodukt ist – entgegen aller Stimmungsmache – in den letzten zwanzig Jahren kaum gestiegen. 1980 betrug er 8,8%, 1995 waren es in der Altbundesrepublik 8,5%. Lediglich gesamtdeutsch liegt er ein wenig höher, nämlich bei 9,7%.[13] Lägen die Beträge auch nur 0,9% über dem damaligen Niveau, würde sich wohl niemand beklagen. Daß sie erheblich mehr gestiegen sind, ist wieder Ausdruck der veränderten Verteilungsverhältnisse. Das Problem ist nicht, daß nicht genügend Menschen im arbeitsfähigen Alter da wären. Das Problem ist, daß immer weniger Menschen eine sozialversicherte Beschäftigung haben und ihre Einkommen trotz volkswirtschaftlichen Wachstums bestenfalls stagnieren. Oft sinken sie sogar.

PIERRE CURIEUX: Keine Gewerkschaft hat je sinkenden Tariflöhnen zugestimmt.

SAHRA WAGENKNECHT: Nein, aber Tarifverträge werden durch immer größere Öffnungsklauseln durchlöchert. Trauriger Spitzenreiter ist hier die IG Chemie, die im vorigen Jahr den Weg zu 10%igen Lohnsenkungen freigemacht hat. Obwohl die Chemiebranche boomt und Rekordgewinne an der Tagesordnung sind. Es gibt einen Großangriff der Unternehmer gegen den Flächentarif überhaupt. Die Schlagworte lauten »Flexibilisierung« und »Deregulierung«. Reguläre Arbeitsverhältnisse verschwinden, Arbeitsplätze werden in Subunternehmen ausgelagert. Dort gibt es dann keine Tariflöhne mehr; wer für weniger Geld nicht arbeiten will, kann ja gehen.... Vielen Arbeitslosen wiederum bleibt nur der Weg in schlecht bezahlte Teilzeitjobs oder Scheinselbständigkeit. Besonders letztere wird immer »beliebter«. Ein ehemals Angestellter hat genau das gleiche zu tun wie vorher. Nur ist er jetzt formell selbständig, er least die benötigten Betriebsmittel oder kauft sie auf Kredit. Das Unternehmen ist fein raus, es spart alle Sozialbeiträge und hat die Marktunsicherheiten auf seinen ehemaligen Mitarbeiter abgewälzt. Nach Schätzungen gibt es inzwischen etwa 410 000 Scheinselbständige in der Bundesrepublik.[14] Auch der Bereich sogenannter »geringfügiger Beschäftigung« weitet sich immer mehr aus. Ebenfalls zu Lasten sozialversicherter Arbeit. Etwa 5,6 Millionen Menschen sind heute in 620-DM-Jobs tätig. Dadurch verlieren die Sozialversicherungen jedes Jahr zwischen 15 und 20 Mrd. Mark.[15]

»Germans, Too, Work More for Less«, titelte die »International Herald Tribune« im letzten Sommer.[16] Diese Zeitung weiß, worüber sie schreibt, denn die Mustervorlage stammt von jenseits des Atlantik.

PIERRE CURIEUX: Zumindest die Arbeitslosenzahlen konnten in den USA erheblich reduziert werden.

SAHRA WAGENKNECHT: Eher mittels statistischer Tricks als in Wirklichkeit. Die amerikanischen Zahlen sind so seriös wie das 2,7 Prozent Haushaltsdefizit, mit dem Deutschland im letzten Jahr angeblich die Euro-Hürde genommen hat.

PIERRE CURIEUX: Das dürfte sich schwer belegen lassen.

SAHRA WAGENKNECHT: Der frühere US-Arbeitsminister Robert Reich hat einmal gesagt, die amerikanischen Arbeitslosen sind nicht in der Statistik, sondern im Gefängnis. Wer im Knast sitzt oder auf Bewährung entlassen ist, fällt nämlich aus der Statistik raus. Das sind nahezu 2% der Bevölkerung. Nicht erfaßt werden auch all die, die die Suche nach Arbeit bereits aufgegeben haben. Das betrifft schätzungsweise 6 Millionen Menschen. Hinzu kommen etwa 4,5 Millionen unfreiwillige Teilzeitbeschäftigte, 10,1 Millionen nur gelegentlich Beschäftigte, Angestellte auf Abruf, und 8,3 Millionen Scheinselbständige, die nur selten genügend Aufträge haben. All diese Menschen finden sich in der Statistik nicht wieder.

PIERRE CURIEUX: Das gilt für die deutschen Statistiken allerdings auch.

SAHRA WAGENKNECHT: Ja, aber hier haben die genannten Bereiche noch nicht diese Größenordnung erreicht. Außerdem, Statistik hin oder her: Arbeit ist kein Selbstzweck. Es geht darum, daß die Menschen gut und sicher leben können. Stundenlöhne von 5 Dollar, wie sie in den USA immer häufiger werden, leisten dazu keinen Beitrag. Im Gegenteil, sie zwingen dazu, in mehreren Jobs gleichzeitig zu schuften. Wochenarbeitszeiten bis zu 80 Stunden sind heute keine Ausnahme mehr. Nach Berechnungen des »Spiegel« verdienten in den USA 1995 vier Fünftel aller männlichen Arbeiter und Angestellten 11 Prozent weniger als 1973. Das untere Drittel der Lohnempfänger erhält sogar 25 Prozent weniger.[17] Und keiner weiß, ob er den Arbeitsplatz, auf dem er sich heute schindet, morgen noch hat. Es gibt sie wieder, die »arbeitenden Armen«, deren Einkommen trotz Tätigkeit in zum Teil mehreren Jobs kaum zum Leben reicht. Und die nie wissen, wie ihr nächstes Jahr, ihre nächste Woche, ja sogar ihr nächster Tag aussehen wird. Ob sie nicht irgendwann auch nach ganz unten sinken, zu denen, die gar nichts mehr haben: keine Wohnung, keine Arbeit, keine medizinische Betreuung, und vor allem: keine Chance, diesem tristen, verlassenen Leben je wieder zu entkommen. Am Rande der Großstädte wuchern die Slums, ein Milieu von Elend, Gewalt und Hoffnungslosigkeit...

PIERRE CURIEUX: Eine Situation, von der wir in Kontinentaleuropa glücklicherweise noch weit entfernt sind...

SAHRA WAGENKNECHT: Weit entfernt? Wir bewegen uns zielsicher darauf zu. Sogar die FAZ spricht inzwischen von etwa 900 000 »working poor«[18] in Deutschland, Erwerbstätige, die unterhalb der Armutsgrenze leben. Das reicht der Großunternehmerlobby noch nicht. Der Chefpropagandist der Deutschen Bank, Norbert Walter, hat den favorisierten Trend im letzten Sommer löblich auf den Punkt gebracht: Er forderte einen »structural break« (»strukturellen Bruch«) mit dem bisherigen Modell des westdeutschen Kapitalismus, ein »more flexible and probably more American-type system« (»ein flexibeleres und ein wahrscheinlich stärker amerikanisiertes System«).[19] Da der Wille solcher Herren den Regierenden Befehl ist, treiben sie die Entwicklung in diese Richtung voran. Maastricht I und II erzwingen europaweit einen erheblichen Schub an Deregulierung. Der Euro wird als Einheitswährung das seine dazu beitragen, die Standards auf niedrigstem Niveau anzugleichen. Seit 1995 wird im OECD-Rahmen hinter verschlossenen Türen an einem Multilateral Agreement on Investment (MAI) gearbeitet...

PIERRE CURIEUX: ...das inzwischen öffentlich geworden ist.

SAHRA WAGENKNECHT: Ja, versehentlich. Jedenfalls sollen danach multinationale Konzerne das Recht erhalten, Regierungen auf Schadensersatz zu verklagen, wenn gesetzliche Regelungen gewinnschmälernd wirken. Ausdrücklich verboten sind Leistungsanforderungen an Investoren, etwa zur Schaffung von Arbeitsplätzen, gesetzliche Kündigungsschutz- oder Mindestlohnbestimmungen und Umweltauflagen. Auch Vorschriften zur Reinvestition von Gewinnen sind untersagt, Enteignungen ohnehin, sogar bestimmte Steuergesetze, die die Konzerne als »schleichende Enteignung« interpretieren könnten. Alle diesbezüglichen nationalen Gesetze müssen entweder aufgehoben werden – oder die Regierung wird schadenersatzpflichtig. Damit werden die Multis zu einer Art Überstaaten und die Regierungen bekommen eine gute Ausrede für asoziale Politik. Es ist ein Freibrief für ungehemmte Profitdiktate, für die uneingeschränkte Macht des großen Kapitals.

PIERRE CURIEUX: Allerdings muß man dazu sagen, daß die Verabschiedung des MAI, die ursprünglich für dieses Frühjahr geplant war, erst einmal verschoben wurde.

SAHRA WAGENKNECHT: Ja. Weil der Entwurf öffentlich bekannt geworden ist und sich in vielen Ländern Widerstand regt. Aber das Papier ist noch lange nicht vom Tisch. Und selbst ohne diesen Vertrag: der Abbau aller Hemmschwellen eiskalter Profit-Diktate geht weiter...

PIERRE CURIEUX: Was ist die Alternative? Die Weltrevolution?

SAHRA WAGENKNECHT: Eine europäische würde auch schon reichen... Aber man kann natürlich nicht die Hände in den Schoß legen und auf den Tag X warten. Dann kommt der nie. Ehe man darüber nachdenkt, was linke Politik unter den gegenwärtigen Bedingungen tun kann und tun muß, sollte man sich allerdings mit der Frage beschäftigen, warum der Kapitalismus wieder so gnadenlos brutal agiert, wie er es tut...

PIERRE CURIEUX: Dieses Thema würde ich gern später ausführlich behandeln...

SAHRA WAGENKNECHT: Gut. Jedenfalls hat diese Brutalität nicht nur mit dem sich auf ministerieller Ebene drehenden Parteienkarusell zu tun. Im Gegenteil. Die meisten europäischen Staaten sind inzwischen wieder sozialdemokratisch regiert. An der Politik hat sich allerdings wenig geändert...

PIERRE CURIEUX: In Frankreich und Italien wurde die Einführung der 35-Stunden-Woche beschlossen. Ist das nichts?

SAHRA WAGENKNECHT: Das wäre viel, wenn es mit der gesetzlichen Verpflichtung zu vollem Lohnausgleich verbunden worden wäre. Dann wäre es tatsächlich eine Maßnahme, von der endlich einmal nicht die Konzerne, sondern die Lohn- und Gehaltsabhängigen profitieren würden. Aber Festlegung auf vollen Lohnausgleich wurde von den Sozialisten in der französischen Regierung abgelehnt. Ebenso die Anhebung der französischen Mindestlöhne, die ja als Stundenlöhne definiert sind. Lohnkürzungen gerade bei den untersten Einkommensschichten steht damit gesetzlich nichts im Wege. Außerdem besteht die Gefahr, daß das Gesetz von der Wirtschaft nur im Sinne einer weiteren Flexibilisierung von Arbeit und Arbeitszeit ausgenutzt wird. Eine Verrechnung der Arbeitszeit auf Jahresarbeitszeitkonten wurde ausdrücklich zugelassen, in Stoßzeiten können die Leute also zu erheblichen Überstunden gezwungen werden, die nicht als solche bezahlt werden müssen. Das alles verkehrt die ursprüngliche Intention des Gesetzes ins Gegenteil.

PIERRE CURIEUX: Im Gesetz sind allerdings auch keine Lohnkürzungen festgeschrieben, sondern die konkrete Ausgestaltung wurde den Tarifparteien überlassen.

SAHRA WAGENKNECHT: Das klingt unglaublich gerecht: es sollen sich diejenigen einigen, die es betrifft, die sogenannten »Sozialpartner«. Fakt ist aber, daß die Kräfteverhältnisse zwischen beiden ungleich sind. Die Unternehmerseite wird versuchen, die Gewerkschaften mit den hohen Arbeitslosenzahlen zu erpressen. Und natürlich mit dem Euro und niedrigeren Lohnstückkosten in anderen Ländern. Etwa in Deutschland. Die Regierung mußte einkalkulieren, daß das geschieht. Natürlich: kämpferische Gewerkschaften lassen sich nicht erpressen, und die französischen sind seit jeher um einiges mutiger als die deutschen. Aber auch dieses Beispiel zeigt wieder nur, daß sich ohne Kampf überhaupt nichts ändert – jedenfalls nicht im Interesse derer, die über keine geballte Kapitalmacht verfügen, mit der sie ihren Anliegen Nachdruck verleihen können.

PIERRE CURIEUX: Solcher Widerstand läßt aber – aller Umverteilung zum trotz – in Deutschland auf sich warten...

SAHRA WAGENKNECHT: Weil viele Menschen noch glauben, daß ein bloßer Regierungswechsel das Ruder herumreißen könnte. Oder sie haben die Hoffnung aufgegeben, daß sich überhaupt etwas ändert.

PIERRE CURIEUX: Oder es geht ihnen doch nicht so schlecht und sie sind gar nicht so unzufrieden mit ihrer Situation.

SAHRA WAGENKNECHT: Zufrieden sind immer weniger Menschen und es haben auch immer weniger Grund dazu. Natürlich merken die Leute, daß ihnen das Geld aus der Tasche gezogen wird. Und viele sehen auch, wo es hinfließt...

PIERRE CURIEUX: Zu den Ausländern, den Asylbewerbern, die ihnen Arbeitsplätze wegnehmen und unbegründet Sozialleistungen beziehen...Wenn Sie den Mann auf der Straße fragen, wird er Ihnen das antworten.

SAHRA WAGENKNECHT: Weil ihm das täglich über BILD und Fernsehen vorgegaukelt wird. Natürlich ist diese Propaganda gefährlich und leider nicht wirkungslos. Wer diese Hetze schürt, müßte bei jedem ausländerfeindlichen Übergriff, jeder Nazi-Schlägerei und jeder brennenden Asylbewerberunterkunft mit vor Gericht gestellt werden. Man versucht ganz gezielt, die Wut der Betroffenen über verschlechterte Lebensverhältnisse auf den noch Schwächeren abzulenken. Damit sind die wirklichen Profiteure fein raus. Der Trick ist uralt.

PIERRE CURIEUX: Aber er funktioniert.

SAHRA WAGENKNECHT: Ja. Und das ist gefährlich. In Sachsen-Anhalt hat erstmals wieder eine neofaschistische Partei über zehn Prozent der Stimmen geholt. Sie hat geschickt verstanden, sich den Unzufriedenen als vermeintliches Sprachrohr des Protests anzubieten. Das wäre ihr übrigens nicht möglich gewesen, wäre sie nicht wochenlang vor der Wahl in der Presse aufgebaut worden...

PIERRE CURIEUX: Aufgebaut? Es wurde vor der rechtsradikalen Gefahr gewarnt.

SAHRA WAGENKNECHT: Sie wurde hochgeschrieben, indem sie immer wieder zum Thema gemacht wurde. Das hat vorher in Bremen und andernorts auch schon funktioniert. Um aufgebaut zu werden, braucht man ja nicht unbedingt positive Presse. Außerdem ist die seit Jahren über alle Kanäle verbreitete Ausländerhetze natürlich beste Schützenhilfe für die rechten Demagogen. Nicht zu vergessen schließlich die Zuarbeit der Meldeämter und die Spenden, auf die sich die Bande stützen konnte. Denn die teure Materialschlacht hat der braune Propaganda-Verleger aus München ja keineswegs nur aus seinem Privatportefeuille finanziert.

PIERRE CURIEUX: Ist es nicht für Sie besonders erschreckend, daß ein solches Wahlergebnis gerade im Ostteil Deutschlands erreicht werden konnte? Sehr nachhaltig hat die »antifaschistische Erziehung« aus DDR-Zeiten offenbar nicht gewirkt.

SAHRA WAGENKNECHT: Den größten Anteil hatte die DVU bei Jung- und Erstwählern, bei Menschen zwischen 18 und 24. Diese jungen Leute waren Kinder von gerade mal zehn Jahren, als die DDR zusammenbrach. Natürlich gibt es da kaum noch eine Prägung. Sie sind als Jugendliche in eine Gesellschaft hineingeworfen worden, die ihnen keine Ausbildung, keine Arbeit, keine Zukunft bietet. Die sie spüren läßt, daß sie sie nicht braucht, daß sie stören. In vielen sachsen-anhaltinischen Städten liegt die offizielle Arbeitslosenquote bei annähernd 30%. Jugendclubs, Freizeiteinrichtungen wurden geschlossen, weil die kommunalen Kassen leer sind. Das ist das soziale Klima, in dem rechte Rattenfänger dann zu wildern suchen. Und gute Chancen haben, wenn in der unendlichen Tristesse des Lebens kein Ausweg erkennbar ist...

PIERRE CURIEUX: In Sachsen-Anhalt besteht seit vier Jahren eine PDS-tolerierte Minderheitsregierung. Muß sich Ihre Partei da nicht mitverantwortlich fühlen für das Ergebnis der Rechten?

SAHRA WAGENKNECHT: Ja, das muß sie. Ich halte es für keinen Zufall, daß die DVU ihre Materialschlacht zuerst auf jenes Bundesland konzentriert hat, in dem die einzige große linke Oppositionspartei seit vier Jahren faktisch für die Misere mit geradesteht. Zwar nicht als Koalitionspartner, sondern als »Tolerierende«, aber der Unterschied verschwimmt.

Die Menschen machen uns mitverantwortlich, weil sie ein »Nein« von uns in diesen vier Jahren nur noch selten gehört haben. Jetzt wird Höppner von der PDS wiedergewählt, – ohne jede Vorabsprache, von Vorbedingungen ganz zu schweigen. Das ist ein Blankoscheck. Gerade von jungen Leuten höre ich da immer öfter: weshalb sollen wir Euch noch wählen, ihr seid doch inzwischen auch wie alle anderen...

PIERRE CURIEUX: Ist die PDS das?

SAHRA WAGENKNECHT: Nein, nach ihrer Programmatik nicht. Hier bestimmt sie sich als antikapitalistische Partei. Ich denke, daß sich damit auch die meisten Mitglieder unserer Partei identifizieren. Aber auch in der SPD gibt es viele linke Genossinnen und Genossen. Und ein bißchen Kapitalismuskritik steht selbst da noch im Parteiprogramm. Nur, das tangiert die aktuelle Politik nicht. Und wir müssen aufpassen, daß wir nicht den gleichen Weg gehen. Es gibt PDS-Mandatsträger, sogar Oberbürgermeister, die Dinge von sich geben, da wird mir, mit Verlaub, schlecht. Manchmal werden Sozialkürzungen mit der gleichen hanebüchenen Phraseologie verteidigt, wie wir sie von den anderen Parteien zur Genüge kennen. Es wird dann auch vom »nötigen Sparen« geredet... Da müssen wir doch jede Glaubwürdigkeit verlieren!

PIERRE CURIEUX: Also sollten besser keine kommunalpolitischen Mandate wahrgenommen werden?

SAHRA WAGENKNECHT: Die Frage ist doch nicht, ob man sie wahrnimmt, sondern wie man sie ausfüllt. Wenn die PDS in ein Amt gewählt wird, bleibt keine Alternative, als dieses Amt auch auszuüben. Ein Oberbürgermeister beispielsweise wird ja direkt gewählt. Niemand würde verstehen, wenn er sich nach der Wahl freundlich für die Stimmen bedankt und seiner Wege zieht... Das geht nicht. Die Frage ist also, was er daraus macht. Die Spielräume im kommunalen Bereich sind klein. Aber im Rahmen dieser Spielräume kann man versuchen, das Beste rauszuholen. Also lieber ein Schwimmbad als einen Prestigebau, lieber Kindergartenplätze als Straßen finanzieren. In dem Rahmen bewegt sich das und solche Entscheidungen sind ja keineswegs unwichtig. Nur muß man sich bewußt bleiben: die soziale Misere wird auf dieser Ebene garantiert nicht beseitigt. Dafür ist der Handlungsradius viel zu gering. Wenn wieder ein Betrieb geschlossen wird und das für hunderte Beschäftigte das Aus bedeutet, dann steht der Bürgermeister machtlos daneben. Das zu verhindern, übersteigt seine Kompetenz. Er kann die Betroffenen meistens auch nicht mit öffentlich geförderter Beschäftigung auffangen. Jedenfalls nicht zu ordentlichen Löhnen. Dafür hat er viel zu wenig Geld in seiner Kasse, und da liegt das Problem. Das Wichtigste ist vielleicht, daß wir als Linke nie beginnen, uns mit solchen vermeintlichen »Sachzwängen« zu identifizieren. Das wir nie beginnen, sie für uns zu akzeptieren und am Ende gar öffentlich zu verteidigen. In dem Augenblick hätten wir uns aufgegeben.

PIERRE CURIEUX: Aber im Rahmen dieser Sachzwänge zu arbeiten, heißt doch auch, sie zu akzeptieren.

SAHRA WAGENKNECHT: Nein, heißt es nicht. Der Vorteil der kommunalen Arbeit ist, daß sie in Reichweite der Leute bleibt. Dadurch ist der Spagat machbar, einerseits Schadensbegrenzung im Rahmen der Möglichkeiten zu versuchen, andererseits gerade diesen Rahmen immer wieder anzugreifen und zu kritisieren. Man kann auch unter gesellschaftlichen Verhältnissen politisch aktiv sein, die man in ihrem Grundgefüge zutiefst ablehnt. Nur darf man aus dieser Ablehnung dann keinen Hehl machen. Letztlich muß ja auch öffentlich begründet werden, weshalb ein linker Mandatsträger die Politik, die er eigentlich machen möchte, unter den heutigen Bedingungen nicht machen kann. Und was sich verändern müßte, damit sozial verantwortbare Entscheidungen überhaupt möglich werden. Da sind wir dann wieder bei der berühmten Systemfrage, bei der Frage des kapitalistischen Eigentums. Ich halte es für falsch, zu versuchen, sich im politischen Alltag um diese Frage herumzudrücken. Dann verschleißen wir uns und stehen für Dinge gerade, für die man als Linker einfach nicht gerade stehen kann! Im Extremfall müßte ein Mandatsträger also auch das Kreuz haben, sein Mandat zur Verfügung zu stellen, wenn man ihm unerträgliche Maßnahmen abverlangt. Mit gutem Grund auszuscheiden ist dann immer noch besser als so etwas mitzutragen.

PIERRE CURIEUX: Was allerdings bedeutet, daß dann Vertreter anderer Parteien dieses Amt weiterführen, die sich um soziale Belange gar nicht mehr scheren.

SAHRA WAGENKNECHT: Das Argument vom »kleineren Übel« wird auch durch häufige Wiederholung nicht richtiger. Der Anspruch, bloß immer ein klein bißchen weniger schlimm, ein klein bißchen weniger asozial und unmenschlich zu sein als die anderen, der ist mir für linke Politik einfach zu klein. Außerdem sollte Sachsen-Anhalt eine Warnung sein, wohin das führen kann. Wenn man seine Glaubwürdigkeit verliert, macht man unter Umständen den Weg für das größte aller Übel frei.

PIERRE CURIEUX: Sie meinen, die vier Jahre Tolerierung haben nichts gebracht?

SAHRA WAGENKNECHT: Es wäre zumindest an der Zeit, das ernsthaft zu analysieren. Kriterium muß sein, ob dadurch eine sozialere Politik erreicht werden konnte. Oder ob die Lebensverhältnisse in Sachsen-Anhalt sich von denen in anderen Ost-Bundesländern, die durch Große Koalitionen regiert werden, kaum oder gar nicht positiv unterscheiden. Und dafür spricht einiges. Die Arbeitslosigkeit ist sogar noch höher als anderswo, tausende Lehrstellen fehlen, SKET wurde ebenso zerschlagen wie die meisten Betriebe der Ex-DDR, Sozialhilfeempfängern in Magdeburg geht es genauso mies wie denen in Jena, westlichen Konzernen wurde – wie überall – durch Investitionszuschüsse die Nase vergoldet, für nötigste soziale Leistungen fehlte dann das Geld. Dieser Negativbilanz mag man die eine oder andere Zahl im Haushaltsetat entgegensetzen, die die PDS bewegt hat. Aber das hat nicht verhindert, daß viele Menschen heute schlechter leben als noch vor vier Jahren ...

PIERRE CURIEUX: Wobei die Spielräume auf Landesebene auch kaum ausreichen, um eine wirkliche Kehrtwende herbeizuführen....

SAHRA WAGENKNECHT: Eben. Das ist ja das Problem. Es ist töricht, davon zu reden, auf diesem Weg böte sich die Chance, »Veränderungen einzuleiten«. Dafür sind die Spielräume viel zu gering. Das gilt sogar für die Bundespolitik, weil die wirklich relevanten Entscheidungen heute eben nicht am Kabinettstisch fallen. Die Politik reagiert bloß noch auf Daten, die andere gesetzt haben. Meistens schlechte Daten, die sie dann ausbügeln muß. Unter diesen Kräfteverhältnissen wäre eine PDS-Regierungsbeteiligung nicht Verantwortungsübernahme, sondern verantwortungslos. Widerstand gegen die schlimmen Entwicklungen würde dadurch eher geschwächt als gestärkt. Wenn man eine SPD-Regierung von unten unter Druck setzt, wird sie sich vielleicht bemühen, gewisse soziale Spielräume auszuloten. »Tolerierung«, so wie sie bisher praktiziert wurde, hatte dagegen den Nebeneffekt, daß sich die Regierung frei von wirklicher Opposition auf ihrer linken Seite wissen konnte.

PIERRE CURIEUX: Aber wäre Tolerierung nicht auch ein Hebel, um eine Regierung unter Druck zu setzen?

SAHRA WAGENKNECHT: Vielleicht, wenn man klare Bedingungen stellt. Und sich außerdem bemüht, außerhalb des Parlaments aktiv zu bleiben und dort Widerstand zu ermutigen. Nur dann riskiert man keinen Vertrauensverlust. Einer PDS dagegen, die an asozialen Entscheidungen selbst beteiligt ist, nimmt man einfach nicht mehr ab, daß sie wirklich etwas gegen die menschenunwürdigen Verhältnisse tun will. Das hat sich ja auch in unserem Wahlergebnis gezeigt. Wir haben uns zwar stabilisiert. Aber bei der verheerenden Situation im Land hätte eine linke, antikapitalistische Partei eigentlich Akzeptanz dazugewinnen müssen. Das war nicht der Fall. Und das Gefährlichste ist, daß dadurch der Spielraum auf der rechten Seite wächst. Wenn links keine Alternative erkennbar bleibt, gelingt es den rechten Demagogen um so leichter, den Protest der sich ohnmächtig Fühlenden in ihre Fahrwasser abzulenken.

PIERRE CURIEUX: Mit anderen Worten: heutige DVU-Wähler wären potentielle PDS-Wähler?

SAHRA WAGENKNECHT: Nein. So einfach nicht. Wer seine Stimme einer neofaschistischen Partei gibt, in dessen Kopf muß schon erhebliches schief liegen. Mindestens die Ausländerhetze hat dort tiefe Wurzeln geschlagen. Trotzdem wäre es falsch, diese Menschen sämtlich als Nazis abzustempeln. Hinzu kommt, daß die Wahlbeteiligung zwar deutlich höher war, als bei den letzten Wahlen, aber knapp 30% der Leute dennoch zuhause geblieben sind. Wahlenthaltung ist nur selten ein Zeichen von Zufriedenheit. Meistens ist es ein Zeichen von Resignation. Das heißt, hier sind ganz gewiß Menschen, die die PDS gewinnen könnte. Das betrifft vor allem die jungen. Um die muß man viel mehr kämpfen.

PIERRE CURIEUX: Konkret war es hauptsächlich die CDU, die Wähler an die DVU verloren hat. Dort gibt es Stimmen, die verlangen, gerade die Themen der Rechten zu besetzen, um ihnen nicht das Feld zu überlassen.

SAHRA WAGENKNECHT: Es hat sich immer wieder gezeigt, daß man die Nazis durch Übernahme ihrer Slogans nur hoffähig macht. Im übrigen: ob die Leute DVU wählen oder eine CDU, die sich die DVU-Parolen zu eigen gemacht hat, spielt letztlich keine Rolle. Wenn Sie sich das Programm der Republikaner von 1990 ansehen: das ist zu weiten Teilen heute offizielle CDU-Politik. Das ist ja auch die wichtigste Funktion dieser rechten Parteien: sie initiieren einen Sog nach rechts. Sie bieten den anderen Parteien eine Ausrede, Positionen einzunehmen, vor denen sich ihre Anhänger noch vor wenigen Jahren geschüttelt hätten. Die eigentliche Gefahr droht aus der sogenannten »politischen Mitte«. Hinter dem Wahlsieg der DVU stecken die gleichen politischen Kräfte, die am Tag nach der Wahl vor den Kameras ihr Entsetzen kundtaten. Es ist allbekannt, welche starke Position der Verfassungsschutz in der rechten Szene hat. Man braucht die Neofaschisten, um das Abdriften der Etablierten in den rechten Sumpf zu legitimieren. Man braucht sie, um den Weg in den Polizeistaat zu rechtfertigen. In dieser Richtung sind wir ja in den letzten Jahren ein gutes Stück vorangekommen: Großer Lauschangriff, Gen-Datei, Europol und Schleierfahndung sind nur einige Stichworte.

PIERRE CURIEUX: Wobei die Politik bei derartigen Maßnahmen wohl die Mehrheit der Menschen hinter sich hat. Eine strengeres Vorgehen in der Verbrechensbekämpfung wird von den meisten unterstützt.

SAHRA WAGENKNECHT: Die Bekämpfung von Verbrechen wäre ja auch unterstützenswert. Nur ist das nicht Sinn und Zweck dieser Maßnahmen. Das »Sicherheitsbedürfnis« der Bürger ist doch nichts als ein Vorwand. Es geht darum, die Profitgesellschaft gegen mögliche soziale Unruhen zu rüsten. In den Konzernvorständen gibt es offenbar die Sorge, die fortgesetzte Umverteilung nach oben könnte irgendwann zu Gegenreaktionen führen. Darauf will man vorbereitet sein. Besonders erschreckend ist deshalb, daß die SPD an diesem Spiel genauso beteiligt ist wie die CDU.

PIERRE CURIEUX: Sie ist beteiligt, aber ich würde nicht sagen, »genauso«.

SAHRA WAGENKNECHT: Zuweilen entwickelt sie sogar den Ehrgeiz, die CDU rechts zu überholen. Etwa in Thüringen, wo der SPD-Innenminister Dewes im letzten Herbst den Aufbau einer neuen Geheimen Staatspolizei angeregt hat. Auch die Prügelorgien der Dewes-Polizei gegen Antifaschisten, etwa in Saalfeld, sind hinlänglich bekannt. Desgleichen die schützende Hand, die diese Polizei über demonstrierende Nazis zu halten pflegt. Es ist einfach Heuchelei, wenn solche Leute sich dann hinstellen und Entsetzen über neofaschistische Wahlerfolge vorgaukeln. Es läuft einem kalt über den Rücken, wenn Schröder unisono mit Stoiber eine Verschärfung des Strafrechts, Kinderknäste und die schnellere Abschiebung ausländischer »Krimineller« fordert. Dadurch wird den deutschen Stammtischen Munition geliefert und die ausländerfeindliche Stimmung angeheizt. Im übrigen: wer fordert, daß jede Verfehlung sofortige Abschiebung nach sich zieht, fordert unter Umständen für eine Schwarzfahrt im öffentlichen Nahverkehr die Verhängung der Todesstrafe. Wenn nämlich der Betroffene in seinem Heimatland mit Folter und Ermordung rechnen muß, was bei nicht wenigen Flüchtlingen der Fall ist.

PIERRE CURIEUX: Ich halte die Debatte, die da angeheizt wird, auch für unsäglich. Allerdings sollte jemand, der in dieser Gefahr schwebt, seinerseits alles dafür tun, in seinem Gastland nicht negativ aufzufallen.

SAHRA WAGENKNECHT: Wenn er das Geld für teure Tickets einfach nicht hat? Menschen beginnen meistens dann, Gesetze zu ignorieren, wenn sie legal keine Chance haben, anständig zu leben. Wenn man Asylsuchenden statt der ohnehin kümmerlichen Sozialhilfe nur noch »Eßpakete« gibt, zwingt man sie geradezu, sich die sonst unerreichbaren Güter auf anderem Wege zu besorgen. Und mir kann keiner erzählen, daß das nicht einkalkuliert ist. Immerhin stärkt es die Legende vom »kriminellen Ausländer«, und bietet einen wunderbaren Vorwand, noch mehr Leute abzuschieben. Die faktische Abschaffung des Asylrechts gehört ohnehin zu den gewissenlosesten Entscheidungen, die die Große Koalition von SPD und CDU in den letzten Jahren durchgezogen hat.

PIERRE CURIEUX: Die Bekämpfung von Kriminalität und das Verhalten gegenüber hier lebenden Ausländern sind zwei Fragen, die miteinander nichts zu tun haben. Sie werden in der öffentlichen Diskussion bewußt vermischt, um bestimmte Vorbehalte zu bekräftigen. Soweit stimme ich Ihnen zu. Bleiben wir bei der Kriminalität. Sie haben vorhin die These aufgestellt, das Sicherheitsbedürfnis der Bürger sei nur ein Vorwand, um den staatlichen Repressionsapparat auszubauen. Aber viele Menschen fühlen sich wirklich verunsichert durch wachsende Kriminalität. Was ist dagegen einzuwenden, wenn auch die SPD solche Sorgen ernst nimmt, anstatt dieses Feld ausschließlich der CDU zu überlassen?

SAHRA WAGENKNECHT: In der DDR, die die heute Herrschenden so gern als »Unrechts«- und Polizeistaat verteufeln, gab es pro Kopf der Bevölkerung viel weniger Polizisten. Das mag manchen erstaunen, es ist aber statistisch belegbar. Trotzdem war es zu DDR-Zeiten kein Problem, spätabends unterwegs zu sein, sogar in einer Großstadt. Man hatte viel weniger Angst als heute. Viel Polizei heißt also nicht, viel Sicherheit. Im Gegenteil. Wenn immer mehr Menschen in eine sozial hoffnungslose Situation gedrängt werden, ist es ganz klar, daß sich das irgendwann in steigenden Kriminalitätsziffern Luft verschafft. Übrigens: statistisch steigt die Kriminalität seit einigen Jahren gar nicht mehr, wie das immer wieder suggeriert wird. Sie stagniert, – auf einem allerdings hohen Niveau.

PIERRE CURIEUX: Maßnahmen wie der Große Lauschangriff oder auch die Europolkonvention, die Polizeibeamten Immunität einräumt, werden hauptsächlich mit der Bekämpfung des organisierten Verbrechens gerechtfertigt.

SAHRA WAGENKNECHT: Genau in dieser Richtung werden die Maßnahmen aber nichts bewirken. Organisierte Kriminelle sind auch in der Lage, sich die technischen Mittel zu besorgen, um Abhöreinrichtungen wirkungslos zu machen. Jede gegenteilige Annahme ist lächerlich. Ich bleibe dabei: die Bekämpfung der internationalen Mafiosi ist ein Vorwand, um einen repressiven Staat aufzubauen, der sich vor allem nach innen richtet.

PIERRE CURIEUX: Gegen wen?

SAHRA WAGENKNECHT: Schreiende soziale Kontraste müssen eine Gesellschaft über kurz oder lang destabilisieren. Auf Dauer ruiniert man die Lebensperspektive von Millionen Menschen nicht ungestraft. Dem soll nun durch Repression entgegengewirkt werden. Zum einen geht es darum, Menschen, deren soziale Existenz diese Gesellschaft vernichtet hat, beim kleinsten Delikt für Jahre wegzubunkern und sich des Problems auf diese Art zu entledigen. Es gibt ja immer zwei Weisen, Armut zu bekämpfen. Man kann Betteln überflüssig machen, indem man den bisher aufs Betteln Angewiesenen Arbeit und regelmäßiges Einkommen verschafft. Oder man kann Betteln verbieten und mit drakonischen Strafen verfolgen. Man kann Obdachlosen eine Wohnung geben, und sie werden auf keinem Bahnhof mehr zu finden sein. Oder man kann sie mit Polizeistreifen und Hunden vertreiben. Die heutige Politik wählt ohne Bedenken die jeweils letztere Variante. Das große Vorbild heißt wieder USA. Die amerikanische Polizei und Justiz sind für ihr skrupelloses Vorgehen bekannt. Wer einige Male beim Klauen oder Schwarzfahren erwischt wurde, landet im Knast. Armut verschwindet so auch – hinter Gitterstäben! Es ist schon erschreckend, wenn Berliner Senatoren sich ausgerechnet beim New Yorker Polizeichef nach Konzepten für die »Innere Sicherheit« erkundigen. Außer den Armen selbst hat der Polizeistaat allerdings noch einen anderen Adressaten: Er richtet sich gegen jene politischen Kräfte, die ein Aufbegehren der sozial Entrechteten unterstützen und ihm Stimme und Zusammenhalt geben könnten. Diese Kräfte klein zu halten, ist vielleicht sogar das wichtigste Ziel. Lange Zeit genügten dafür die üblichen ökonomischen Hebel der Ausgrenzung. Aber in Zukunft setzt man wohl wieder auf direkte politische Repression.

PIERRE CURIEUX: »Ökonomische Hebel der Ausgrenzung«, was meinen Sie damit?

SAHRA WAGENKNECHT: Es stelle sich doch niemand hin und behaupte, in diesem Land gäbe es uneingeschränkte Meinungsfreiheit. Natürlich, es ist nicht verboten, Kommunist zu sein. Wobei das KPD-Verbot auch bis heute nicht aufgehoben ist. Das lasse ich jetzt mal beiseite. Denn die entscheidende Rolle spielten in den letzten Jahrzehnten die ökonomischen Hebel der Ausgrenzung. Die fangen am Arbeitsplatz an. Wer da durch allzu forsche Meinungsäußerung auffällt, wird ihn unter Umständen nicht mehr lange haben. Ich habe schon öfter Post von Leuten erhalten, die mir erläutert haben, wie unwohl sie sich in ihrer Passivität fühlen, daß sie gern etwas tun würden, – aber der Ehepartner ist vielleicht schon arbeitslos, zwei Kinder müssen versorgt werden... In einer solchen Situation will man nichts tun, was den Arbeitsplatz gefährden könnte. Also bleibt man still, obwohl das soziale Gewissen drängt, sich zu engagieren. Besonders betrifft das Beschäftigte im öffentlichen Dienst. Wie viele Lehrer sind nach dem »Radikalenerlaß« in den siebziger Jahren rausgeflogen. Und genauso nach dem Anschluß der DDR. Ein PDS-Parteibuch war der sicherste Weg zum Arbeitsamt. Diese ökonomische Repression zieht sich durch alle Ebenen der Gesellschaft. Und natürlich wirkt sie. Aber offenbar gehen einige davon aus, daß das auf Dauer nicht reichen wird, um Widerstand abzuwürgen. Deshalb bastelt man an Polizeigesetzen und strafrechtlichen Instrumenten. Die Entwicklung dahin geht furchtbar schnell. Ich habe manchmal wirklich Angst, wenn ich in die Zukunft sehe...

PIERRE CURIEUX: Kommen wir noch einmal auf die Fragen der Ausländerpolitik zurück. Sie haben vorhin die Veränderung der Asylgesetzgebung eine der »gewissenlosesten Entscheidungen« von CDU und SPD genannt. Im wesentlichen kann ich Ihre Kritik nachvollziehen. Andererseits: wir verringern die Armut in der Dritten Welt nicht, indem wir die Armen zu uns holen.

SAHRA WAGENKNECHT: Nein, aber Aufnahme der zu uns kommenden Armen ist noch das Geringste, was man von einem Hauptverursacher dieser Armut erwarten kann. Nicht zuletzt deutsche Banken und Industriekonzerne sind doch verantwortlich für die Not, für das unbeschreibliche Elend in den Ländern, aus denen die Flüchtlinge kommen. Stichworte: Schuldknechtschaft, Billiglohnproduktion, Ruin der Subsistenzwirtschaft. Wenn die Dritte Welt endlich entschuldet würde, statt ihr munter weiter Zinsen und Zinseszinsen abzupressen, wenn ordentliche Gehälter statt der Hungerlöhne gezahlt würden, würden die Menschen auch nicht mehr fliehen. Niemand verläßt seine Heimat freiwillig; er tut das nur, wenn unerträgliche Zustände ihn dazu zwingen. Fluchtgrund vieler Menschen ist außerdem nicht »nur« die materielle Not. Sie fliehen vor politischer Verfolgung, vor Haft und Folter. Ausgerechnet Deutschland hat die Türkei mit den Waffen ausgerüstet, mit denen dort tausende kurdische Dörfer ausgelöscht, Frauen und Kinder ermordet wurden und werden. Suhartos Herrschaft hat in Indonesien etwa einer halben Million Kommunisten und Demokraten das Leben gekostet. Das hat Kohl nicht davon abgehalten, seinem »lieben Freund« nach dessen Rücktritt ein rührseliges Abschiedstelegramm zu schicken. Als einziger westlicher Staatsmann übrigens. Auch in anderen Teilen der Welt unterstützen deutsche Konzerne brutale Diktaturen und arbeiten mit ihnen zusammen.

PIERRE CURIEUX: Viele Menschen fliehen allerdings auch vor Krieg und Bürgerkrieg. In Bosnien-Herzegowina hat die Bundeswehr eingegriffen, um dem Töten ein Ende zu bereiten. Der Bosnieneinsatz ist von großen Teilen der Opposition – von der SPD und einem Teil der Grünen – mitbeschlossen worden.

Hat sich damit Deutschland nicht seiner internationalen Verantwortung gestellt?

SAHRA WAGENKNECHT: »Internationale Verantwortung«? Niemand hat einen größeren Anteil daran, daß es in Jugoslawien überhaupt zum jahrelangen Morden gekommen ist als gerade die deutsche Außenpolitik. Und Genscher wußte, was er tat, als er Slowenien und Koatien im Alleingang anerkannte, obwohl sich die EG-Außenminister vorerst auf Nichtanerkennung verständigt hatten. Jugoslawien sollte zerschlagen werden, auch um den Preis eines mörderischen Bürgerkriegs.

PIERRE CURIEUX: Die Vorgeschichte ist das eine. Aber mußte angesichts des endlosen Tötens nicht wirklich etwas unternommen werden?

SAHRA WAGENKNECHT: Natürlich mußte etwas unternommen werden. Aber der Krieg in Jugoslawien wurde doch bewußt ins Kalkül gezogen. Das gab nicht zuletzt volle Auftragsbücher für die deutschen Waffenschmieden. Immerhin gehört Deutschland zu den Rüstungsexport-Weltmeistern. Panzer, Mienen, Waffensysteme..., daran verdienen sich deutsche Rüstungskonzerne dumm und dämlich. Und nicht nur die deutschen. Besonders effizient ist es, wenn ein und derselbe Konzern gleich beide kriegführenden Seiten beliefert. So geschehen etwa im Iran-Irak-Krieg, als amerikanische Waffen gegen amerikanische Waffen kämpften. Ohne den permanenten Rüstungsnachschub wären die meisten regionalen Kriege dieser Welt längst ausgetrocknet. Abermillionen Tote würden noch leben, Kinder hätten ihre Eltern, ihr Zuhause nicht verlieren müssen und etwa 22 Millionen Flüchtlinge und Vertriebene könnten noch in ihrer Heimat wohnen. Dieses ganze unvorstellbare Elend wäre verhinderbar gewesen, schlicht durch ein weltweites Verbot von Rüstungsexporten. Aber wer Konflikte erst anheizt und dann den Friedensbringer spielt, ist ein Zyniker und Heuchler. Deutsche Soldatenstiefel haben auf dem Balkan nichts zu suchen und es ist schlimm genug, daß sogenannte Oppositionsparteien auch hier wieder zu den Weichenstellern gehörten.

PIERRE CURIEUX: Sie behaupten, daß die regionalen Konflikte auf dieser Welt bewußt angeheizt werden, um der Rüstungsindustrie Absatz zu verschaffen?

SAHRA WAGENKNECHT: Zumindest sorgt die Rüstungsindustrie dafür, daß die Konflikte lange am Kochen bleiben. Und der Golfkrieg der USA hatte ganz deutlich den Charakter eines großangelegten Tests der entwickelten Waffensysteme. Eine riesige Übung, bei der eben nur einige zehntausend Menschen ihr Leben verloren. Natürlich geht es bei solchen Kriegen nicht nur darum, die Profite der Waffenschmieden in die Höhe zu treiben. Es geht um Einflußsphären, um Macht...

PIERRE CURIEUX: In Jugoslawien?

SAHRA WAGENKNECHT: Da auch, ja. Kinkel hatte schon 1990 angedroht: »Wir sind aufgrund unserer Mittellage, unserer Größe und unserer traditionellen Beziehungen zu Mittel- und Osteuropa dazu prädestiniert, den Hauptvorteil aus der Rückkehr dieser Staaten nach Europa zu ziehen.«[20] Dieser »Vorteil« liegt natürlich nicht nur in Waffenexporten; er liegt in milliardenschweren Bankkrediten an die osteuropäischen Länder, die wiederum Milliarden und Abermilliarden Zinsen einbringen, er liegt in Direktinvestitionen, die sich die niedrigen Löhne und zumeist äußerst günstigen Steuersätze vor Ort zu nutze machen, er liegt im Zugang zu riesigen Märkten und – vor allem – billigen Rohstoffen. Wer in dem Buch des Deutsch-Bankers Friedrich Wilhelm Christians »Wege nach Rußland« gelesen hat, mit welcher Begeisterung dieser Mann von seinen Besichtigungsreisen zu den unermeßlichen Schätzen Sibiriens erzählt, der weiß, was gemeint ist. Christians hat übrigens bereits 1990 vorgeschlagen, die Einflußsphären der westlichen Welt neu aufzuteilen. Er empfiehlt: »Sollten wir uns nicht heute schon Gedanken über eine Art europäischer Arbeitsteilung in der internationalen Zusammenarbeit machen? Man könnte eine Prioritätenliste aufstellen und einzelne Völker für bestimmte Bereiche in die Pflicht nehmen: die Briten für die Pflege der Beziehungen zum amerikanischen Vetter, Franzosen und Italiener für die afrikanischen Nachbarn, Spanier und Portugiesen für ihre Nachfahren in Lateinamerika. Die fundamentale Änderung in Osteuropa stellt auch die Deutschen vor eine neue Situation. Nach der Wiedervereinigung, deren enormer personeller und materieller Aufwand erst einmal verkraftet werden muß, wird sich das vereinigte Deutschland ...um Mittel- und Osteuropa und besonders um die Sowjetunion bemühen. Dies bringt aber immer wieder große Lasten mit sich, ehe daraus wirtschaftliche Vorteile entstehen. Ein 'europäisches' Mandat zur Vermeidung von Mißverständnissen wäre dringend zu wünschen.«[21]

PIERRE CURIEUX: Gegen wirtschaftliche Zusammenarbeit an sich ist nichts einzuwenden.

SAHRA WAGENKNECHT: Nein, gegen gleichberechtigte Zusammenarbeit nicht. Aber hier geht es nicht um Gleichberechtigung, sondern um Vorherrschaft. Natürlich diktiert Deutschland dank seines überlegenen Wirtschaftspotentials, was in den osteuropäischen Ländern zu geschehen hat. Die Regierungen hängen am Tropf der deutschen Kredite und machen, was man ihnen sagt. Besonders widerlich in der Frage der NATO-Osterweiterung. Die dient ja nun wahrlich nicht den Interessen der osteuropäischen Völker. Vielmehr geht es darum, die Milliardenkredite und Milliardeninvestitionen auch militärisch abzusichern. Dieser Aspekt wird in einer Studie, die sich mit der Entwicklung des Eurofinanzmarktes beschäftigt, erstaunlich offen zugegeben: Wer sich auf weltweite Finanzgeschäfte einlasse, heißt es dort unter der Rubrik »Länderrisiken«, der habe »sorgfältig abzuwägen, was an politischen Risiken am Wege wartet«. Der Zusammenbruch der Sowjetunion habe in dieser Hinsicht nicht nur die Frage der sowjetischen Erbfolge aufgeworfen. »Sie hat auch die Schaffung einer neuen Weltordnung oder jedenfalls ihrer Kernelemente zur Lebensfrage des Weltfinanzsystems [!] gemacht. Ob die bisher formulierten Ansätze tragfähig sind, wird in Kriegen und Bürgerkriegen getestet. Weltordnung ohne Weltverantwortung und Wille zu globaler leadership ist schwer denkbar. Dies ist bisher die einzig unbestrittene Lehre aus den Krisen der vergangenen Jahre.«[22] Das muß man, glaube ich, nicht kommentieren.

PIERRE CURIEUX: Nein. Als Argument für die NATO-Osterweiterung aus Sicht der Osteuropäer wurde allerdings auch darauf verwiesen, daß sie der örtlichen Rüstungsindustrie Aufträge verschafft und damit Arbeitsplätze sichert.

SAHRA WAGENKNECHT: Es ist immer das gleiche verlogene Arbeitsplatzargument. In Wirklichkeit ist die Rüstungsbranche sehr kapitalintensiv und außerdem hochprofitabel für die beteiligten Unternehmen. Beides, den hohen Kapitalanteil und die Profite, zahlt der Staat mit, wenn er Rüstungsausgaben tätigt. Das heißt, mit dem gleichen Geld könnten weit mehr Arbeitsplätze in anderen Bereichen, in denen die Arbeit wirklich gebraucht wird – etwa im Bildungs- und Gesundheitswesen – geschaffen werden. Es gibt seriöse Berechnungen, daß das für die Rüstung hinausgeworfene Geld in anderen Bereichen ausreichen würde, mindestens das drei- bis vierfache an Arbeitsplätzen zu finanzieren. Außerdem wird die örtliche Rüstungsindustrie in Osteuropa von dem Kuchen nicht allzu viel abbekommen. Denn darum streiten sich schon amerikanische und westeuropäische Rüstungsgiganten.

PIERRE CURIEUX: Wer streitet sich?

SAHRA WAGENKNECHT: Daß die Vereinigten Staaten die NATO-Osterweiterung eigentlich nicht wollten, ist ein offenes Geheimnis. Die New York Times hat sie von Beginn an scharf kritisiert. Niemand gräbt sich gern selbst das Wasser ab. Und in Osteuropas ging es um den

Ausbau der deutschen, nicht der amerikanischen Hegemonie. In diesem Kontext versucht man immer kecker, die Amerikaner selbst aus ihren alten Erbhöfen – etwa der weltweiten Dominanz als Rüstungsproduzent – zu vertreiben. Dem dient besonders das Vorhaben, die europäische Luft- und Raumfahrtindustrie, unter Führung des frischgebackenen Giganten Daimler-Chrysler, zu einem Mega-Konzern zu verschmelzen. Auf der Münchener Konferenz für Sicherheitspolitik im Februar 1998 hat die amerikanische Seite äußerst ungehalten darauf hingewiesen, daß solche Bemühungen dazu führen, »... daß sich die Europäer und die Amerikaner als Konkurrenten im Bündnis gegenüberstünden.«[23] Faktisch existiert diese Konkurrenz natürlich längst. Es geht um Milliarden und Abermilliarden. Daimler-Chef Schrempp hat vor wenigen Wochen stolz seine Bilanzen präsentiert. Nicht ohne den gewichtigen Anteil der Rüstungssparte hervorzuheben. Die »positive Entwicklung« der DASA, konstatierte denn auch das »Handelsblatt«, »war maßgeblich verantwortlich für den um immerhin 78% auf 4,3 Mrd. DM verbesserten Operating Profit«. Für's nächste Jahr wird eine Profit-Steigerung auf sechs Milliarden DM angepeilt. Dank Eurofigther ist das nicht unrealistisch. »So sorgte die Bonner Entscheidung für den Bau des Milliardenprojektes Eurofighter für entspannte Gesichter im Daimler Konzern ... Die DASA wird die konzerninterne Hürde von 12% Gesamtkapitalrendite damit voraussichtlich in diesem Jahr nehmen können«, berichtet das Handelsblatt[24] weiter. Bleibt da noch eine Frage, wer hinter Kohl tatsächlich regiert?

PIERRE CURIEUX: Neben dem Arbeitsplatzargument wird oft darauf hingewiesen, daß hohe Rüstungsausgaben zugleich die wissenschaftlich-technische Entwicklung stimulieren, was im Ergebnis auch der zivilen Wirtschaft zugute kommt. Ohne staatliche Unterstützung wären die hohen Fortschungs- und Entwicklungsaufwendungen (F&E) für die Privatwirtschaft kaum tragbar.

SAHRA WAGENKNECHT: Ach ja, da wird der Staat, der sonst immer wegen seines »Interventionismus« in die freie Wirtschaft gescholten wird, plötzlich gebraucht! Aber selbst unter kapitalistischen Bedingungen gibt es keinen Grund, Forschung und Entwicklung indirekt – über ein Sponsoring der Rüstungsbranche – zu fördern. Der Staat kann das, wie lange Jahre der japanische, auch direkt tun. Die derzeitige Krise in Japan darf nicht darüber hinwegtäuschen, daß dieses Modell den technologischen Fortschritt erheblich schneller und effizienter stimuliert hat als das amerikanische. In den meisten Hochtechnologie-Bereichen stehen die Japaner nach wie vor ungleich besser da als die Vereinigten Staaten.

PIERRE CURIEUX: Kommen wir wieder auf Deutschland zurück. Weshalb, meinen Sie, nehmen die Menschen das alles so ruhig hin? Sie hätten Kohl längst abwählen können.

SAHRA WAGENKNECHT: Nun, voraussichtlich werden sie das in diesem Jahr tun. Aber es wird sich mit einer SPD-geführten Regierung auch nicht viel ändern...

PIERRE CURIEUX: Darauf kommen wir noch. Aber wenn die gesellschaftlichen Verhältnisse so unerträglich sind, weshalb wählen die Menschen immer wieder politische Vertreter, die, in der einen oder anderen Modifikation, für diese Verhältnisse stehen. Die PDS ringt mit der 5%-Hürde. Die CDU wird, so abgewirtschaftet sie ist, sicher über 30% erreichen.

SAHRA WAGENKNECHT: Jedes Bestehende hat einen sagenhaften Akzeptanzbonus, einfach dadurch, daß es ist. Das war schon immer so. Unser Bewußtsein ist so konstituiert, daß Gegebenheiten, die sich über eine gewisse Zeit nicht ändern, als feste Konstanten wahrgenommen werden. Sie bilden das Fundament des Denkens, über das selbst nicht mehr nachgedacht wird. Das ist die Macht des »Positiven«, wie Hegel es nennt. Nur wenn besonders akute, besonders krasse Entwicklungen dazu Anlaß geben, besteht die Chance, daß diese versteinerten Fixpunkte des Denkens selbst Gegenstand von Reflexion und damit von Infragestellung werden. Aber das ist nicht leicht zu erreichen. Die allgegenwärtigen Medien tun das ihrige, um eingefahrene Denkmuster zu betonieren. Die privatwirtschaftliche Ordnung ist für die meisten Menschen nicht Gegenstand, sondern Ausgangspunkt der Überlegungen. Man denkt in ihrer Logik, statt über ihre Logik nachzudenken. Die Frage, ob diese Logik sinnvoll und die einzig mögliche ist, stellt sich damit gar nicht. Dieses Verinnerlichen bestehender Machtverhältnisse beeinflußt letztlich auch Wahlentscheidungen. Viele wählen Kohl nicht, weil sie seine Politik so sympathisch finden. Sie wählen ihn, weil sie davon ausgehen, daß hinter ihm das große Geld steht. Und weil sie wissen, daß es darauf unter den heutigen Verhältnissen ankommt.

PIERRE CURIEUX: Sie können darauf hinweisen – und tun dies ja auch –, daß es Alternativen gibt.

SAHRA WAGENKNECHT: Ja, aber es ist natürlich höllisch schwer, Denkstrukturen, die in Jahrzehnten steinhart geworden sind, wieder zu verflüssigen. Im Osten haben wir es deshalb viel leichter. Hier haben die Menschen zwei gesellschaftliche Ordnungen selbst erlebt. Da wird weit eher über Dinge reflektiert, die dem Westdeutschen schon zur Selbstverständlichkeit geworden sind. Es wird mehr »hinterfragt«, wie es neudeutsch heißt. Deshalb ist hier auch die Wählerschaft viel beweglicher, wie in Wahlanalysen immer wieder hervorgehoben wird. Es gibt nicht – oder jedenfalls kaum – die betonartigen Stammwählerfraktionen, auf die die Parteien sich im Westen stützen können. Dort muß die PDS in ein Terrain einbrechen, daß sich über Jahrzehnte formiert und festgefahren hat. Die größten Chancen hat sie dabei naturgemäß bei jungen Leuten. Schwieriger wird das ganze noch dadurch, daß in dieser Mediengesellschaft öffentlich nur stattfindet, was über die TV-Sender läuft. Dabei haben wir es als Linke viel schwerer, unsere Positionen in die Medien zu bringen...

PIERRE CURIEUX: Weder die PDS noch Sie persönlich können sich über mangelnde Medienöffentlichkeit beklagen.

SAHRA WAGENKNECHT: Es geht ja nicht einfach nur um Öffentlichkeit, sondern es geht darum, was und wie berichtet wird. Wenn ich mich zur Mauer oder zur sowjetischen Geschichte äußere oder die PDS-Führung kritisiere, werde ich immer schnell Öffentlichkeit haben. Wobei das, was ich gesagt habe, dann meistens auch noch völlig entstellt wiedergegeben wird. Wenn ich dagegen in Dortmund mit den Genossen vor Ort einen guten Wahlkampf auf die Beine zu stellen versuche, ist das schon viel weniger eine Meldung wert. Und so geht es ja der PDS insgesamt. Politische Inhalte sind erheblich schlechtere Mediennachrichten, als wenn es in der Partei irgendwo tüchtig kracht. Da reisen die Fernsehteams an. Das ist natürlich alles auch gesteuert...

PIERRE CURIEUX: Sie halten die Medien für gesteuert? Von einer Art Propaganda-Abteilung, die die Losungen herausgibt? Das scheint mir doch ein bißchen weltfremd. Die DDR ist vor acht Jahren untergegangen.

SAHRA WAGENKNECHT: Die Lenkung ist nicht so plump wie früher, sondern diffiziler. Aber sie findet statt. Nicht zuletzt über ökonomische Hebel. In der »Wirtschaftswoche« stand kürzlich ein interessanter Artikel unter der Überschrift: »Frankreichs und Italiens Industrielle beherrschen die Presse mehr denn je«. Da wird die Beeinflussung der Medien offen zugegeben: »In Frankreich etwa verlegt Bernard Arnault, Chef des Luxuskonzerns LVMH, die Wirtschaftszeitung 'La tribune', der Rüstungsmagnat Jean-Luc Lagardère macht rund die Hälfte seines Umsatzes mit seiner Presse- und Verlagstochter Matra-Hachette, und Jean Marie Messier, Chef des Mischkonzerns Compagnie Générale des Eaux (CGE), erhöhte Anfang des Jahres seinen Anteil am landesgrößten Medienkonzern Havas auf 30%. Ähnlich auf der Appeninnenhalbinsel: Ohne den Segen eines Industrielenkers wird kaum jemand mehr Chefredakteur. So hält sich Fiat-Chef Gianni Agnelli das angesehene Turiner Hausblatt 'La Stampa' und kontrolliert zusammen mit verbündeten Industrie- und Finanzgruppen das Mailänder Presseflaggschiff 'Corriere della Sera' sowie über zwanzig Zeitschriftentitel. ... Und Europas größtes Wirtschaftsblatt, 'In Sole 24 Ore' aus Mailand, gehört sinnigerweise dem Industriellenverband Confindustria. Selbst die Lokalblätter befinden sich zunehmend in den Händen ortsansässiger Unternehmer.«[25] Man sollte nicht so tun, als sei das in Deutschland anders. Die gesamte deutsche Presse konzentriert sich in drei großen Händen: denen Bertelsmanns, Springers und der Bauer-Gruppe. Hinzu kommen ganz direkte Einflußmöglichkeiten der Wirtschaft: Jede größere Zeitung oder Zeitschrift ist auf Werbeanzeigen der Konzerne angewiesen. Da überlegt man sich schon, wem man auf die Füße tritt und wem besser nicht. Die Schere funktioniert schon im Kopf der meisten Journalisten, die ja ihren Job behalten bzw. Abnehmer für ihre Beiträge finden wollen.

PIERRE CURIEUX: Allerdings hat der Kanzlerkandidat der Opposition derzeit bessere Presse als der amtierende Kanzler. Das scheint Ihrer These zu widersprechen.

SAHRA WAGENKNECHT: Nein, ganz und gar nicht. Es ist bloß Ausdruck dessen, daß die Privatwirtschaft längst auf Schröder setzt. Nicht einhellig natürlich, aber wesentliche Teile von ihr. Bereits im Sommer 1997 hatte die »International Herald Tribune« in der deutschen Wirtschaftselite einen »perceived lack of confidence in the political leadership of Chancellor Helmut Kohl« (»wahrnehmbaren Mangel an Vertrauen in die politische Führungskraft von Kanzler Kohl«) diagnostiziert[26]. Dazu paßt, daß Schröder laut Umfragen der »Wirtschaftswoche« inzwischen eine Mehrheit deutscher Topmanager auf seiner Seite hat. Dieser Rückhalt dürfte auch die erstaunlich gute Presse erklären, in der er sich sonnt. Was man von Schröder wirklich erwartet, steht allenfalls in der FAZ In den anderen Medien muß der »Sozialdemokrat« als Hoffnungsträger eines neuen sozialen Ausgleichs aufgebaut werden. Sonst hätten die Leute ja keinen Grund, ihn zu wählen.

PIERRE CURIEUX: Wenn die Medien aber so abgesprochen funktionieren, heißt das nicht, daß die politische Linke eigentlich gar keine

Chance hat.

SAHRA WAGENKNECHT: Nein. Denn die Leute lassen sich nicht grenzenlos für dumm verkaufen. Wenn sie etwas täglich anders erleben, als es in der Zeitung steht, dann glauben sie der Zeitung irgendwann nicht mehr. Bei gut 7 Millionen Arbeitslosen im Land hat fast jede Familie einen Betroffenen im näheren oder ferneren Bekanntenkreis. Damit zieht die Lüge immer weniger, daß das alles arbeitsscheue Personen seien, die ihre Misere selbst verschuldet haben. Der Meinungswandel geht ja auch aus den offiziellen Umfragen hervor. Heute sind so viele Menschen mit ihrer persönlichen Situation und den gesellschaftlichen Verhältnissen unzufrieden wie noch nie in der Geschichte der Altbundesrepublik. Dieser Umschwung ist besonders drastisch, wenn wir uns an die »marktwirtschaftliche« Euphorie von 1990 erinnern.

PIERRE CURIEUX: Es hat in konjunkturell schwierigen Phasen immer Stimmungsflauten gegeben, die sich dann schnell wieder in Luft aufgelöst haben.

SAHRA WAGENKNECHT: Die gegenwärtige Situation läßt sich nicht mehr bloß als Stimmungsflaute umschreiben. Heute – und das war noch nie so – traut eine Mehrheit der bestehenden Gesellschaft nicht mehr zu, wenigstens in Zukunft mit den Problemen fertig zu werden. Nach Umfragen des Allensbacher Meinungsforschungsinstituts[27] sind heute 39% der Westdeutschen und 62% der Ostdeutschen davon überzeugt, daß die Gesellschaft »auf eine ganz große Krise« zusteuert und die Probleme mit den derzeitigen politischen Möglichkeiten nicht lösbar sein werden. Zu der Aussage: »Ich frage mich, was das für eine Freiheit sein soll, in der Millionen arbeitslos sind, immer mehr Leute von der Sozialhilfe leben und die Großindustrie Rekordgewinne macht. Auf so eine Freiheit kann ich verzichten« meinen 50% der Westdeutschen und 76% der Ostdeutschen: »Würde ich auch sagen«. Ganze 40% der Westdeutschen haben heute noch »eine gute Meinung vom Wirtschaftssystem der Bundesrepublik«. Im Osten sind es gar nur 22%. Zwei Jahre zuvor lagen die Zahlen noch bei 52% bzw. 26%. Das bedeutet für den Westen einen Akzeptanz-Schwund von 12% in nur zwei Jahren. An die Sozialpartnerschafts-These glauben nur noch 41% aller Westdeutschen, während 44% den Klassenkampf für den einzigen Ausweg halten. Unter den Ostdeutschen zählt letzterer sogar 56% Anhänger und ist damit wieder mehrheitsfähig geworden. Und das nach Umfragen eines stockkonservativen Instituts, das die entsprechenden Trends wohl kaum nach links überzeichnen wird.

PIERRE CURIEUX: Die Menschen mögen den Klassenkampf bejahen, wenn es darum geht, auf einem Umfrageformular ein Kreuzchen zu machen. In der Praxis findet in diesem Land weit und breit kein Klassenkampf statt.

SAHRA WAGENKNECHT: Er findet schon statt, nur ist es hauptsächlich eine Klasse, die kämpft. Und zwar mit brutalsten Methoden. Wenn den Beschäftigten längere Arbeitszeiten, Wiedereinführung von Wochenendarbeit, reduzierte Lohnfortzahlung bei Krankheit und anderes abgezwungen wird und Streiks mit Aussperrungen und Entlassungen beantwortet werden, dann ist das Klassenkampf pur. Von Oben. Erfolgreich ist er gerade deshalb, weil die Betroffenen sich oft nicht wehren, sondern sich gegeneinander ausspielen lassen. Insoweit haben Sie ja recht. Unten regt sich wenig. Viel zu wenig! Ich will die Umfrageergebnisse wirklich nicht überschätzen. Nicht jeder, der unzufrieden ist, tut auch etwas, um seine Lage zu verändern. Viele bleiben passiv. Aber die Umfragen zeigen, daß der wichtigste Stabilitätsanker des heutigen Kapitalismus nicht mehr die Unterstützung durch Mehrheiten ist, sondern die Resignation von Mehrheiten. Das ist ein wichtiger Unterschied.

PIERRE CURIEUX: Der Resignierte bleibt genauso untätig wie der Zufriedene, letzterer fühlt sich dabei nur persönlich wohler. Einen großen Unterschied kann ich nicht erkennen.

SAHRA WAGENKNECHT: Resignation läßt sich überwinden, wenn Alternativen aufgezeigt werden. Die neoliberalen Argumente sind gerade deshalb so wirkungsvoll und so gefährlich, weil sie in der Logik der bestehenden Verhältnisse liegen. Es stimmt ja: Kapital fließt immer dahin, wo die höchsten Renditen locken. Also liegt der Trugschluß nahe, daß schlechtere Löhne nun mal der Preis sind, mit dem ein Abbau der Arbeitslosigkeit erkauft werden muß. Richtiger ist natürlich der Schluß, daß gesellschaftliche Verhältnisse, die darauf angewiesen sind, wenige Reiche auf Kosten aller anderen immer reicher zu machen, keine Perspektive bieten. Wenn ein Wirtschaftssystem die grundlegendsten sozialen Ansprüche nicht mehr einlösen kann, sollte man nicht die Ansprüche, sondern das Wirtschaftssystem in Frage stellen!

PIERRE CURIEUX: ...die Revolution steht nicht gerade vor der Tür.

SAHRA WAGENKNECHT: Es ist trotzdem ein Unterschied, ob die Menschen glauben, daß die Verhältnisse so, wie sie sind, im Prinzip immer bleiben müssen. Oder ob sie sehen, daß es auch anders geht. Dann werden sie eher bereit sein, sich zu wehren. Und das wäre dann auch kein Kampf gegen Windmühlen, denn wenn sehr viele sich wehren, läßt sich sehr wohl etwas erreichen. Selbst unter den heutigen Bedingungen. Natürlich haben die Großunternehmen mit ihren in die Höhe schnellenden Gewinnen verteilungspolitische Spielräume. Die werden sie sich aber nicht freundlich abhandeln lassen. Die einzige Sprache, die sie verstehen, heißt Streik, Demonstration, Klassenkampf von unten, und zwar mit langem Atem...

PIERRE CURIEUX: Aber es hat in den letzten Jahren immer wieder Streiks und Demonstrationen gegeben. Herausgekommen ist, alles in allem, wenig.

SAHRA WAGENKNECHT: Selbst das Wenige war meistens noch besser als das, was den Betroffenen ohne Widerstand diktiert worden wäre. Natürlich waren die Ergebnisse oft mager. Das hing aber auch damit zusammen, daß es den Unternehmern und der Politik immer wider gelungen ist, die Betroffenen zu entsolidarisieren. Streikende Arbeiter werden gegen Arbeitslose ausgespielt. Wenn die Unis in Bewegung kommen, geht das Bild vom faulen Studenten um, der sich auf Kosten der Gemeinschaft ein schönes Leben macht. Ostdeutsche Belegschaften werden gegen westdeutsche gestellt und umgekehrt. Der Unmut der Bauarbeiter über fehlende Arbeitsplätze und immer miesere Bezahlung wird auf die ausländischen Arbeiter am Bau abgelenkt, statt sich gegen die Bau-Unternehmer zu richten. Wenn die ÖTV mit Streiks droht, wird der Teufel neuer Steuererhöhungen an die Wand gemalt, statt über die Milliarden zu reden, die der Staat jährlich den Konzernen in den Rachen wirft...

PIERRE CURIEUX: Weshalb gelingt es Ihrer Meinung nach immer wieder, die Leute gegeneinander auszuspielen?

SAHRA WAGENKNECHT: Das bestehende Gesellschaftssystem produziert den vereinzelten Einzelnen. Auf allen Ebenen. Es lebt davon. Das beginnt bereits in der Schule. Da die »Auslese« in der vierten Klasse anfängt, stehen die Kinder von Beginn an in Konkurrenz gegeneinander. Schon in diesem Alter lernen sie, daß sie ihre Ellenbogen gebrauchen müssen, daß ihnen niemand hilft. Sie müssen sich auf eigene Faust durchkämpfen, wenn sie nicht untergehen wollen. Auch auf Kosten des Banknachbarn, eventuell sogar des Freundes. Jeder gegen jeden. Es gibt nur Sieger und Verlierer. Gutmütigkeit wird bestraft. Wer Rücksicht nimmt, scheitert. Das sind die Wolfsgesetze der heutigen Gesellschaft, die schon den Kindern eingebleut werden. Je älter sie werden, desto nachdrücklicher. Und je kleiner der Kreis der Auserwählten wird, die »es schaffen«, desto härter und unerbittlicher tobt dieser Konkurrenzkampf. In der Schule, in der Universität, am Arbeitsplatz. Die Entsolidarisierung wird durch die gegenwärtigen Veränderungen der Arbeitsverhältnisse noch bestärkt. Gerade die Ersetzung der alten, tarifvertraglich gebundenen, gewerkschaftlich organisierten Arbeit durch Scheinselbständigkeit und Teilzeitjobs überläßt den einzelnen Beschäftigten noch mehr sich selbst. Und macht ihn dadurch noch wehrloser gegenüber dem Kapital, das ihm als hochorganisierte Macht gegenübertritt. Eine Macht, auf die er angewiesen zu sein scheint. Will man diesem Trend zur Vereinzelung begegnen, kämpft man gegen eine Lebensphilosophie der bestehenden Ordnung. Das ist unsagbar schwer.

PIERRE CURIEUX: In einer auf Konkurrenz orientierten Gesellschaft altruistische Haltungen zu predigen, dürfte ein nahezu hoffnungsloses Unterfangen sein.

SAHRA WAGENKNECHT: Es geht nicht um Altruismus. Der einzelne muß begreifen, daß er sich letztlich selber hilft, wenn er sich mit anderen zusammentut. Sich gemeinsam wehrt. Nur dann kann er ja etwas in seinem Interesse bewegen. Es ist nur die fehlende Breite und Solidarität, wodurch es immer wieder gelingt, die einzelnen Aktionen in relativ kurzer Zeit abzuwürgen. Für die Aktiven wird es natürlich auch viel gefährlicher, den Kopf aus dem Fester zu stecken, wenn die anderen sie zwar stillschweigend, aber nicht offen unterstützen. Es ist eben falsch, wenn jeder denkt, er selbst kommt schon irgendwie durch, wenn er nur nicht auffällt, wenn er nur stillhält. Es kommen immer weniger durch, auch viele Stillhalter bleiben irgendwann auf der Strecke. Aber wenn es sie erst selbst getroffen hat, kommt diese Erkenntnis oft zu spät.

PIERRE CURIEUX: Allerdings haben große Unternehmen heute die Wahl, in welchem Land sie investieren und produzieren. Weshalb sollten sie sich durch Protestaktionen zu etwas zwingen lassen, was ihren Interessen entgegensteht?

SAHRA WAGENKNECHT: Weil sie natürlich nicht völlig aus Deutschland oder gar aus dem EU-Raum verschwinden könnten. Die Erpressung mit Betriebsschließungen und Entlassungen funktioniert so lange, solange nur einzelne Belegschaften oder Betriebsteile kämpfen, andere dagegen schlechtere Löhne und verlängerte Arbeitszeiten hinnehmen. Dann haben es die Unternehmer leicht, ihre Profitdiktate durchzusetzen. Bei flächendeckendem Protest werden sie über kurz oder lang einlenken. Zähe, anhaltende Arbeitskämpfe kann sich selbst ein riesiger Konzern nicht leisten. Letztlich sind es eben nicht irgendwelche Zahlen in den Bankcomputern, die die Wirtschaft eines Landes am Leben erhalten, sondern diejenigen, die in ihr arbeiten. Wenn sich die Beschäftigten weigern, für immer miesere Gehälter bei immer längeren Arbeitszeiten zur Verfügung zu stehen, wenn sie streiken und demonstrieren, dann geht in einem Land nichts mehr, dann ist das wirtschaftliche und gesellschaftliche Leben lahmgelegt. Das haben wir in Frankreich gesehen, als die Fernfahrer wichtige Autobahnkreuze blockiert haben. Der ganze Kontinent war davon betroffen, selbst die Iren auf ihrer Insel hatten Versorgungsprobleme. Oder vor kurzem der große Streik in Dänemark. Da stand das gesellschaftliche Leben still. Gemeinsam haben die Menschen diese unglaubliche Macht. Und es sind ja nicht einzelne, nicht mal kleinere Randgruppen, sondern es ist wirklich die Mehrheit, die gegenwärtig mit schlechteren Lebensverhältnissen, Existenzunsicherheit und Zukunftssorgen dafür zahlt, daß eine verschwindende Minderheit sich unsäglich bereichert.

PIERRE CURIEUX: Zu dieser Mehrheit gehören neben den Arbeitenden vor allem auch die Arbeitslosen, die von der Krise ja noch weit härter betroffen sind. Die können nicht »streiken«, denn sie spielen, so gesehen, im wirtschaftlichen Leben keine Rolle mehr.

SAHRA WAGENKNECHT: Deshalb sind sie aber nicht machtlos. Die französischen Arbeitslosenaktionen haben gezeigt, daß sich durch kontinuierlichen Protest etwas erreichen läßt. Ich würde mir wünschen, daß der Widerstand auch in Deutschland breiter wird. Aber es ist richtig, daß eine Bewegung, die ausschließlich von Arbeitslosen getragen würde, es sehr schwer hätte. Letztlich kommt es darauf an, daß sich Beschäftigte und Arbeitslose gemeinsam wehren. Denn Lohndumping und Sozialabbau trifft beide. Wird geleistete Arbeit schlechter bezahlt und die Arbeitszeit immer länger, bleiben noch mehr Arbeitsplätze auf der Strecke. Wer sich heute noch zu den Arbeitenden zählt, muß vielleicht morgen den sauren Weg aufs Arbeitsamt antreten. Umgekehrt machen gerade sinkende Sozialleistungen verstärkten Druck auf die Löhne möglich. Deshalb ist es ein perfides Spiel, wie man Menschen mit und ohne Arbeit gegeneinander ausspielt. Wenn Gewerkschaften für höhere Löhne kämpfen, wird ihnen zynisch »mangelnde Solidarität« gegenüber den Arbeitslosen unterstellt. Andererseits macht man unter den Arbeitenden Stimmung gegen die »faulen« Sozialhilfeempfänger, die nicht mal Spargel stechen mögen. Wer auf diese Demagogie hereinfällt, sollte bedenken, daß, wenn sich solche Arbeitsdienste durchsetzen, dadurch wieder reguläre Arbeitsplätze verschwinden, daß es dann normal wird, für Pfenniglöhne zu arbeiten. Das trifft längerfristig auch die Beschäftigten, deren Arbeitsplatz nicht direkt durch solche »Dienste« bedroht wird. Die wichtigste Aufgabe besteht also darin, daß sich Belegschaften und Arbeitslosenbewegung solidarisieren, daß sie gemeinsam auf die Straße gehen. Die Forderung einer 30-Stunden Woche bei vollem Lohnausgleich läge beispielsweise direkt in beider Interesse. Mit genügend Druck wäre das unter Umständen sogar unter heutigen Bedingungen durchsetzbar. Denn ruinieren würde es keinen der Konzerne.

PIERRE CURIEUX: Die Arbeitslosenproteste bei uns in Frankreich haben ja europaweit von sich reden gemacht. Der Widerhall, den entsprechende Aufrufe in Deutschland gefunden haben, war eher spärlich. Wie erklären Sie sich das?

SAHRA WAGENKNECHT: Zum einen sind die französischen Gewerkschaften einfach kampfesfreudiger und nicht so zahm wie die deutschen. Die Arbeitslosenproteste werden zwar hier auch unterstützt, aber, wenn man genau hinsieht, nur halbherzig. Es wäre doch für die Gewerkschaften kein Problem, an einem der Tage, wenn die Bundesanstalt ihre neuen Zahlen bekannt gibt, in zwei, drei ausgewählten Städten wirkliche Massendemonstrationen auf die Beine zu stellen.

PIERRE CURIEUX: Auch Gewerkschaften können sich keine Massenbewegung backen.

SAHRA WAGENKNECHT: Nicht backen, aber organisieren. Wenn sie wirklich wollten, hätten sie die Macht dazu. Da habe ich keinen Zweifel. Natürlich nicht flächendeckend, sondern an einigen ausgewählten Orten. Das würde aber völlig genügen. Denn wenn der Protest dadurch eine gewisse Größe erreicht hat, wirkt das wie ein Sog. Dann verspricht sich der einzelne etwas davon, auch hinzugehen. Bei einem Häuflein von drei- oder vierhundert Leuten ist das nicht der Fall. Da weiß jeder, daß das leicht ignoriert werden kann. Wenn die Bewegung eine bestimmte Breite erreicht hat, fühlt sich der Betroffene auch nicht mehr so allein mit seinen Problemen. Gerade in Westdeutschland wird Arbeitslosigkeit ja von vielen noch als eigenes Versagen begriffen. Der Arbeitslose schämt sich, mit seinem Schicksal an die Öffentlichkeit zu gehen. Er verkriecht sich, statt Forderungen zu stellen. Wenn aber Tausende auf der Straße sind, fällt es viel leichter, sich einzureihen. Es gibt eine kritische Größe der Bewegung. Wenn die einmal erreicht ist, dann kommen immer mehr Leute, denn dann beginnen sie daran zu glauben, daß es lohnt. Wenn der ganze Protest dagegen von vornherein auf kleiner Flamme kocht, dann entwickelt er auch keine Anziehungskraft, sondern dümpelt vor sich hin. Das wissen die Verantwortlichen in den höheren Gewerkschaftsetagen auch. Genau wie diejenigen übrigens, die seinerzeit den Umsturz in der DDR mitorganisiert haben. Auf den ersten Leipziger Montagsdemos war die bayrische Mundart fast häufiger zu hören als die sächsische. Auf diese Weise hat man erreicht, daß die Demo schnell die kritische Größe durchbrochen hat und sich von da an mehr und mehr selber tragen konnte. Dieses Beispiel paßt inhaltlich zwar nicht hierher, aber es verdeutlicht den Mechanismus. Denn in dem Punkt gilt für Protestaktionen das gleiche wie für Gegenrevolutionen. Wenn die Gewerkschaften ernstlich breite Aktionen auf die Beine stellen wollten, dann könnten sie es. Aber die SPD hat ja gar kein Interesse, daß dieses Land wirklich in Bewegung kommt. Das könnte sich nämlich sehr schnell auch gegen sie richten.

PIERRE CURIEUX: Anders als streikende Arbeiter würden Arbeitslose nicht höhere Löhne, sondern in erster Linie Arbeit und soziale Leistungen fordern. Jedenfalls für letztere müßten die öffentlichen Haushalte aufkommen. Sie haben aber vorhin selbst darauf hingewiesen, daß die staatlichen Handlungsspielräume heute gering sind.

SAHRA WAGENKNECHT: Sie sind unter den gegenwärtigen Verhältnissen viel zu gering, um die Probleme zu lösen. Aber das heißt nicht, daß es keine Spielräume gibt. Natürlich könnte, statt die Sozialhilfe immer mehr zu kürzen, auch der Eurofighter ungebaut bleiben. Natürlich könnten, statt die Mehrwertsteuer weiter zu erhöhen, auch die Gewerbekapitalsteuer und die Vermögenssteuer wiedereingeführt werden. Statt irgendwelcher technologischer Prestigeprojekte könnte der öffentliche Nah- und Fernverkehr subventioniert werden. Das alles würde die asoziale Grundrichtung der gegenwärtigen Entwicklung nicht umkehren, aber es wäre mehr als nichts.

PIERRE CURIEUX: Also ist Reformpolitik doch nicht völlig sinnlos. Ein Regierungswechsel würde nicht wirkungslos bleiben.

SAHRA WAGENKNECHT: Aber sehen Sie sich doch die Parteien an, die für einen Regierungswechsel zur Verfügung stünden. Wie hat die FAZ vor kurzem so schön geschrieben? »Es gibt Rot-Grün nur als Illusion oder Ressentiment. Die SPD streift mit Schröder das Rot so gut es geht ab. Die Grünen führen gerade vor, daß unter ihrer Farbe wenig ist.«[28] Wenn das das Kampfblatt der Großunternehmerlobby schon sagt...

PIERRE CURIEUX: Im SPD-Wahlprogramm sind eine Reihe konkreter sozialer Forderungen formuliert, die sich von der Politik der Union eindeutig abheben.

SAHRA WAGENKNECHT: Aber wird sich Schröder am Tag nach der Wahl daran noch erinnern lassen? Er hat doch schon vorgearbeitet, indem er alle sozialen Versprechen einem »strikten Finanzierungsvorbehalt« unterstellt hat. Die Kassen sind leider leer, wird es dann heißen. Und meistens ist das ja nicht falsch. Nur sollte man dann eben darüber nachdenken, wie sie wieder gefüllt werden können. In gewissen Grenzen ginge das schon. Freilich müßte dann das Geld dort geholt werden, wo es liegt: in der Privatwirtschaft und bei den Vermögensmillionären. Aber das dürfte sich mit Schröders Grundsatz, daß die Politik der Wirtschaft »zu dienen« habe, schwer vertragen. Steuersenkungen für Großverdiener und eine Senkung der Körperschaftssteuer, von der gerade die größten Konzerne profitieren würden, gehören heute sogar ausdrücklich zum SPD-Programm. Auf diese Art werden leere Kassen kaum voller. Da sinniert Schröder schon lieber über Arbeitsdienste für Sozialhilfeempfänger, über mehr »Flexibilität« der Beschäftigten und darüber, daß höhere Löhne auch »durch längere Maschinenlaufzeiten verdient«[29] werden müssen. Da fragt man sich bloß, womit denn die Aktionäre ihre ständig steigenden Dividenden verdienen...

PIERRE CURIEUX: Trotzdem wird eine SPD-geführte Regierung sicher in dem einen oder anderen Punkt sozialer an die Dinge herangehen als die derzeitige Koalition. Sie werden sich im Wahlkampf mit dem Argument auseinanderzusetzen haben, daß jede Stimme zählt, um den Regierungswechsel herbeizuführen.

SAHRA WAGENKNECHT: Was nützt ein Regierungswechsel, wenn die Politik sich nicht verändert. Die sogenannten »Volksparteien« werden sich doch immer ähnlicher. Beide sind inzwischen bloßes Sprachrohr der Konzern- und Bankenlobby. Auch die Grünen verschleißen sich in diversen Landesregierungen, und sind in ihrer Identität kaum noch erkennbar. In Sachen Sozialraub existiert in Bonn längst eine Große Koalition. Die Mehrwertsteuer hätte ohne Mithilfe der SPD nicht erhöht werden können. Der Privatisierung von Bahn und Post hat sie nichts entgegengesetzt. Wenn dort wieder hunderte Beschäftigte entlassen, Zugtickets und Pakete aber trotzdem unbezahlbar werden, sitzen die Verantwortlichen nicht nur im Adenauer-Haus. Wenn ein sozialdemokratischer Kanzlerkandidat schon vor der Wahl den Unternehmerverbände zu Füßen liegt, was ist dann erst von einem Kanzler Schröder zu erwarten?! Ich denke, die Privatwirtschaft weiß schon, weshalb sie ihn unterstützt.

PIERRE CURIEUX: Diese Behauptung haben Sie vorhin schon einmal aufgestellt. Aber tut die Wirtschaft das wirklich? Die Verbände haben sich mehrfach für den Fortbestand der bisherigen Koalition ausgesprochen.

SAHRA WAGENKNECHT: Ein bißchen Theaterdonner erhöht doch nur Schröders Popularität, das kann ihm ganz recht sein. Aber alles spricht dafür, daß die wichtigen Wirtschaftskreise längst auf Schröder setzen. In regelmäßigen Abständen rüffelt deren Zentralorgan, die FAZ, den amtierenden Kanzler mit dem Hinweis, daß Schröders Vorbild Tony Blair in Fragen Sozialklau viel rigoroser vorgehe als er. BDI-Chef Henkel lobte auf einer Konferenz in Großbritannien Blair in hohen Worten: »... your gouvernment's programm is more liberal, more pro-business than our so-called conservative government's one« (»... das Programm Ihrer Regierung ist liberaler und unternehmerfreundlicher als das unserer sogenannten konservativen Regierung«).[30] Auch Norbert Walter von der Deutschen Bank hat für Kohl wenig übrig: »The Germans argue like the high priests of free-market economics, but they act like interventionists. The British Labour Party acts like the real free-market champions.« (»Die Deutschen argumentieren wie die Hohen Priester der freien Marktwirtschaft, aber sie handeln wie Etatisten. Die Labour Party Großbritanniens aber handelt wie der wirkliche Großmeister des freien Marktes.«)[31] Genüßlich berichtete die FAZ im März: »Keinen Spaß versteht New Labour vor allem mit dem arbeitsscheuen Teil der Bevölkerung und drängt selbst alleinerziehende Mütter mit einer für kontinentaleuropäische Verhältnisse unbekannten Härte zur Aufnahme einer Arbeit.«[32] Zufrieden wird hervorgehoben, daß auf diese Art in Großbritannien – ähnlich wie in den Vereinigten Staaten – ein großer Billiglohnsektor entstanden sei, vor allem in der Dienstleistungsbranche. Abschließend wird erläutert, warum man auch in der deutschen Politik eher auf Schröder setzt: »Daß solche Maßnahmen von einer Labourregierung kommen, macht sie voraussichtlich leichter durchsetzbar.« Die Meinungsverschiedenheiten innerhalb des Wirtschaftsclans dürften sich darauf reduzieren, ob Schröder besser mit Schäuble oder mit Fischer regieren sollte. Der politische Unterschied fällt allerdings so oder so nicht groß aus. Selbst wenn die Grünen in die Regierung kommen, werden sie sich wohl bemühen, den Part der jetzigen FDP zu übernehmen. Fischer gibt sich schon heute große Mühe, sich für die gleiche Klientel zu profilieren.

PIERRE CURIEUX: Die Absicht, der Bevölkerung fünf Mark pro Liter Benzin abzuverlangen, spricht zumindest nicht dafür, daß man sich den Leuten anbiedert.

SAHRA WAGENKNECHT: Naja, inzwischen wurde dieser Programmpunkt ja auch schon wieder zurückgenommen. Außerdem: Wer genügend

Kleingeld hat, dem dürfte verteuertes Benzin gar nicht so unlieb sein. Er hat dann die Straßen wieder für sich und ungehindert freie Fahrt. Diese Forderung ist nicht mit Ökologie zu rechtfertigen; sie setzt genau auf der falschen Seite an. Wenn Bahntickets preiswert und der öffentliche Nahverkehr fast kostenlos wären, würden sicher viele freiwillig auf Bus und Bahn umsteigen. Nein, ob in Großer Koalition oder mit den Grünen: von einer Schröder-Regierung Widerstand gegen die Profitdiktate der Privatwirtschaft zu erwarten, ist Traumtänzerei. Positive Veränderungen müssen entweder von unten erzwungen werden, oder sie unterbleiben. Wenn die Konzernchefs den sozialen Frieden in Gefahr geraten sehen, werden sie Zugeständnisse machen. Aber nur dann.

PIERRE CURIEUX: Sie sind Bundestagskandidatin der PDS im Wahlkreis Dortmund Mitte. Weshalb treten Sie in der westlichen Diaspora an?

SAHRA WAGENKNECHT: Damit es keine Diaspora bleibt. Der Kapitalismus wütet doch im Westen nicht weniger brutal als im Osten. Die Arbeitslosigkeit in Dortmund ist mit 18% annähernd so hoch wie in vielen Städten Ostdeutschlands, die sozialen Probleme sind ähnlich. Lohndumping, Sozialraub, die Entwicklung zum Polizeistaat treffen Dortmunder nicht weniger als Leute in Rostock oder Leipzig. Gerade deshalb muß es, denke ich, nicht dabei bleiben, daß Wahlergebnissen von fast 30 Prozent im Osten bloße 2 Prozent im Westen gegenüberstehen. Das ist einfach ein Anachronismus.

PIERRE CURIEUX: Weshalb hält sich die Akzeptanz der PDS im Westen, Ihrer Meinung nach, bisher in so engen Grenzen?

SAHRA WAGENKNECHT: Wie gesagt, da ist auch vieles in Jahrzehnten festgefahren, was sich schwer in einigen Jahren aufbrechen läßt. Es gibt antikommunistische Klischees, die tief verwurzelt sind. Die Menschen im Osten haben beide Ordnungen erlebt, sie erinnern sich noch gut, woran es in der DDR mangelte, aber eben auch an das, was sie damals hatten und heute nicht mehr. Kurz, sie können wirklich vergleichen, und der Vergleich kann für die DDR nicht so schlecht ausfallen, sonst wären unsere Wahlergebnisse andere...

PIERRE CURIEUX: Nun steht die PDS allerdings nicht für ein Zurück zur DDR.

SAHRA WAGENKNECHT: Nein. Ein Zurück in diesem platten Sinn kann es ja auch gar nicht geben. Die DDR ist heute Geschichte. Und Honecker sollte man wirklich nicht wiederholen. Aber trotzdem steht die PDS natürlich auch für die DDR, denn da kommt sie her, selbst wenn einige Genossen mit dieser Vergangenheit nichts mehr zu tun haben wollen. Die unterschiedliche Akzeptanz der PDS in Ost und West hat auch mit dieser Frage zu tun. Einerseits, das ist richtig, sind wir im Westen mit unseren aktuellen Positionen nur wenig bekannt und vor Ort vielfach nicht greifbar. Der Hauptgrund ist aber, daß über das Leben in der DDR solche Schreckensbilder existieren, daß man mit einer Partei solcher Herkunft nichts zu tun haben will. Wenn man als Kommunist im Westen auftritt, trifft man zunächst auf eine Wand von Vorurteilen. Das sind nicht rationale Argumente, das ist einfach dumpfe Abneigung, vielleicht sogar Angst. Allerdings habe ich die Erfahrung gemacht, daß das für junge Leute viel weniger gilt. Die sind viel aufgeschlossener.

PIERRE CURIEUX: Die Mehrheit aber ist nicht jung und bei Wahlen geht es um Mehrheiten. War Ihre Kandidatur in Dortmund wirklich ein glücklicher Schachzug? Gerade Sie stehen für vieles, gegen das sich die Vorbehalte im Westen – seien sie nun berechtigt oder nicht – richten..

SAHRA WAGENKNECHT: Man baut Vorbehalte nicht dadurch ab, daß man sich ihnen beugt. Das ist in jedem Falle der falsche Weg. Ich baue darauf, daß wir am Ende doch die besseren Argumente haben. Ich denke, daß die Menschen zunehmend spüren, daß sich etwas ändern muß. Die SPD erreicht in Dortmund seit Jahrzehnten über 50% der Stimmen. Aber was tut sie im Interesse der Leute, die sie wählen? In den siebziger und zum Teil noch in den achtziger Jahren hat man wenigstens noch versucht, den industriellen Umbau sozial abzufedern. Allerdings auch nur, weil die betroffenen Bergleute und Stahlarbeiter sich gewehrt, weil sie Druck gemacht haben. Wenn sich solcher Widerstand nicht wieder formiert, passiert gar nichts. Solange die etablierten Parteien den Westen als sicheres Hinterland betrachten, machen sie keinen Finger krumm. Gute Wahlergebnisse für die PDS wären da schon ein Druckmittel. Aber allein reichen sie auch nicht. Die Menschen müssen protestieren, laut und unüberhörbar, wenn man ihnen immer dreister in die Tasche greift. In der eigenen Stube zu schimpfen, bringt nichts.

PIERRE CURIEUX: Und sie glauben, daß Sie das mit Ihrem Wahlkampf erreichen werden?

SAHRA WAGENKNECHT: Ich erwarte keine Wunder. Aber ich werde ja auch nach dem 27. September nicht aus Dortmund verschwinden. Natürlich kann man jahrzehntelang aufgebaute Vorurteile gegen Links, gegen Kommunisten nicht in einem halben Jahr niedermähen. Aber ich hoffe, daß ich dazu beitragen kann, daß unsere Basis breiter wird. Letztlich steht und fällt die Zukunft der PDS als linke, antikapitalistische Opposition damit, ob es ihr gelingt, sich auch im Westen zu verankern. Als sozialdemokratischer Ostableger und bloßer »Gib-dem-Ossi-eine-Stimme«-Verein hat sie keine Perspektive. Zumindest keine, für die es sich zu engagieren lohnte.

PIERRE CURIEUX: Vorbehalte gegenüber der PDS haben indessen nicht nur mit ihrer Vergangenheit zu tun. Viele bezweifeln ihre demokratische Zuverlässigkeit heute.

SAHRA WAGENKNECHT: »Demokratische Zuverlässigkeit«? Die ist wohl eher bei jenen Parteien in Zweifel zu ziehen, die durch Unterlassen von Opposition, durch Kungelei bis hin zur Selbstaufgabe den hemmungslos durchgepeitschten Sozial- und Demokratieabbau erst möglich gemacht haben. Die vor den Wahlen das eine versprechen, und nach den Wahlen das Gegenteil tun. Die von »Grundgesetztreue« reden und eine reaktionäre Verfassungsänderung nach der andern beschließen. Die sollten sich beim Thema »demokratische Zuverlässigkeit« an ihre eigene Nase fassen. Die Zuverlässigkeit der PDS stünde erst dann in Frage, wenn sie wird wie die. Aber das wollen wir ja nicht hoffen.

PIERRE CURIEUX: Allein wird die PDS aber nur wenig verändern. Sie muß also versuchen, mit anderen Kräften gemeinsam zu kämpfen.

SAHRA WAGENKNECHT: Ja, mit allen, die wirklich kämpfen wollen! Dann ist es auch egal, ob es Sozialisten, Kommunisten, Sozialdemokraten, Gewerkschafter, Grüne oder einfach Menschen mit Verantwortungsbewußtsein und sozialem Gewissen sind. Um deren Akzeptanz müssen wir ringen. Aber wir haben es nicht nötig, um das Wohlwollen von Parteiführungen zu buhlen, die sich seit Jahren in debiler Anpasserei verschleißen. Die die Logik des Renditedenkens längst verinnerlicht haben. Deren Politik genauso visionslos, genauso gleichgeschaltet ist, wie die der Bonner Koalition. Mit Schröder oder Fischer wird sich in diesem Land nichts ändern. Das geschieht nur, wenn die Friedhofsruhe auf den Strassen ein Ende hat!

II. Reformen eine Illusion?

PIERRE CURIEUX: Es gibt recht viele, die Ihr Unbehagen an den gegenwärtigen Entwicklungen teilen, ohne deshalb das bestehende Wirtschaftssystem in Frage zu stellen. Ich denke an Viviane Forrester mit ihrem Buch »Der Terror der Ökonomie«. Oder die Spiegel Autoren Martin/Schumann in der »Globalisierungsfalle«. Von Marion Gräfin Dönhoff ist kürzlich ein Band mit dem Titel »Zivilisiert den Kapitalismus!« erschienen. Man kann die Gegenwart scharf kritisieren, ohne deshalb zu antikapitalistischen Folgerungen zu kommen. Immerhin waren die westlichen Gesellschaften nicht immer so, wie sie sich heute, nach zwei Jahrzehnten neoliberaler Politik, darstellen. Stichworte Sozialpartnerschaft, Wohlfahrtsstaat ... Es ist also möglich, den Kapitalismus sozial zu bändigen.

SAHRA WAGENKNECHT: Es war möglich. Aber der beschauliche Reformkapitalismus der Nachkriegszeit ist heute Vergangenheit. Er war das Ergebnis ganz besonderer historischer Bedingungen, die nicht mehr existieren und auch nicht künstlich wiederhergestellt werden können. Das bürgerliche System befand sich nach Kriegsende in einer existentiellen Krise. Der Kapitalismus hatte faschistische Diktaturen und einen barbarischen Weltkrieg hervorgebracht, er hatte ganz Europa in Schutt und Asche gelegt und war im öffentlichen Bewußtsein ziemlich diskreditiert. In Italien und Frankreich erreichten kommunistische Parteien spektakuläre Wahlerfolge. Schon im Interesse kapitalistischer Stabilität lag es damals nahe, statt auf zynische Marktapologetik auf ein höheres Maß staatlicher Intervention und sozialer Abfederung zu setzen. Die konzeptionelle Vorlage bot Keynes »Allgemeine Theorie der Beschäftigung, des Zinses und des Geldes«, die unter dem Eindruck der Weltwirtschaftskrise entstanden war.

PIERRE CURIEUX: Man könnte entgegnen: Wenn die westlichen Gesellschaften sich so weiter entwickeln, wie sie es gegenwärtig tun, dann wird ihre Stabilität möglicherweise wieder in Gefahr geraten. Vielleicht sind Politiker doch lernfähig und es muß nicht erst so weit kommen, ehe das Ruder wieder herumgerissen wird.

SAHRA WAGENKNECHT: Die Politiker entscheiden darüber gar nicht. Entscheidend für die damalige Zeit war, daß sich bestimmte ökonomische Bedingungen verändert hatten. Die Fließbandfertigung hatte die Produktivität so erhöht, daß es erstmals möglich und profitabel wurde, Güter des Massenbedarfs industriell-kapitalistisch herzustellen. Vorher war die Kaufkraft der Lohnabhängigen ja nicht darüber hinausgegangen, zu essen und sich einigermaßen zu kleiden; diese Nachfrage wurde von nicht- bzw. kleinkapitalistischen Familienbetrieben befriedigt, in den Kalkulationen der Großunternehmen spielte sie kaum eine Rolle. Die neuen Techniken erschlossen also eine völlig neue Sphäre der Kapitalverwertung. In den USA hatte das bereits in der Vorkriegszeit begonnen, Europa zog ab 1945 kräftig nach. Es war die Expansion dieser Massengüterindustrien, die den knapp zwanzigjährigen Nachkriegsboom getragen hat. Damit wurde die kapitalistische Entwicklung allerdings zum ersten Mal direkt von einer ständig wachsenden Massenkaufkraft abhängig. Starke Gewerkschaften, institutionalisierte Formen der »Sozialpartnerschaft« und sozialstaatliche Leistungen für Notlagen sollten das gewährleisten.

PIERRE CURIEUX: Das Kaufkraft-Argument gilt allerdings heute nicht weniger als damals.

SAHRA WAGENKNECHT: An sich ja, natürlich. Die spezifischen Bedingungen der Nachkriegszeit bestanden aber darin, daß die Massenkaufkraft – also das Lohnniveau – wachsen konnte bei gleichzeitig wachsenden Profitraten. Das war eine historisch einmalige Konstellation. Sie beruhte zum einen auf einem beispiellosen Anstieg der Arbeitsproduktivität, zum anderen – und das war das Entscheidende – auf einem sinkenden Kapitaleinsatz je Produktionsergebnis. Der Kapitalkoeffizient, der dieses Verhältnis ausdrückt, war zwischen 1950 und 1960 um 23,3% gefallen.[33] Dadurch konnten die Löhne steigen, ohne die Rendite zu schmälern. Weil sie außerdem sofort wieder als Nachfrage auf die Gebrauchsgütermärkte flossen, gewährleistete gerade ihr kontinuierliches Wachstum optimale Verwertungsbedingungen. Das war der Grund, weshalb in dieser Zeitperiode produktivitätsorientierte Lohnsteigerungen ohne größere Widerstände der Unternehmer durchsetzbar waren. Das änderte sich in der zweiten Hälfte der sechziger Jahre. Dann verbesserte allerdings die weitgehend erreichte Vollbeschäftigung die Kampfposition der Arbeitenden.

PIERRE CURIEUX: Gewerkschaften und SPD-Politiker fordern auch heute produktivitätsorientierte Lohnsteigerungen. Das erscheint plausibel, denn bei einem Gleichschritt von Produktivität und Lohnniveau wachsen, wie Sie selbst sagen, auch die Gewinne der Wirtschaft. Weshalb sollte das nicht durchsetzbar sein?

SAHRA WAGENKNECHT: Durchsetzbar, wenn darum gekämpft wird, ist vieles und auch Weitergehendes. Die Frage ist, ob man kämpft oder ob man kungelt, also auf freiwilliges Einlenken der Unternehmer hofft. Gerade die Forderung produktivitätsorientierter Lohnsteigerungen wird gern so vorgebracht, als gäbe es bei wachsender Verteilungsmasse eigentlich gar keinen Widerspruch zwischen Kapital und Arbeit mehr...

PIERRE CURIEUX: Stimmt das nicht? Wenn die Produktivität ausreichend wächst, können sowohl Gewinne als auch Löhne steigen. Es gibt also nicht mehr das alte Nullsummen-Spiel, bei dem sich einer nur auf Kosten des anderen bereichern kann. Insofern gibt es ein übereinstimmendes Interesse an möglichst hohen Wachstumsraten. Die Sozialpartnerschafts-These ist nicht aus der Luft gegriffen.

SAHRA WAGENKNECHT: Das Sozialpartnerschafts-Geschwafel ist einfach eine Irreführung der Leute. Selbst wenn die Löhne mit der Produktivität wachsen, heißt das nur, daß die bestehenden Verteilungsverhältnisse konserviert werden. Die millionenschweren Bezüge der Kapitaleigner steigen dann genauso wie die Einkommen der Beschäftigten, was für den Großaktionär natürlich weit mehr Geld bedeutet als für den einzelnen Arbeitenden. Zweitens wird die Produktivitäts-Rechnung ohne den Wirt gemacht: denn für die Unternehmen zählt ja nicht die absolute Höhe der Gewinne. Was zählt, ist die Kapitalrendite: das Verhältnis des Gewinns zum eingesetzten Kapital. Oder – mit Marx – die Profitrate. Produktivitätsorientierte Lohnsteigerungen werden bei den Industriebossen nur so lange auf Entgegenkommen treffen, solange sie die Profitraten nicht nach unten drücken. Das war in den fünfziger und zum Teil noch in den sechziger Jahren der Fall. Danach nicht mehr. Die erste große Nachkriegskrise am Beginn der siebziger Jahre hatte im wesentlichen diesen Grund...

PIERRE CURIEUX: ...daß die Rentabilität der Wirtschaft geringer wurde?

SAHRA WAGENKNECHT: Daß der alte Widerspruch wieder aufbrach. Die hohen Wachstumsraten der fünfziger und sechziger Jahre waren erreicht worden, weil einerseits die Löhne mit der Produktivität wuchsen, andererseits ein Großteil der ja ebenfalls wachsenden Gewinne sofort wieder investiert wurde. Beides gewährleistete, daß ein wachsendes Produktionsergebnis auf eine tatsächlich immer größere Nachfrage traf und sich die Erweiterung der Produktion rentierte. Dieses Muster ließ sich aber nicht beliebig fortschreiben, weil immer mehr Kapital eingesetzt werden mußte, um eine bestimmte Steigerung des Produktionsergebnisses zu erreichen. Wären die Löhne weiter produktivitätsgerecht gewachsen, hätten die Unternehmen sinkende Renditen in Kauf nehmen müssen. Privates Kapital steht aber für Investitionen nur zur Verfügung, wenn den Anlegern ein proportional zur Anlagesumme wachsendes Einkommen winkt. Eine Investition, die das nicht sichert, wird einfach nicht finanziert. Wächst also der nötige Kapitaleinsatz schneller als das Produktionsergebnis, wird Umverteilung nach oben zur Funktionsbedingung des Wirtschaftssystems. Andererseits: steigen die Löhne nicht mehr produktivitätsgerecht, findet ein größer werdendes Produktionsergebnis keinen Absatz mehr.

PIERRE CURIEUX: Dafür gibt es keinen zwingenden Grund.

SAHRA WAGENKNECHT: Doch. Weil die Verteilungsrelation sich dann zugunsten derer verschiebt, die vorher schon Millionen übrig hatten, um sie auf den Kapitalmärkten anzulegen. Wenn die noch mehr verdienen, vergrößern sie ihre Wertpapierdepots, fragen aber kaum mehr Waren nach. Die kapitalistische Verteilungslogik sorgt doch dafür, daß ausgerechnet die am meisten einstreichen, die es am wenigsten brauchen, weil ihre Vermögen eh schon die größten sind. Wer hundert Millionen auf seinen Anlagekonten hat, erreicht problemlos – selbst bei niedrigen Renditen – einige Millionen Mark Einkommen im Jahr. Einen Teil davon legt er dann wieder an, das gibt im nächsten Jahr noch größere Einkommen, also noch mehr überschüssiges Geld. So türmt sich der Berg der Guthaben immer höher. Nach Schätzungen der Deutschen Bundesbank entstehen 4/5 des jährlich in Deutschland neugebildeten Geldvermögens aus Zinsen und Dividenden, also aus bereits vorhandenem Vermögen. Und diese Gelder wechseln sofort ihre Depots, wenn sie nicht dem eigenen Wachstum entsprechend mit wachsenden Zinsen und Dividenden bedient werden...

PIERRE CURIEUX: Aber diese Zinsen und Dividenden können doch durch steigende Produktion erwirtschaftet werden. Wenn Investitionen einen immer größeren Kapitaleinsatz verlangen, wie Sie selbst einräumen, müssen theoretisch auch immer höhere Sparquoten gewährleistet werden, um sie finanzieren zu können. Damit wäre zugleich die nötige Nachfrage gewährleistet, denn die realisiert sich ja nicht nur über den Endverbraucher, sondern auch über die Kapitalgütermärkte. Die klassische Ökonomie vertritt bekanntlich die These, daß es ein Nachfrageproblem gar nicht geben kann, da sich Einkommen und Wertschöpfung schon definitionsgemäß entsprechen. Jedem Verkäufer steht ein Käufer gegenüber...

SAHRA WAGENKNECHT: Erstens geht es nicht nur darum, ob Nachfrage und tatsächliches Angebot sich entsprechen, sondern ob mit den vorhandenen Arbeitskräften und technischen Mitteln ein größeres bzw. qualitativ besseres Güterangebot erstellt werden könnte, das nur mangels zahlungskräftiger Nachfrage nicht ausgeschöpft wird. Angebot und Nachfrage können sich vollkommen entsprechen und beide trotzdem geringer sein als möglich...

PIERRE CURIEUX: ...was nach klassischer Theorie sofort Gegenkräfte auslöst, die auf einen Ausgleich auf höherem Niveau hinwirken.

SAHRA WAGENKNECHT: Nur lassen die zum Kummer der Ökonomen seit gut dreißig Jahren auf sich warten. Die Wirklichkeit ist leider nicht so schön wie die mathematischen Kurven und Diagramme der klassischen Theorie, in der immer nur quantitative Größen in Übereinstimmung gebracht werden müssen. Diesen Fehler teilen übrigens die keynesianischen Modelle, die auf eine potentialorientierte Nachfragesteuerung setzen. Die operieren normalerweise auch nur mit Quantitäten. In Wirklichkeit müssen Nachfrage und Angebot aber auch qualitativ zusammenpassen. Sonst verschieben sich die Relationen und das Wachstum im Gleichgewicht ist passé. Mit Marx läßt sich die Realität eben nach wie vor besser begreifen als mit Keynes. Auch wenn sein Werk hundert Jahre älter ist. Die ökonomische Analyse ist nach ihm immer nur schwächer geworden...

PIERRE CURIEUX: Kommen wir auf das Problem zurück. Weshalb sollten bei steigenden Kapitaleinkommen Nachfrageprobleme entstehen, wenn gleichzeitig die Investitionen und das dafür benötigte Kapital wachsen?

SAHRA WAGENKNECHT: Weil es extrem unwahrscheinlich ist, daß die verschiedenen Größen so proportional wachsen, wie die Theorie voraussetzt. Beispielsweise ist noch nicht viel gewonnen, wenn die Nachfrage quantitativ ausreichen würde, um das Produktionspotential auszuschöpfen. Es müssen die Produkte auch in den Proportionen nachgefragt werden, in denen sie produziert wurden. Sonst steigen die Preise auf der einen Seite, anderes wird unverkäuflich. Wegen der hohen Marktzugangsschranken und mangelnden Konkurrenz haben solche Preissteigerungen nicht unbedingt ein höheres Angebot und Produktionserweiterungen zur Folge. Bei ungebremster Nachfrage und gleichzeitiger Marktmacht winken dort eher dauerhafte Extraprofite. Dadurch wird Einkommen umverteilt – zugunsten der Kapitaleigner. Außerdem bleiben wegen der dort abgeschöpften Kaufkraft in anderen Bereichen Produkte in den Regalen liegen. Rückwirkend wird in diesen Branchen also weniger investiert und produziert, Leute werden entlassen, Überkapazitäten entstehen. Bei längerlebigen Gebrauchsgütern schließlich expandiert die Nachfrage naturgemäß langsamer, sobald der erste Schub gesättigt ist. Es lohnt sich bald nicht mehr, die möglichen Produktionserweiterungen tatsächlich auszuschöpfen. Zumindest würde das die Preise senken. Also wird auch hier weniger erweitert, mehr rationalisiert und modernisiert. Dadurch wächst die Produktivität, weit geringer aber die Produktion. Das vergrößert die Divergenz zwischen Kapitaleinsatz und Wertschöpfung. Gleichbleibende Renditen sind nur drin, wenn auch die Spanne zwischen Lohnsumme und Produktionsergebnis größer wird. Erkämpfen die Gewerkschaften trotzdem weitere Lohnsteigerungen, werden Investitionen geblockt und wird nach Alternativen Ausschau gehalten. Ende der sechziger Jahre hatte sich die Dynamik des Nachkriegsmodells erschöpft. Und mit ihm der schöne Traum vom Wohlstandskapitalismus, an dem alle partizipieren. Der Ölpreisschock wurde schließlich zum Auslöser der Krise.

PIERRE CURIEUX: Das Nachkriegsmodell beruhte aber nicht nur auf der Sozialpartnerschaft und produktivitätsgerechten Lohnsteigerungen. Fast noch wichtiger war der Wohlfahrtsstaat, der die Ökonomie gerade nicht ihrer Eigendynamik überließ, sondern aktiv zum konjunkturellen und sozialen Ausgleich intervenierte. Ob die Unternehmerverbände wollen oder nicht wollen, der Staat kann doch mit seinen Instrumenten Umverteilung und auch sinkende Gewinnmargen erzwingen.

SAHRA WAGENKNECHT: Wie denn, wenn die Maximierung der Profit-Einkommen der Richtwert ist, an dem sich alle volkswirtschaftlichen Entscheidungen orientieren? Wenn über Forschung und Investition, über Neueinstellung und Entlassung nichts anderes entscheidet als das Renditekalkül? Spätestens in dem Augenblick, in dem das Kapital nicht mehr auf einen bestimmten Wirtschaftsraum angewiesen ist und woanders günstigere Bedingungen winken, sind staatlicher Umverteilung harsche Grenzen gesetzt.

PIERRE CURIEUX: Die Löhne sind allerdings auch und gerade in den siebziger Jahren kräftig weiter gestiegen.

SAHRA WAGENKNECHT: In Westeuropa, ja. Weil die Gewerkschaften gekämpft haben und sich dabei zunächst auf eine weitgehend erreichte Vollbeschäftigung stützen konnten. Die Großunternehmen rächten sich mit Entlassungen und besserten ihre Gewinnbilanzen auf, indem sie Teile ihrer Produktion – vor allem arbeitsintensive Fertigungsbereiche – nach Lateinamerika und Südostasien auslagerten. Dort bewegten sich die Lohnkosten nahe Null, es gab ein fast grenzenloses Reservoir an Arbeitskräften und martialische Diktaturen sorgten dafür, daß die Arbeitenden so rechtlos blieben wie sie waren. Das war ein ideales Terrain, um die Profitraten wieder nach oben zu drücken.

PIERRE CURIEUX: Die Entwicklung weltwirtschaftlicher Verflechtungen hat allerdings nicht erst in den Sechzigern begonnen.

SAHRA WAGENKNECHT: Natürlich nicht. Aber vorher war es in erster Linie eine Verflechtung zwischen den hochentwickelten Industriezentren. Amerikanische Multis expandierten nach Europa und bauten dort ihre Produktionsnetze aus. Das europäische Lohnniveau war anfangs niedriger als das amerikanische und die Märkte schienen unerschöpflich. Die Entwicklungsländer spielten für die Multis eigentlich nur als billige Rohstoffliferanten eine Rolle. Daß die Konzerne in den sechziger Jahren begannen, auch Teile ihres verarbeitenden Gewerbes dorthin zu verlagern, war eine neue Entwicklung. Das wäre vorher technisch undenkbar gewesen. Erst die computerisierte Datenverarbeitung und moderne Kommunikationstechnologie haben es doch möglich gemacht, Fertigungsbereiche auf verschiedenen Erdteilen von einer zentralen Stelle aus zu überwachen und zu koordinieren. Eine weitere Bedingung war die Verbilligung der Transportkosten. Denn die Waren wurden ja nicht für die Märkte der Entwicklungsländer, sondern nach wie vor für die der Industrieländer produziert. Also durften die tausende Kilometer langen Transportwege die Kostenvorteile der Produktion nicht wieder kompensieren. Ohne diese zwei Bedingungen hätten die Produktionsverlagerungen nicht stattfinden können. In ihrer Folge schnellten die Arbeitslosenzahlen in den Industrieländern bald nach oben. Damit veränderte sich das Kräfteverhältnis zwischen Kapital und Arbeit auch dort.

PIERRE CURIEUX: Das klingt so, als wollten Sie den Entwicklungsländern die Schuld geben für die Massenarbeitslosigkeit in den Industriestaaten?

SAHRA WAGENKNECHT: Nicht die Entwicklungsländer sind schuld, sondern jene urkapitalistische Rationalität, in der die Produktion immer nur Mittel zum Zweck ist und die erreichbare Maximalrendite den Ausschlag gibt. Wenn sich Möglichkeiten zur Steigerung der Profitraten ergeben, wird das Kapital sie nutzen, egal, ob die dadurch initiierte Entwicklung volkswirtschaftlich sinnvoll ist oder nicht. Wären in der ausgelagerten Produktion vernünftige Löhne gezahlt worden, hätte es in den Industrieländern keine Massenentlassungen geben müssen, denn dann wäre ja mit den globalen Produktionsmöglichkeiten auch die globale Kaufkraft gewachsen. Aber gerade die Hungerlöhne der Dritten Welt waren der entscheidende Anreiz. Die multinationalen Konzerne expandierten nicht nach Südostasien und Lateinamerika, um jene Länder in die »Segnungen« des Industriezeitalters einzuführen, sondern um ihre Gewinne zu erhöhen und im Konkurrenzkampf besser dazustehen.

PIERRE CURIEUX: Aber objektiv hat die Industrialisierung doch den Entwick-

lungsländern neue Perspektiven eröffnet, die sie ohne fremde Hilfe nicht gehabt hätten.

SAHRA WAGENKNECHT: Für große Teile der Bevölkerung in den betroffenen Ländern bestand die »neue Perspektive« vor allem in sozialer Entwurzelung, Arbeitslosigkeit, unbeschreiblicher Armut. Der Abstand zwischen dem ärmsten und dem reichsten Fünftel der Länder hat sich seit 1960 mehr als verdoppelt hat. In den meisten Entwicklungsländern wurden die gewachsenen Industriestrukturen zerstört, ebenso wesentliche Teile der alten Subsistenzproduktion. Außenwirtschaftlich bedeutete die Industrialisierung wegen der geringen Fertigungstiefe wachsende Abhängigkeit von Importen, Defizite in der Leistungsbilanz. Am Verheerendsten war die sich immer mehr aufblähende Außenverschuldung.

PIERRE CURIEUX: Das hätte aber nicht so sein müssen, wenn die großzügigen Kredite, die die Entwicklungsländer in den siebziger Jahren erhalten hatten, besser verwandt worden wären.

SAHRA WAGENKNECHT: Ein sehr großer Teil der staatlichen Kreditaufnahme mußte dazu verwandt werden, den expandierenden Multis die nötige Infrastruktur bereitzustellen: Straßen, Bauten, Ausbildung... Auch Militär und Polizei muß man eigentlich hier mit nennen, denn deren Ausbau diente vor allem dazu, »Recht und Ordnung« im Interesse der »Investoren« zu sichern. Sprich: den bei den kümmerlichen Löhnen und schlimmen Arbeitsbedingungen immer wieder aufflackernden Widerstand zu unterdrücken. Hinzu kamen diverse Investitionszuschüsse und Steuerbefreiungen, mit denen die Multis angelockt werden sollten. Immerhin waren die in der guten Position, die einzelnen Staaten gegeneinander auszuspielen. So wurden zwar Investitionen ins Land geholt, aber die öffentlichen Haushalte bekamen von dieser Produktion kaum mehr als Brosamen ab. Damit waren natürlich die ausländischen Kredite nicht zurückzuzahlen.

PIERRE CURIEUX: Kapitalflucht der herrschenden Eliten spielte allerdings auch eine wesentliche Rolle...

SAHRA WAGENKNECHT: Ja. Das setzte die betroffenen Währungen unter ständigen Abwertungsdruck. Mindestens ebenso wichtig war aber, daß die Multis die Gewinne aus der ausgelagerten Produktion großenteils nicht vor Ort reinvestierten, sondern ins Ausland zurückholten. Das bedeutete, daß ein Teil der Devisenerlöse aus der Exportproduktion gar nicht den Entwicklungsländern zugute kam, was den Abwertungsdruck auf ihre Währungen verstärkte. Jede Abwertung wiederum erhöhte die Last der Außenschulden, die ja überwiegend auf Dollar lauteten. Andererseits: Um den Wechselkurs zu verteidigen, waren Devisenreserven nötig, die bei chronischen Leistungsbilanzdefiziten nur per Kredit besorgt werden konnten. Das war ein tödlicher Kreislauf. Schon ab Ende der siebziger Jahre diente der größte Teil der Neuverschuldung nur noch den Zinszahlungen. Das heißt, die betreffenden Summen wurden lediglich auf den Konten der amerikanischen und europäischen Großbanken umgebucht. In den Entwicklungsländern selbst kam kein Pfennig mehr an und konnte somit auch nicht produktiv investiert werden. Anfang der achtziger Jahre, als außerdem die Zinssätze stiegen und der Kreditzufluß aus dem internationalen Bankensystem spärlicher wurde, wurde dann ein Land nach dem anderen zahlungsunfähig.

PIERRE CURIEUX: Durch Umschuldungen und IWF-Kredite konnte die Situation allerdings überall entspannt werden.

SAHRA WAGENKNECHT: Naja, entspannt wohl vor allem für die westlichen Großbanken, die keine Sorge mehr haben mußten, daß ihre Gesamtkredite faul werden. Die Roßkuren des IWF lagen und liegen hauptsächlich in deren Interesse. Koste es, was es wolle, werden die betroffenen Volkswirtschaften auf Export getrimmt, werden die Zinsen und Zinseszinsen der Bevölkerung im wahrsten Sinne des Wortes abgehungert. Oft war durch den massiven Entzug finanzieller Mittel nicht mal mehr die einfache Reproduktion gewährleistet. Die Schuldknechtschaft hat in vielen Entwicklungsländern die heimische Kapitalbasis nachhaltig geschädigt und jede Hoffnung auf eine eigenständige, selbsttragende Entwicklung zerstört. Profiteure sind die multinationalen Finanzgiganten, die aus den meisten Ländern bereits ein Vielfaches der ursprünglichen Kreditsumme wieder rausgeholt haben. Und die großen Industriekonzerne, die sich seit einigen Jahren mit debt-equity swaps (Ausgleich von Schulden gegen Eigentumstitel) quasi zum Nulltarif in diese Länder einkaufen und Traumrenditen einfahren. Dieses Schicksal traf zunächst Lateinamerika, heute wiederholt es sich in Südostasien.

PIERRE CURIEUX: Aber profitiert nicht auch der Normalbürger der Industrieländer, wenn er in seinem Kaufhaus billiges Obst, billige Kleidung, billige Turnschuhe kauft? All das wäre teurer, wenn die Produktion in der Dritten Welt nicht so billig wäre.

SAHRA WAGENKNECHT: Natürlich wären die Produkte bei höheren Löhnen und gleichen Gewinnmargen teurer. Aber diese Logik hinkt, denn bei höheren Löhnen wären nicht unbedingt die gleichen Gewinne drin.

Das wichtigste Resultat der Produktionsverlagerungen war doch, daß sie den Anteil der Arbeitenden an der Wertschöpfung global vermindert haben. Die seit Beginn der achtziger Jahre steil ansteigenden Profite der multinationalen Konzerne sind Spiegelbild dieses Sachverhalts. Es handelt sich um eine globale Umverteilung, nicht zugunsten der Entwicklungsländer, sondern zugunsten der Großindustriellen, der Aktionäre und Großvermögensbesitzer.

PIERRE CURIEUX: Die Staatsquote liegt in allen Industrieländern heute bei annähernd 50%. Sollte das nicht dazu befähigen, solchen Umverteilungstendenzen etwas entgegenzusetzen?

SAHRA WAGENKNECHT: Sicher läßt sich diesen Tendenzen etwas entgegensetzen. Wenn die Menschen sich wehren, wenn Gewerkschaften kämpfen, möglichst länderübergreifend. Dann werden die Multis unter Druck gesetzt. Aber die alten keynesianischen Umverteilungshebel haben ausgedient. Die Wirtschaftsgiganten operieren heute mit Budgets, die die Nationaletats selbst großer Staaten übersteigen. Dank ihrer globalen Spielräume können sie die Regierungen geradezu erpressen, für gute Profitbedingungen zu sorgen. Muß man bei einem solchen Kräfteverhältnis noch darüber nachdenken, wer hier wem vorschreibt, was er zu tun und zu lassen hat? Staatliche Politik hat eigentlich nur noch die Wahl zwischen zwei Übeln. Versucht sie, den Einkommenskontrasten durch Sozialgesetze, Steuern oder Mindestlohnbestimmungen entgegenzuwirken, droht die Wirtschaft mit Investitionszurückhaltung und Kapitalflucht. Tut der Staat, was die Konzerne und Großaktionäre verlangen, trägt er selbst zur Umverteilung nach oben bei, die die Massenkaufkraft abwürgt. Damit geht die zahlungskräftige Nachfrage zurück und Produktionskapazitäten bleiben aus diesem Grund unausgelastet. Wirtschaftsminister sind heute wirklich keine beneidenswerten Leute.

PIERRE CURIEUX: Also ist am Standort-Argument der Konservativen doch was dran?

SAHRA WAGENKNECHT: Die Standortdebatte ist nationalistisch und verdummend. Sie setzt die bestehenden Verhältnisse voraus, so, als gäbe es dazu keine Alternative. Es gibt aber keine Konkurrenz der Produktionsstandorte an sich. Es gibt diese Konkurrenz nur, solange eine Handvoll Wirtschafts- und Finanzgiganten die Möglichkeit haben, mit dreistelligen Milliardenbeträgen global zu jonglieren, nur, solange der »shareholder value« erstes und letztes Kriterium jeder Wirtschaftsentscheidung ist. Diese Verhältnisse sind alles andere als alternativlos. Also gibt es auch keinen

Grund, sich schweigend mit sinkenden Löhnen und Sozialleistungen abzufinden. Dazu sollen die Leute aber gebracht werden, das ist der Sinn der Standortdebatte.

PIERRE CURIEUX: Gegen diese Debatte gibt es allerdings auch unter den heutigen Bedingungen schwerwiegende Einwände. Beispielsweise ist es mit erheblichen Kosten verbunden, einen Betrieb von einem Standort an einen anderen zu verlagern. Das geht nicht so schnell und so leicht, wie die Unternehmerverbände suggerieren.

SAHRA WAGENKNECHT: Das ist richtig. Das Problem liegt darin, daß die Kräfteverhältnisse zwischen Kapital und Arbeit für eine seit Jahren stagnierende, inzwischen sogar rückläufige Massenkaufkraft sorgen. Gleichzeitig steigt die Produktivität der menschlichen Arbeit. Diese Konstellation ist nicht nur für wachsende Arbeitslosenzahlen verantwortlich, sondern auch für wirtschaftliche Überkapazitäten weltweit: Fabriken, die nicht voll ausgelastet und unter dem Gesichtspunkt der Kapitalrentabilität eigentlich überflüssig sind. Werden sie geschlossen, wird das gleiche Produktionsergebnis mit geringerem Kapitaleinsatz erreicht, es steigt also die Rendite. Nur aus diesem Grund rentieren sich doch die immer neuen, immer gewaltigeren Mega-Fusionen. Die Standortkonkurrenz existiert nicht so sehr als Konkurrenz um produktive Investitionen. Sie existiert in erster Linie als Konkurrenz um den Erhalt der örtlichen Industriestruktur und Abwälzung der Entindustrialisierung auf andere Regionen. Ein Großteil der ausländischen Direktinvestitionen dient doch einfach dem Aufkauf schon bestehender Betriebe. Zumeist gehen sie mit Rationalisierungen und Massenentlassungen einher. Oft wird nur ein unliebsamer Konkurrent vernichtet, »Marktbereinigung« nennt man das.

PIERRE CURIEUX: Allerdings konzentrieren sich die ausländischen Direktinvestitionen deutscher Unternehmen gar nicht auf die klassischen Billiglohnzonen. Im Gegenteil: Laut Statistiken entfällt der größte Teil auf den EU-Raum, an zweiter Stelle folgt die USA. Erst danach kommen Osteuropa, Südostasien, Lateinamerika. Ist die Globalisierungs-Diskussion nicht zum Teil eine bloße Gespenster-Debatte, die gar keinen realen Hintergrund hat?

SAHRA WAGENKNECHT: Daß es dabei um Interessenpolitik geht, ist klar. Aber diese Interessen haben wirkliche Macht hinter sich, nicht bloß scheinbare. Zum einen findet das Ausspielen der »Standorte« und die Erpressung nationaler Politik natürlich auch zwischen den Industrieländern statt. Der internationale Aktionsradius der Konzerne setzt die Staaten unter Druck, Löhne, Steuern und Sozialstandards auf dem jeweils niedrigsten Niveau anzugleichen. Es existiert geradezu ein Wettlauf, bei dem jeder versucht, den anderen zu unterbieten. Das sehen wir doch: die USA haben ihre Löhne und Sozialleistungen auf ein kümmerliches Maß heruntergeschraubt; sofort entsteht in Kontinentaleuropa Druck, sich in die gleiche Richtung zu bewegen. Eine direkte Konkurrenz zur Produktion in den Schwellenländern gibt es tatsächlich nur in bestimmten Fertigungsbereichen: vor allem bei arbeitsintensiver, stark mechanisierter Produktion.

PIERRE CURIEUX: Genau genommen gibt es also gar keine »Globalisierung« sondern eher eine Regionalisierung der Produktionsstrukturen? Die Statistiken sprechen jedenfalls dafür.

SAHRA WAGENKNECHT: Das stimmt nicht. Denn die statistische Größe »Direktinvestitionen« ist als Indikator weltwirtschaftlicher Verflechtungen nur bedingt aussagekräftig. Erstens tauchen all jene Auslandsinvestitionen, die durch Kreditaufnahme im Entwicklungsland oder an den internationalen Kreditmärkten finanziert werden, in den Statistiken nicht als Direktinvestition auf. Der größte Teil der in der Dritten Welt und den Schwellenländern getätigten Investitionen dürfte aber auf diese Weise finanziert werden, weil das einfach kostengünstiger ist. Zweitens lassen sich Direktinvestitionen auch durch Lizenz-, Technologie-, Know-how- und Management-Abkommen, durch Lohnveredelungs- und Lieferverträge und ähnliches umgehen. Das alles ermöglicht die Kontrolle der ausländischen Produktion genau wie Direktinvestitionen, befreit aber von jeglichen Auflagen und minimiert außerdem die Bindung von Kapital. Die Verflechtung reicht also erheblich weiter als der Indikator »Direktinvestition« anzeigt.

PIERRE CURIEUX: Trotzdem wäre es auch unter den heutigen Bedingungen möglich, die Standtort-Logik auszuhebeln. Beispielsweise könnten EU-weit verbindliche Sozialstandards vereinbart werden. Würden Konzerne versuchen, diese Standards durch Produktionsverlagerungen zu umgehen, könnte ihnen der Zugang zu dem 320 Millionen Menschen umfassenden EU-Markt versperrt werden. Das wäre, glaube ich, Druckmittel genug. Kein Global Player kann sich leisten, auf diesen Markt zu verzichten.

SAHRA WAGENKNECHT: Nein, ganz sicher nicht. Man sollte tatsächlich versuchen, einheitliche Standards auf hohem Niveau durch EU-weite Aktionen zu erzwingen. Das würde schon helfen. Denn die Konzerne sind auf diesen Wirtschaftsraum auch als Produzenten angewiesen. Es läßt sich nicht alles auslagern. Die gezielte Blockade von Produkten aus ausländischer Fertigung halte ich dagegen für kaum durchführbar. Die Frage ist wieder: wer überprüft, wie ein Konzern in einem Entwicklungsland produziert. Noch schwieriger wird die Zuweisung von Verantwortlichkeit. Wird der Konzern verantwortlich gemacht, wenn in einem Werk, das rechtlich völlig selbständig ist und lediglich als Lohnveredeler für ihn arbeitet, alle Standards mit Füßen getreten werden? Sollen die so produzierten Waren ebenfalls diskriminiert werden oder nicht? Weder das eine noch das andere ist machbar. Bliebe der Markt für solche Waren offen, würden künftig eben direkte Investitionen durch die oben geschilderten vielfachen Varianten der indirekten Beteiligung ersetzt. Das wäre überhaupt kein Problem. Für den Konzern würde sich nicht viel ändern, Produktionsverlagerungen blieben ein Druckmittel wie eh und je. Reicht jedoch bloße wirtschaftliche Kooperation aus, die entsprechenden Waren vom EU-Markt auszuschließen, käme dies einer Blockade des gesamten Exports der Entwicklungsländer gleich. Das hätte für diese Länder katastrophale Folgen. Schon heute muß die Dritte-Welt mit massiven Handelshemmnissen kämpfen. Der EU-Agrarmarkt ist ein Beispiel dafür. Diese Blockaden noch mehr zu verstärken, wäre keine Lösung. Weder für die Entwicklungsländer noch für die Menschen hier.

PIERRE CURIEUX: Aber es ließen sich vielleicht doch Zwischenlösungen finden. Es gibt Möglichkeiten, abhängige Produktion von selbständiger zu unterscheiden. Auch wenn das nicht leicht ist, das gebe ich zu.

SAHRA WAGENKNECHT: Das Hauptproblem ist doch, daß sich die Globalisierung nicht auf die Ebene der Produktionsstrukturen beschränkt. Dem könnte man mit solchen Hebeln vielleicht noch begegnen. Aber das wichtigste Machtinstrument der Wirtschafts- und Finanzriesen sind die global verflochtenen Geld- und Kapitalmärkte. Täglich werden weltweit etwa 3 Billionen Dollar umgesetzt. 1,5 Billionen in Devisengeschäften, die andere Hälfte über Umschichtungen im internationalen Anlageportfolio: über Käufe und Verkäufe von Aktien, Industrieobligationen, staatlichen Schuldtiteln und Derivaten. Die Bewertung wirtschaftspolitischer Entscheidungen durch die Großanleger schlägt sich unverzüglich als Bonus oder Malus in Wechsel-, Aktien- und Bondkursen nieder. Ohne Umschweife kritisierte Bundesbankchef Tietmeyer 1996 vor dem Weltwirtschaftsforum in Davos, »daß sich die meisten Politiker immer noch nicht darüber im klaren sind, wie sehr sie bereits heute unter Kontrolle der Finanzmärkte stehen und sogar von diesen beherrscht werden.«[34] Nicht bei Wahlen, sondern im Telefon- und Computerhandel der Banken wird über die staatlichen Wirtschaftsprogramme abgestimmt.

PIERRE CURIEUX: Die Kontrolle durch die Weltfinanzmärkte zwingt die Staaten zu einer antiinflationären Politik. Das ist nicht von Schaden.

SAHRA WAGENKNECHT: Es sind nicht anonyme »Finanzmärkte«, die die staatliche Politik kontrollieren. Hinter den Finanzmärkten stehen wenige Dutzend Großanleger: Banken, Versicherungen, Investmentfonds. Etwa 150 Großinvestoren zählt eine Studie von 1995 auf den internationalen Wertpapiermärkten.[35] Hinzu kommen die großen Wirtschaftskonzerne, deren cash management längst ein eigenständiges Leben führt. Die Finanzabteilungen dieser Konzerne disponieren mit Milliarden, suchen sich den zinsgünstigsten Kredit am einen Ende der Welt und die rentabelste Anlage für geparkte Gelder am anderen Ende. Hinzu kommt eine internationale »Effektivsteuersatz-Arbitrage«. Ein Wirtschaftsraum, der es wagt, die Renditeinteressen dieser billionenschweren Liquidität nicht angemessen zu befriedigen, wird sofort durch Kapitalentzug bestraft. Dann stürzen die Kurse...

PIERRE CURIEUX: Aber die Börsenkurse tangieren die volkswirtschaftliche Entwicklung unmittelbar nicht. Als der DAX im letzten Herbst in die Tiefe ging, blieb die wirtschaftliche Situation in Deutschland völlig unverändert.

SAHRA WAGENKNECHT: Es war ja auch ein vergleichsweise geringer Abrutsch. Die Börsenkurse tangieren die volkswirtschaftliche Entwicklung spätestens dann, wenn, wie in Südostasien, nicht nur die Aktien verkauft werden, sondern das Geldkapital zugleich aus der Währung aussteigt. Dann sinkt deren Außenwert ins Bodenlose. Der südkoreanische Won hat gegenüber dem Dollar binnen weniger Monate 54,7% an Wert verloren. Beim thailändischen Bath waren es 56,4%. Bei der indonesischen Währung sogar 83,9%. Und keiner weiß, ob die Talfahrt nicht noch weiter geht. Umschichtungen in dieser Größenordnung bezahlt die betroffene Volkswirtschaft mit dem Ruin: Großbanken werden zahlungsunfähig, Unternehmen gehen reihenweise bankrott, die Arbeitslosenzahlen schnellen in die Höhe, vormals gesicherte Mittelschichten verlieren ihre Existenzgrundlage, weil die galoppierende Inflation ihr gesamtes Vermögen vernichtet...

PIERRE CURIEUX: Ja, aber diese Entwicklung hatte spezifische Gründe in dem südostasiatischen Wirtschaftsmodell...

SAHRA WAGENKNECHT: Was in Südostasien geschehen ist, könnte sich an jedem anderen Ort der Welt wiederholen. In Lateinamerika, in Osteuropa, ja sogar im EU-Raum. Die frei floatenden Billionen zwingen die Regierungen, den multinationalen Großanlegern optimale Rendite-Bedingungen zu sichern. Dabei ist dieses »Optimum« immer relativ. Es gibt einen regelrechten Wettlauf um die kapitalfreundlichste Politik: die spärlichsten Löhne und flexibelsten Arbeitszeiten, die geringsten Kapitalsteuern, die niedrigsten Sozialtransfers... Konsequenz sind verschlechterte Lebensverhältnisse für die Mehrheit der Menschen, wachsende soziale Polarisierung und Massenarbeitslosigkeit. Verweigert sich eine Volkswirtschaft dieser Logik des Irrsinns, ist bei deregulierten Kapitalmärkten eine Abwertungs-Inflations-Spirale vorprogrammiert. Spätestens die damit ebenfalls wachsende Außenverschuldung erzwingt dann politische Umkehr. Würde sich die Euro-Region tatsächlich zu vereinheitlichten hohen Sozialstandards und Kapitalsteuern durchringen, befände sich die neue Währung schnell im freien Fall. Da gäbe es kein Halten mehr. Es sei denn, der freie Kapitalverkehr würde blockiert.

PIERRE CURIEUX: Ich denke nicht, daß sich die Situation in Südostasien so einfach verallgemeinern läßt. Der Vertrauensentzug durch die Finanzmärkte war eher eine Strafe für Vetternwirtschaft, Korruption und persönliche Bereicherung einer kleinen Clique.

SAHRA WAGENKNECHT: Ach was. Die Finanzmärkte leben von dem Prinzip der »persönlichen Bereicherung einer kleinen Clique«. Die internationalen Großanleger störte an Südostasien allenfalls, daß ihnen das Feld dort nicht allein und uneingeschränkt überlassen war. So waren ausländische Anteile an heimischen Unternehmen auf 1 – 5% beschränkt. Die beliebte Praxis der »unfreundlichen Übernahme« war gesetzlich unmöglich. Solange zweistellige Renditen winkten, hat man sich freilich um all das wenig gekümmert. Unsummen flossen in die südostasiatischen »Emerging Markets«. Das schnelle Wirtschaftswachstum und die immense Steigerung der Exporte schienen grenzenlos wachsende Gewinn- und Zinseinkommen zu garantieren. Als die Dynamik nachließ – etwa in Thailand der Exportzuwachs auf 4% zurückging – begannen die ersten Anleger, ihr Geld abzuziehen. Einige Finanz- und Spekulationshaie brachten den Stein dann ins Rollen. Die Ergebnisse sind bekannt. »Es ist zuviel Liquidität in zuwenig Wirtschaftsprojekte und Finanzanlagen geschleust worden«, schrieb die FAZ über die Ursachen der Krise.[36] Das stimmt. Aber das ist weltweit so. Die Kluft zwischen Vermögensakkumulation und realwirtschaftlichem Wachstum klafft seit Jahren immer weiter auseinander. Andernorts sogar noch mehr als in Südostasien, wo die Wirtschaften vor der Krise wenigstens tatsächlich in hohen Raten wuchsen. Dem Sprung des DAX von 50% im letzten Jahr steht ein reales Wachstum von weniger als 3% gegenüber. Diese Schere geht auf Entwicklungen zurück, die in den sechziger und siebziger Jahren eingeleitet wurden.

PIERRE CURIEUX: Im Zusammenhang mit den Produktionsverlagerungen und Internationalisierungsprozessen?

SAHRA WAGENKNECHT: Ja. Durch die globale Umverteilung nach oben, die sie nach sich zogen. Diese Umverteilung hat die Probleme verstärkt, über die wir anfangs gesprochen haben. Die effektive Weltnachfrage blieb immer weiter hinter den weltweiten Möglichkeiten der Produktion zurück. Ein immer größerer Teil der Gewinne wurde dadurch nicht mehr für Investitionen gebraucht. Er sammelte sich in den Kassen der Konzerne und floß von da auf die Finanzmärkte. Dieses Phänomen können wir seit den siebziger Jahren beobachten. Bei manchem Konzern übersteigen die Finanzanlagen inzwischen das Sachkapital. Die Kluft zwischen Vermögens- und Wirtschaftswachstum wird damit immer tiefer. Größere Vermögen aber machen größere Einkommensansprüche geltend, selbst wenn die Zinsen niedrig sind. Wächst nicht parallel dazu auch die Produktionsbasis, können diese Ansprüche nur durch Umverteilung befriedigt werden. Wachsende Vermögenswerte werden damit selbst zur Ursache einer Umverteilung nach oben, die das reale Wachstum weiter schmälert. Ein Kreislauf, der sich immer mehr aufschaukelt.

PIERRE CURIEUX: Geld fließt allerdings nur dann auf die Finanzmärkte, wenn es dort renditeträchtig angelegt werden kann. Das setzt voraus, daß es an anderer Stelle wieder ausgeliehen wird, denn sonst könnten die Zinsen nicht gezahlt werden, die die Anlage erst lukrativ machen. Die Aufblähung der Finanzmärkte in den siebziger Jahren wäre nicht möglich gewesen, wäre nicht parallel zum globalen Kreditangebot auch die globale Kreditnachfrage gewachsen. Gerade das moderne Bankensystem hat die Effizienz des Kreditmechanismus enorm gesteigert. Das heißt, jede Mark Guthaben, die einer spart, verwandelt sich an anderer Stelle wieder in Kredit und damit in Nachfrage.

SAHRA WAGENKNECHT: Jedes Guthaben verwandelt sich an anderer Stelle in Kredit, das ist richtig. Aber bei weitem nicht jedes wird zur Erweiterung der Produktion verwandt. Und das wäre ja die einzige Grundlage, um die Zinsen real zu erwirtschaften. Das Geldkapital, das aus den Unternehmenskassen in den siebziger und achtziger Jahren auf die Finanzmärkte strömte, wurde aber großenteils unproduktiv verwandt. Hauptnachfrager waren die Staaten. Über die Entwicklungsländer haben wir schon gesprochen. Auch die Industriestaaten mußten sich zunehmend verschulden. Deren Defizite und die übervollen Kassen der Konzerne hatten sogar ein und dieselbe Ursache: die Weltwirtschaftskrise der siebziger Jahre. Befördert durch den Zusammenbruch des internationalen

Festkurssystems von Bretton Woods, expandierte in diesem Klima der Euro-Dollar-Markt und wurde zum Zentrum der weltweiten Finanztransaktionen. Die vollen Kassen der Großunternehmen versorgten ihn mit Liquidität...

PIERRE CURIEUX: ...und die berühmten Petrodollars.

SAHRA WAGENKNECHT: Auch die, aber ihre Bedeutung wird oft überschätzt. Hauptanleger waren die großen Wirtschaftskonzerne und – zunächst nur indirekt – vermögende Privatpersonen. Mit dem Euromarkt hatte sich nach der Internationalisierung von Produktion und Handel auch eine neue Art internationaler Kreditbeziehungen entwickelt. Überschüssiges Geldkapital deutscher Konzerne oder amerikanischer Öl-Multis stand jetzt unmittelbar zur Zeichnung einer italienischen Staatsanleihe, für den Kauf eines Unternehmens in Indonesien oder zur Finanzierung des argentinischen Leistungsbilanzdefizits zur Verfügung. Die Kreditketten wurden immer länger. Als sinnvoll hat sich die dadurch initiierte Entwicklung von Weltvermögen und Weltschulden nicht erwiesen. Die Euro-Kreditvergabe wuchs in den Siebzigern in jährlichen Raten um die 20 Prozent. Die wirtschaftliche Entwicklung in den Industrieländern dagegen stagnierte. Nach der klassischen Theorie soll die Wirtschaft die Ersparnisse der Gesellschaft zu arbeiten bringen. Der Euromarkt hat das Gegenteil geleistet: die Ersparnisse der Wirtschaft flossen über staatliche Budgets in den nichtproduktiven Bereich. Da mußte irgendwann das Problem von Zinsen und Tilgungen akut werden.

PIERRE CURIEUX: Über den Euromarkt haben sich nicht nur die Staaten, sondern auch viele Wirtschaftsunternehmen finanziert.

SAHRA WAGENKNECHT: Ja, natürlich nur große Wirtschaftskonzerne, den anderen stand der Markt nicht offen. Viele von ihnen waren aus steuerlichen Gründen Anleger und Schuldner zugleich. Die meisten haben sich über den Euromarkt billiges Geld geholt, um ihre internationale Expansion zu finanzieren. Diese führte nur selten zu einer wirklichen Erweiterung der Produktion. Vielmehr leitete sie eine beispiellose Konzentrationswelle ein, da der nötige Kapitalvorschuß zum Aufbau internationaler Strukturen selbst größere Unternehmen oft überforderte. Der Spread, der Aufschlag auf den Basiszinssatz, zu dem Euro-Kredite verfügbar waren, richtete sich aber nach der Bonität der Schuldner. Die Größten bekamen also die besten Konditionen und hatten damit gute Chancen, noch größer zu werden und andere Unternehmen zu verdrängen oder aufzukaufen. Insofern hat der Euromarkt das seine dazu beigetragen, die

Kluft innerhalb des Unternehmenssektors zu vertiefen. Wenigen hundert Wirtschaftsgiganten mit internationalen Produktions-, Finanzierungs- und Vertriebsstrukturen, vollen Kassen und sehr hohen Profitraten einerseits stand und steht heute ein eher national verankerter mittelständischer Sektor mit hohem Liquiditätsbedarf und deutlich geringeren Gewinnmargen gegenüber. Diese Entwicklung macht die traditionellen Hebel der Geld- und Kreditpolitik wirkungslos. Auch produktivitätsorientierte Lohnpolitik wird schon aus diesem Grund schwieriger. Das keynesianische Nachkriegsmodell hat seine Grundlagen verloren.

PIERRE CURIEUX: Inwiefern?

SAHRA WAGENKNECHT: Weil es einen halbwegs funktionierenden Markt und weitgehend einheitliche Ausgangsbedingungen für die Unternehmen voraussetzt. Die sind nicht mehr gegeben. Wenn, wie in den siebziger Jahren, Lohnsteigerungen erkämpft werden, die eine Verschiebung der Verteilungsrelation zugunsten des Kapitals verhindern sollen, treffen diese die Unternehmen ganz unterschiedlich. Während unter den Kleinunternehmen einige tatsächlich in die roten Zahlen geraten, ist es für die Konzerne relativ leicht, die höheren Kosten kraft ihrer Marktmacht auf steigende Preise überzuwälzen. So werden die Lohnsteigerungen durch hohe Inflationsraten wieder aufgefressen. Genau das geschah in den siebziger Jahren.

PIERRE CURIEUX: Ein Monetarist würde Ihnen antworten, daß dies durch eine strenge Geldpolitik verhinderbar gewesen wäre.

SAHRA WAGENKNECHT: Es gibt keine flachere Wirtschaftstheorie als die Geldmengen-Apologetik der Monetaristen. Selbst in einer geschlossenen Volkswirtschaft ist zu bezweifeln, ob über die Geldmenge die effektive Nachfrage gesteuert werden könnte. Unter den heutigen Bedingungen freier Währungskonvertibilität und internationaler Finanzmärkte mit hoher Liquidität ist es einfach albern, anzunehmen, daß die Zentralbanken hier noch viel beeinflussen. Was sie tun, bleibt zwar nicht wirkungslos, trifft aber wieder nur einen Teil der Wirtschaft. Verengen sie den Kreditspielraum, refinanzieren sich die preisentscheidenden Großunternehmen vergleichsweise billig über die internationalen Finanzmärkte, während Klein- und Mittelbetriebe auf teure Inlandskredite angewiesen bleiben. Viele von ihnen gehen wegen verschärfter Bonitätskontrollen ganz leer aus und müssen reihenweise Konkurs anmelden. Das gleiche umgekehrt. Sinken die Zinsen unter das internationale Niveau, holen die Großen sich billige Kredite, um die Gelder höher verzinslich im Ausland anzulegen. Die Inflationsgefahren resultieren dann weniger aus zu reger Inlandsnachfrage als aus dem Verfall des Außenwerts der Währung und steigenden Importpreisen. Die Inflation der siebziger Jahre war auch Ausdruck dessen, daß die großen Konzerne inzwischen eine solche Machtstellung besitzen, daß Umverteilung zu ihren Lasten nur noch sehr begrenzt durchsetzbar ist.

PIERRE CURIEUX: Aber höhere Preise müssen finanziert werden. Dafür ist Liquidität nötig. Steht sie nicht zur Verfügung, können die Kosten auch nicht übergewälzt werden.

SAHRA WAGENKNECHT: Der Euromarkt entwickelte schnell eine Eigendynamik als internationale Geldschleuder, die Mittel in beliebiger Höhe zur Verfügung stellt. Durch das System der Bank-zu-Bank-Ausleihungen reduziert sich die nötige Reservehaltung auf nahe Null, was die Kapazität zur Kreditschöpfung fast ins Unendliche erweitert. Da jede Bank von guter Bonität auf den gesamten Pool der internationalen Liquidität zurückgreifen kann, wird genau genommen jede Summe finanzierbar. Und zwar ohne, daß sie Liquidität auf den nationalen Finanzmärkten bindet. Denn jeder Kredit wird ja sofort wieder ein Deposit, das dem nationalen Banksystem als Einlage einer offshore-Bank erhalten bleibt. Die Kreditexpansion wird damit unabhängig von der Liquiditätsschöpfung der Zentralbanken. Es gibt inzwischen keine Summe mehr, die dieser Markt nicht aufbringen könnte. Alles regelt sich über die Bonität der Schuldner.

PIERRE CURIEUX: Dann hätte die inflationäre Einwicklung sich aber in den achtziger und neunziger Jahren fortsetzen müssen.

SAHRA WAGENKNECHT: Nicht unbedingt. Verhindert hat das allerdings nicht die Bundesbank. Ausschlaggebend war, daß sich die Einkommensverteilung weiter zugunsten der Kapitaleigner verschob. Dazu hat das hohe Zinsniveau natürlich beigetragen. Zinsen gelten als »Fremdkapitalkosten« und stehen damit jenseits der Verteilungsmasse, über die zwischen Gewerkschaften und Unternehmern verhandelt wird. Zugleich dämpft ein hohes Zinsniveau Investitionen. Kredite werden teurer, Finanzanlagen dagegen lukrativer. Das Ergebnis ist noch höhere Arbeitslosigkeit, die ihrerseits die Gewerkschaften schwächt. Also werden die Löhne nur noch langsam oder gar nicht mehr wachsen. Außerdem gibt es kaum noch Spielräume für expansive staatliche Ausgabenpolitik. Das heißt, hohe Zinsen würgen die Nachfrage auf allen

Ebenen ab: die der Unternehmen, die der Konsumenten und die des Staates. Das senkt in letzter Konsequenz natürlich auch die Inflationsraten. Die Nachfrage wird von den Güter- auf die Finanzmärkte abgelenkt. Der Preis ist, daß die Schere zwischen Vermögens- und Wirtschaftswachstum sich noch weiter öffnet, daß viel weniger produziert wird, als möglich wäre, und der Lebensstandard sinkt. Ein Wiederaufflammen der Verbraucherpreis-Inflation wäre übrigens jederzeit möglich, wenn die Einkommensverhältnisse sich verschieben würden. Deshalb ja die Angst der Finanzjongleure vor zurückgehenden Arbeitslosenzahlen bei zugleich starken Gewerkschaften im EU-Raum.

PIERRE CURIEUX: Noch mal zur Staatsverschuldung und zum Problem von Wirtschafts- und Vermögensentwicklung. Das deficit spending der öffentlichen Hand hatte ausdrücklich das Ziel, die krisenbedingte Lücke zwischen Nachfrage und Produktionspotential zu schließen. Mit der staatlichen Ausgabenexpansion fließt das Geld letztlich in die Wirtschaft zurück. Entweder direkt durch Bauvorhaben und Investitionsprogramme. Oder indirekt, indem die Massenkaufkraft durch soziale Leistungen stabilisiert wird. Beides sollte die Kapazitätsauslastung der europäischen Wirtschaft verbessern und die Arbeitslosigkeit verringern.

SAHRA WAGENKNECHT: Ja. Zum Teil konnte der Wegbruch an Kaufkraft infolge Arbeitslosigkeit wirklich durch die staatlichen Aktivitäten abgefedert werden. Auch die Verschuldung der Entwicklungsländer bedeutete unmittelbar Nachfrage nach Investitionsgütern, Infrastruktur und ähnlichem. Wobei davon großenteils ausländische Firmen profitierten. Selbst Reagans mörderisches Rüstungsprogramm in den Achtzigern, für das Milliarden und Abermilliarden verpulvert wurden: das war natürlich auch künstliche Nachfrage, die sich in gewaltigen Profiten, aber auch Produktionserweiterungen der Rüstungsbranche niederschlug. Neben der Frage der sinnlos verschleuderten Mittel – vor allem im letzteren Fall –, lag ein Hauptproblem dieser Wirtschaftsdoktrin darin, daß es sich bei dem Geld, das die Staaten umverteilten, eben nicht um Steuermittel, sondern um Kredite handelte. Das heißt, sie waren mit Zins und Zinseszins zurückzuzahlen. Und zwar vom Staat, nicht von den Unternehmen, die dank dieser Mittel ihre Kapazitäten besser ausgelastet oder sogar erweitert hatten.

PIERRE CURIEUX: Nach der keynesianischen Theorie sollte das Haushaltsdefizit im anschließenden Aufschwung wieder aufgefüllt werden. Denn dann sollten ja auch höhere Steuern fließen.

SAHRA WAGENKNECHT: Ja, wenn die Unternehmen sie zahlen... Das hat aber nirgends funktioniert. Statt dessen wurde gerade durch die Verschuldung der Staaten ein neuer Kreislauf in Gang gesetzt, der dazu beitrug, die Einkommen noch stärker oben zu konzentrieren. Das bedeutete nochmaliges Abwürgen von Massenkaufkraft. Den Zeitpunkt, an dem dieser Prozeß einsetzte, konnten die Staaten hinausschieben. Aber nicht beliebig. Solange die Neuverschuldung mindestens die Höhe der Zinszahlungen erreicht, bleiben die Zinsgutschriften genau genommen Luftbuchungen...

PIERRE CURIEUX: Luftbuchungen?

SAHRA WAGENKNECHT: Sie berühren die effektive Nachfragesituation und auch die wirtschaftliche Entwicklung nicht. Was nicht heißt, daß sie deshalb bedeutungslos wären. Sie vergrößern die Schulden auf der einen, die Vermögen auf der anderen Seite. Das findet ausschließlich in den Bankcomputern statt. Aber gerade weil der Produktionsapparat dadurch nicht tangiert wird, vergrößert sich die Divergenz zwischen realwirtschaftlichem und Vermögenswachstum immer mehr. Die größer werdenden Vermögen begründen für die Zukunft immer größere Einkommensansprüche, die irgendwann eingelöst werden müssen. Dann werden diejenigen geschröpft, die heute noch Steuern zahlen: Beschäftigte, Mittelständler, über die indirekten Steuern sogar Rentner und Sozialhilfeempfänger. Das Nachfrageproblem wird durch expansive staatliche Ausgabenpolitik also nicht gelöst. Es wird nur zeitlich verlagert, tritt dafür später aber um so massiver in Erscheinung.

PIERRE CURIEUX: Theoretisch könnte die Neuverschuldung dauerhaft oberhalb der Zinszahlungen liegen. Dann gingen fortwährend Nachfrageimpulse von der öffentlichen Hand aus.

SAHRA WAGENKNECHT: Dafür müßten die Anlagegelder eingefroren werden, was einer Streichung der Staatsschulden gleichkäme. Dagegen hätte ich natürlich nichts einzuwenden...

PIERRE CURIEUX: Gegen eine Streichung wäre einiges einzuwenden. Kredite, die aufgenommen wurden, müssen auch zurückgezahlt werden. Hinter den Staatsschulden stehen viele tausend Kleinanleger, die ihr Geld in Bundesschatzbriefen investiert haben. Würden diese Papiere entwertet, würden sie unter Umständen ihre Lebensersparnis verlieren.

SAHRA WAGENKNECHT: Der größte Teil der deutschen Staatsschulden wird von Banken gehalten, in- und ausländischen. Der Anteil der Kleinanleger ist so gering, daß sie in jedem Falle entschädigt werden könnten. Bei den anderen Schulden dagegen ..., – schauen wir uns doch an, wo die herkommen! In dem Buch die »Globalisierungsfalle« ist eine der Quellen schön beschrieben: »Über 200 Milliarden Mark parkten deutsche Vermögensbesitzer allein bei den Luxemburger Filialen und Investmentfonds der deutschen Finanzbranche. Damit entgehen dem Finanzministerium jedes Jahr Einnahmen in zweistelliger Milliardenhöhe, etwa die Hälfte dessen, was den Steuerzahlern als Solidarzuschlag abverlangt wird. Den größten Teil der Fluchtgelder legen die Fondsverwalter wieder in Deutschland an, vielfach sogar in Staatsanleihen. Damit wird der Staat Schuldner bei jenen, die ihn um seine Steuern betrügen und zahlt sogar die Zinsen, die den Gläubigern ein steuerfreies Zusatzeinkommen bescheren.«[37] Aber nicht nur die reichen Vermögensbesitzer, auch die Banken selbst und die multinationalen Großunternehmen reichen kaum noch einen Pfennig an den Fiskus weiter. Als Kreditgeber indessen – anders als als Steuerzahler – sind sie mit ihrer überschüssigen Liquidität sofort zur Stelle. Genau genommen steht der Staat also just bei denen in der Kreide, die ihn durch steuerliche Abstinenz erst zu immer höherer Verschuldung zwingen. Solche »Kredite« zu streichen, statt der Gesellschaft ihre wachsenden Zins- und Tilgungslasten aufzubürden, wäre mehr als legitim. Allein zur Bedienung der Zinsen verschleudert die Bundesrepublik rund 130 Mrd. DM Steuermittel im Jahr.

PIERRE CURIEUX: Das Geld, das die öffentliche Hand behalten möchte, sollte sie sich meines Erachtens nicht per Kredit, sondern über den Fiskus besorgen. Da gäbe es sicher noch Spielräume. Auf dieses Thema kommen wir noch. Kehren wir zu unserer letzten Frage zurück. Es war lange Zeit problemlos möglich, die Neuverschuldung oberhalb der Zinszahlungen zu halten? Sie haben vorhin auf die nahezu unerschöpflichen Kreditspielräume der internationalen Finanzmärkte hingewiesen. Theoretisch wären weiter steigende Defizite schon finanzierbar.

SAHRA WAGENKNECHT: Eine Kreditschöpfungskapazität in beliebiger Höhe heißt ja nicht, daß auch für alles und jedes Finanzmittel zur Verfügung stehen. Geld gibt es nur, wenn die Rendite gesichert erscheint. Wenn der Staat sich nicht über Zwangsanleihen, sondern auf dem freien Kapitalmarkt verschuldet, muß er die »Investoren« bei Laune halten. Denn das Geld, das er braucht, kann sich jederzeit andere Anlagen suchen. Möglichkeiten gibt es ja genug. Mit jeder »Luftbuchung« der Zinsen erhöht sich aber ihr Betrag, da die Gesamtschulden steigen. Kommen irgendwann Zweifel auf, ob die öffentliche Hand diese Zinsen tatsächlich zahlen könnte, fließen Anlagegelder ab. Die Schuldtitel des betreffenden

Landes finden dann nur noch zu erhöhten Zinssätzen Abnehmer; der Risikoaufschlag wächst. Das verteuert die Neuverschuldung und engt die haushaltspolitischen Spielräume weiter ein. Wird die bisherige Linie trotzdem fortgesetzt, werden neue Anleihen irgendwann unverkäuflich. Spätestens dann haben die Regierungen keine Wahl mehr. Sie müssen zu rigorosen Haushaltskürzungen greifen, um die Kreditgeber bei der Stange zu halten. Im Grunde konkurrieren die Staaten heute weltweit um die Gunst der Großanleger. Ihre Bonität wird von mächtigen Rating-Agenturen taxiert wie die jedes x-beliebigen Unternehmens. Unter diesen Bedingungen ist es einfältig, große defizitfinanzierte Ausgabenprogramme zu verlangen.

PIERRE CURIEUX: Die Staaten geben Ihrer Meinung nach mit der Verschuldung ihre Souveränität auf?

SAHRA WAGENKNECHT: Ja. Das deficit spending erweitert doch die staatlichen Spielräume nur in einem kurzen Zeitraum. Längerfristig bringt es die Regierungen in eine nahezu hörige Position gegenüber dem internationalen Bankensystem. Als erstes bekamen das ja die Entwicklungsländer zu spüren. Sie hatten ihre Kredite zu niedrigen Zinssätzen bei den überliquiden Finanzmärkten der siebziger Jahre aufgenommen. Als dann die Zinsen kräftig stiegen, wurden viele von ihnen zahlungsunfähig und mußten die ruinösen IWF-Programme über sich ergehen lassen. Für die öffentlichen Haushalte der westlichen Industrieländer bestand diese Gefahr zwar nicht, weil sie als zuverlässige Schuldner galten und nach wie vor mit Liquidität versorgt wurden. Aber ein Staat, dessen Schulden bei 60% des Bruttosozialprodukts und höher liegen, ist seinen in- und ausländischen Gläubigern ausgeliefert. Er kann um keinen Preis riskieren, daß auslaufende Kredite nicht erneuert werden.

PIERRE CURIEUX: Niemand zwingt die Staaten, sich auf den Weltfinanzmärkten zu verschulden, wo sie internationalen Zinstrends und dem Urteil der großen Rating-Agenturen unterworfen sind. Sie können auch auf den inneren Markt zurückgreifen.

SAHRA WAGENKNECHT: In den meisten Fällen wäre der gar nicht liquide genug. 1992/93 hätte das öffentliche Defizit in Deutschland, wäre es über den Inlandsmarkt finanziert worden, die gesamte private Neuvermögensbildung absorbiert. Es wäre also ein massives Finanzierungsproblem entstanden, vor allem für mittelständische Unternehmen, die auf den heimischen Kreditmarkt angewiesen sind und sich nicht im Ausland refinanzieren können. Da die Kreditspielräume auf dem nationalen Markt durch Mindestreservebestimmungen begrenzt sind, gäbe es also nur die

Alternative, die »Notenpresse« anzuwerfen...

PIERRE CURIEUX: ...was die Bundesbank nicht tun würde.

SAHRA WAGENKNECHT: Eben. Aber selbst wenn es keine Liquiditätsprobleme gäbe, brächte eine Umorientierung auf den nationalen Finanzmarkt nichts. Durch die bloße Möglichkeit transnationaler Kapitalbewegungen großen Umfangs hat die nationale Geldpolitik ihre Zinssouveränität verloren. Die Zinssätze für deutsche Staatsanleihen werden wohl eher im Londoner Handel mit Bund Futures bestimmt als durch die »Währungshüter« der Bundesbank. Auch die internationalen Geldmarktsätze werden in London festgelegt, was die deutschen Banken seit langem wurmt. Denn da hat das Federal Reserve Board, hinter dem die amerikanischen Großbanken und Fonds stehen, mehr mitzureden als die Bundesbank. Mit dem Euro verbindet sich auch die Hoffnung, durch einen kontinentaleuropäischen Euribor die Vorherrschaft des Londoner Libor als Leitzinssatz zu brechen. Das würde die Gewichte vom amerikanisch-britischen zum kontinentaleuropäischen, genau genommen zum deutschen Bankensystem verschieben. Die Europäische Zentralbank hätte unter diesen Umständen natürlich auch mehr Gewicht. Aber nicht als Bestimmer, bestenfalls als Mitbestimmer.

PIERRE CURIEUX: Es wäre schon von erheblichem Einfluß, welche Zinspolitik sie verfolgt.

SAHRA WAGENKNECHT: Ja, aber sie hätte damit eine Sonderstellung. Ähnlich wie das Federal Reserve Board heute. Kleinere Zentralbanken haben auf die internationalen Zinstrends gar keinen Einfluß, sind aber unter allen Umständen gehalten, ihnen zu folgen. Andernfalls wertet die betreffende Währung sofort ab. Bei künstlich niedrigen Inlandszinsen fließt das Kapital in höher verzinsliche Fremdwährungsanlagen, während zugleich die Kreditnachfrage in der Niedrigzins-Währung steigt. Spätestens wenn die Devisenreserven zur Neige gehen, ist es vorbei mit der »Politik des billigen Geldes«. Diese Erfahrung haben die Franzosen am Anfang der achtziger Jahre machen müssen. Es war vor allem das international hohe Zinsniveau, das Mitterand zum Abbruch seiner expansiven Finanzpolitik gezwungen hat. Lediglich wenige Währungen mit besonderem Stabilitätsbonus können sich unterdurchschnittlich niedrige Zinsen leisten.

PIERRE CURIEUX: Hohe Zinsen und expansive staatliche Ausgabenpolitik sind allerdings nicht in jedem Falle unvereinbar. Die amerikanische Politik der achtziger Jahre hat das bewiesen.

SAHRA WAGENKNECHT: Sicher, die enormen Zinssteigerungen der achtziger Jahre gingen ja gerade von den USA aus. Durch die hohen Zinsen haben sie einen Großteil der weltweit vorhandenen Liquidität angezogen und waren dadurch erst in der Lage, ihren unsäglichen Rüstungswahn zu finanzieren. Schuldner minderer »Bonität« wie die Entwicklungsländer mußten da auf der Strecke bleiben. Die USA hatten diese Möglichkeit allerdings auch nur, weil sie als eines der wenigen Länder das Privileg genießen, sich im Ausland in eigener Währung verschulden zu können. Damit ist die Fähigkeit zum Zinsesdienst nicht von Exportentwicklungen, sondern nur von der Umverteilung des Staates abhängig. Da die Finanzhaie wissen, daß sie sich auf den verlassen können, vergrößert das ihren Vertrauensvorschuß natürlich.

PIERRE CURIEUX: Aber selbst die USA sind gegen Währungsumschichtungen zu ihren Ungunsten nicht gefeit.

SAHRA WAGENKNECHT: Nein. Ende der achtziger Jahre hat sich gezeigt, daß hohe Zinsen auf Dauer nicht genügen, die Großanleger zufrieden zu stimmen. Einen Abzug der billionenschweren Dollaranlagen will aber niemand riskieren. Das würde nicht nur die amerikanische Währung in den Keller treiben, sondern eine Hyperinflation auslösen und mit einiger Sicherheit die internationale Kreditpyramide zum Einsturz bringen. Deshalb Clintons rigorose Etatkürzungen und die asozialen Reformen, die die Profitbedingungen im amerikanischen Wirtschaftsraum insgesamt verbessert haben. Dadurch war der Dollar erstmal wieder gerettet. Wie es nach einer erfolgreichen Einführung des Euro aussehen wird, weiß allerdings keiner.

PIERRE CURIEUX: Die Neuverschuldung der Bundesrepublik liegt, ähnlich wie die vieler anderer europäischer Länder und auch die der USA, seit einigen Jahren tatsächlich unterhalb der jährlich geleisteten Zinszahlungen. Dadurch wird, haben Sie gesagt, die Massenkaufkraft erneut geschröpft und die effektive Nachfrage weiter geschmälert. Es stellt sich aber wieder die Frage von vorhin. Solange die jährlichen Haushaltsdefizite die Zinszahlungen überstiegen, wirkte die öffentliche Hand expansiv. Verhält es sich umgekehrt, wird an dieser Stelle Nachfrage reduziert, das ist richtig. Zugleich wird dadurch aber Liquidität frei. Die bleibt auch heute nicht in den Banktresoren liegen, sondern wird weiterverliehen. Also entsteht, parallel zum Nachfrageausfall der Öffentlichen Hand, an anderer Stelle ein zusätzlicher Nachfrageimpuls. Das können nur die privaten Haushalte oder die Unternehmen sein. Sind es letztere, besteht vielleicht sogar die Chance, daß die Gelder wieder produktiv investiert werden.

SAHRA WAGENKNECHT: Jetzt drehen wir uns im Kreis. Was für einen Anreiz zur Erweiterung der Produktion soll es unter diesen Bedingungen denn geben? Nein, wohin das Geld fließt, das kann man leicht sehen. Zum einen hat die Verschuldung der privaten Haushalte in Deutschland in den letzten Jahren rasant zugenommen. Die Privatkredite bewegen sich inzwischen in einer Größenordnung von 1361 Milliarden DM.[38] Im Prinzip findet hier das gleiche statt wie bei der Staatsverschuldung. Zunächst wird Kaufkraft aktiviert, die sonst nicht mehr vorhanden wäre. Wenn der Kredit aber dann mit Zins und Zinseszins zurückzuzahlen ist, muß der einzelne seinen Lebensstandard noch mehr einschränken. Im schlimmsten Falle wird er zahlungsunfähig. Zwei Millionen Haushalte gelten in Deutschland als ausweglos überschuldet. Das nimmt dann natürlich ganz andere Dimensionen an als die weitgehend anonyme Staatsverschuldung. Alles dreht sich nur noch ums Geld. Da erwachsen menschliche Tragödien, zerbrechen Freundschaften, Ehen und Lebenshoffnungen. Der Terror der Inkasso-Büros und Schuldeneintreiber hat schon manchen in den Suizid getrieben.

PIERRE CURIEUX: Das Problem ist, daß viele Menschen ihre wirkliche Kaufkraft falsch beurteilen, mehr haben möchten, als sie sich eigentlich leisten könnten.

SAHRA WAGENKNECHT: Zumeist rühren Überschuldungen daher, daß sich die Einkommensverhältnisse der Betroffenen kurzfristig verändert haben. Jemand nimmt einen Ratenkredit auf, während er noch Arbeit hat und es ihm einigermaßen gut geht. Dann wird er arbeitslos und kann die Zahlungen nicht mehr aufbringen. Auch viele ehemalige Selbständige, die einmal sehr gut verdienten, gehören heute zu den Überschuldeten. Die wirtschaftliche Entwicklung reißt ihnen ihre Lebensgrundlage weg. Und sie haben dann nicht mal Anspruch auf Arbeitslosengeld.

PIERRE CURIEUX: *Sie werden allerdings nicht behaupten, daß das geringer werdende Gewicht der Staaten als Nachfrager internationaler Liquidität in erster Linie oder gar ausschließlich durch die private Verschuldung kompensiert wird?*

SAHRA WAGENKNECHT: Nein, natürlich nicht. Es werden auch Milliarden und Abermilliarden in die Wirtschaft gepumpt. Aber das heißt noch längst nicht, daß dieses Geld reale Investitionen finanziert, womöglich gar das Produktionspotential erweitert. Kredite können ja für vieles verwandt werden. Etwa zur Spekulation in Aktien, zum Kauf von Derivaten, zur Finanzierung von Unternehmensübernahmen. Fakt ist, daß ein immer größerer Teil des Geldkapitals sich in dieser spekulativen Sphäre hin und her bewegt. Kredite sponsern Arbitragegeschäfte, Wertpapierhandel, Immobilienboome. Nicht zuletzt die scheinbar grenzenlose internationale Aktienhausse. Auf den Wertpapiermärkten haben wir längst ein inflationäres Klima, während auf den Gütermärkten Deflation droht. Die Anlageentscheidung folgt heute hauptsächlich dem Motiv der weiteren Kurssteigerung. Zumeist tritt die auch ein, weil die Finanzmärkte aus den besprochenen Gründen mit immer neuer Liquidität versorgt werden. Zum Teil nährt die Hausse sich selbst: Wenn nämlich spekulationsbedingter Vermögenszuwachs als Sicherheit für Kredite verpfändet wird, von denen dann wieder Aktien gekauft werden. Da entstehen Einkommen, die überhaupt keine realwirtschaftliche Grundlage haben. Ein riesiges und immer weiter wachsendes Vermögensgebäude türmt sich über einer stagnierenden Produktionsbasis auf. Würden diese imaginären Vermögen je auf die Gütermärkte zurückfließen, wäre das Geld sofort entwertet.

PIERRE CURIEUX: Aber solange sie da bleiben, wo sie sind, richten sie doch keinen wirtschaftlichen Schaden an.

SAHRA WAGENKNECHT: Doch. Daß die Geldvermögen sich von der wirtschaftlichen Entwicklung abgekoppelt haben, heißt eben nicht, daß sie sie nicht mehr tangieren. Die Bezüge, die die Unternehmen ihren Shareholdern gutschreiben, müssen real erwirtschaftet werden. Luftbuchungen sind die Börsenwerte der Aktien, nicht die Dividenden, die die Aktionäre beziehen. Wird die Kluft zwischen beiden zu groß, droht die Gefahr, daß das Geldkapital auf andere Anlagen ausweicht. Erfolgt der Ausstieg abrupt, sacken die Kurse in die Tiefe. Das berührt das Unternehmen spätestens dann, wenn es neue Finanzierungsmittel braucht. Die sind bei hohen Kursen billig zu haben. Ein Unternehmen mit rapidem Kursverfall hat dagegen kaum noch Zugang zu Kredit, von einer Erhöhung des Eigenkapitals ganz zu schweigen. Wenn die Börsenbewertung steigt, gerät deshalb das Management unter Druck, auch die Gewinne nach oben zu drücken. Koste es, was es wolle, wird rationalisiert, ausgelagert, werden die Lohnkosten verringert, einer kleineren Zahl von Mitarbeitern immer mehr Überstunden abverlangt. Denn Kursverfall kann nicht allein zur Zahlungsunfähigkeit führen. Wahrscheinlicher ist, daß bei hinreichend gesunkenem Börsenwert ein Übernahmepirat auftaucht, der das ganze Unternehmen billig kauft, seinen Vertrieb und seine Marktanteile übernimmt, die Produktion aber meistens dicht macht. Für das einzelne Unternehmen gilt insoweit das gleiche wie für ganze Volkswirtschaften. Wachsende Vermögenswerte verlangen wachsende Einkommen. Werden sie nicht durch Produktionssteigerungen erwirtschaftet, können sie nur durch Umverteilung gesichert werden. Es ist immer der gleiche Kreislauf.

PIERRE CURIEUX: Sie haben mich trotzdem noch nicht überzeugt, daß die Politik diesen Kreislauf nicht auch unter heutigen Bedingungen aushebeln kann. Sie behaupten, daß die Finanzmärkte den nationalen Regierungen de facto einen deflationären Wettlauf aufzwingen. Aber es war doch niemand anderes als diese nationalen Regierungen, die Vertrag für Vertrag den Weg zur Deregulierung und Liberalisierung des internationalen Kapitalverkehrs freigemacht haben. Eine politisch eingeleitete Entwicklung läßt sich auch durch politische Entscheidungen zurücknehmen. Dafür brauchen wir kein neues Wirtschaftssystem.

SAHRA WAGENKNECHT: Es stimmt nicht, daß erst die Politik die Liberalisierung des internationalen Kapitalverkehrs durchgesetzt hätte. Die Politik hat immer nur im nachhinein legitimiert, was sich bereits vorher ohne ihr Zutun – zum Teil direkt gegen ihren Willen – entwickelt hatte. Der Eurodollarmarkt als Keimzelle des unregulierten internationalen Kapitalverkehrs war bereits in den fünfziger Jahren entstanden. Und zwar gerade zur Umgehung staatlicher Einschränkungen des freien Kapitalverkehrs...

PIERRE CURIEUX: Sie meinen das Verzinsungsverbot für Sichtguthaben bei amerikanischen Banken und die administrativ beschränkte Kreditgewährung an Ausländer, mit der der anhaltenden Schwäche der amerikanischen Zahlungsbilanz entgegengewirkt werden sollte.

SAHRA WAGENKNECHT: Genau. Außerdem hatte die britische Regierung den Londoner Banken aufgrund der Pfundschwäche untersagt, Pfundkredite zur Finanzierung des Handels außerhalb des Sterlingblokkes zu gewähren. Um auf das Außenhandelsgeschäft nicht verzichten zu müssen, begannen britische Banken also, statt Pfund Dollar für ihre internationalen Kredite zu benutzen. Sie konnten dafür günstigere Konditionen anbieten als die an die Kreditbeschränkungen gebundenen Institute in den USA. Zugleich zogen sie immer mehr Dollar an, da Dollar-Einlagen in London nicht den amerikanischen Höchstzins-Regelungen unterlagen. Solche Wettbewerbsvorteile wollten sich auch die amerikanischen Banken nicht entgehen lassen. Eine nach der anderen eröffnete Filialen in der Londoner City, in deren Geschäfte das Federal Reserve Bord nicht mehr reinzureden hatte. Damit war der erste exterritoriale Markt für Währungsguthaben entstanden, jenseits aller Regeln, die den

Kapitalverkehr zwischen den nationalen Finanzmärkten damals noch kontrollierten und regulierten. Also: nicht die Politik hat die deregulierten Finanzmärkte geschaffen. Erst als sie sich längst etabliert hatten und täglich Unsummen über die Offshore-Bankplätze umgesetzt wurden, hat die Politik nachgezogen und einen Teil der bisher regulierten Märkte diesem Muster angepaßt. Hätte sie es nicht getan, sähe die Welt kaum anders aus als heute. Die moderne Computersoftware ermöglicht, sekundenschnell Milliarden von einem Ende der Welt ans nächste zu schicken. Solange privatkapitalistische Banken und Investmentfonds über Milliarden verfügen, werden sie diese Möglichkeit im Interesse maximaler Renditen nutzen. Kein Gesetz wird und kann sie daran hindern. Denn für jede gesetzliche Regel gibt es wieder eine Umgehungsmöglichkeit, und je üppiger das Gestrüpp der Vorschriften, desto schwerer ist es zu überwachen. Information ist Macht. Aber wer hat schon Zugang zu den Bankcomputern, um zu kontrollieren, was sich dort tatsächlich abspielt?

PIERRE CURIEUX: Man braucht nicht unbedingt die Computer zu kontrollieren. Der amerikanische Wissenschaftler und Ökonom Tobin hat eine weltweite Devisenumsatzsteuer vorgeschlagen, um auf diesem Wege den Kapitalverkehr wieder stärker zu regulieren und außerdem der kurzfristigen Spekulation mit minimalen Währungsschwankungen die Grundlage zu entziehen. Die nach ihm benannte Tobin-Tax wird weltweit unter den Linken diskutiert.

SAHRA WAGENKNECHT: Das Problem ist, daß sie entweder international erhoben werden muß oder gar nichts bewirkt. Im Extremfall genügte es, wenn es die Steuer auf einem unbedeutenden Eiland im großen Ozean nicht gäbe. Buchungstechnisch würde sich der Interbankhandel dann dort konzentrieren. Die Broker aus der Londoner City oder von der Wallstreet müßten sich keinen Meter von ihrem Arbeitsplatz wegbewegen. Die Auslagerung der Transaktionen in exterritoriales Gebiet besorgt allein der Computer.

PIERRE CURIEUX: Das ist richtig. Allerdings gibt es Überlegungen, die Steuer für jede Transaktion, die die Grenzen eines bestimmten Währungsgebietes überschreitet, zu erheben. Wenn eine Offshore-Bank Dollar in Deutsche Mark tauschen will, muß sie sich diese bei ihrer deutschen Korrespondenzbank besorgen. Wenn schon deren DM-Überweisung an das ausländische Institut oder ihre ausländische Filiale mit der Steuer belastet würde, könnte ein Währungsraum sich vor Spekulation schützen, auch wenn keine Internationalisierung der Steuer erfolgt.

SAHRA WAGENKNECHT: Ich glaube, das sind Sandkastenspiele. Erstens reduziert sich das Problem nicht auf die kurzfristige Spekulation, sondern betrifft die weltweit auf Profitsuche hin und her wogenden Billionen als solche. Die würden sich auch von einer Devisenumsatzsteuer nicht davon abhalten lassen, eine Währung, die – sei's wegen zu niedriger Zinsen, sei's wegen ungenügender wirtschaftlicher Gewinnerwartung – sinkende Renditechancen verspricht, gnadenlos fallen zu lassen. Je abwertungsverdächtiger eine Währung, desto höher ist die Meßlatte, die hier angesetzt wird. Wenn erst wenige Große vorangehen, folgen dann auch die kleinen Lemminge, was die Spekulation im Nachhinein bestätigt und die Währung in den Keller treibt. Daran würde eine Devisenumsatzsteuer nichts ändern, denn bei genügend großen Währungsausschlägen lohnt die Spekulation ja trotzdem. Der einzige Vorteil wäre, daß der Staat ein bißchen mitverdienen würde...

PIERRE CURIEUX: ...und daß das Risiko der Spekulanten größer wird.

SAHRA WAGENKNECHT: Naja. Wahrscheinlich würde der Ausstieg aus einer Währung schon beginnen, wenn in einem Land auch nur ernsthaft über die Einführung einer Tobin-Tax nachgedacht wird. Die Großanleger würden die Kurse nach unten treiben, ehe die Steuer überhaupt eingeführt wäre. Hinzu kommt, daß auch die von Ihnen skizzierte zweite Variante ohne große Wirkung bleibt. Selbst für die kurzfristige Spekulation. In den meisten Währungen existieren längst Guthaben außerhalb des Währungsgebietes, über die der Umtausch dann abgewickelt werden könnte. Natürlich liegen der DM-Liquidität des Euromarktes Sichtguthaben bei deutschen Banken zugrunde. Aber die gibt es schon, die müßten nicht neu geschaffen werden, sondern bloß den Besitzer wechseln, was vom Inland aus schwerlich zu unterbinden ist.

PIERRE CURIEUX: Auch das könnte mit der Steuer belastet werden...

SAHRA WAGENKNECHT: Dann gäbe es andere Möglichkeiten. Die Banken könnten beispielsweise die Existenz dieser DM-Depositen verbriefen, und der Devisenhandel würde über diese Bankbestätigungen abgewickelt. Mit diesem Trick werden auf dem Euromarkt seit langem an sich illiquide Termingelder täglich handelbar. Alles in allem würde die Steuer lediglich zu einem gespaltenen Devisenmarkt führen. Die Währungsausschläge auf dem Auslandsmarkt würden durch sie sogar größer. Sobald Auslands- und Inlandskurs soweit auseinanderklaffen, daß es trotz Steuer lohnt, sich bei deutschen Banken direkt zu refinanzieren, würde das geschehen. Damit würden sich auch die Kurse auf dem nationalen Finanzmarkt dem allgemeinen Trend anpassen. Die Arbitrage würde wohl dazu führen, daß sich der Abstand zwischen innerem und äußerem Wechselkurs etwa in der Höhe der Steuer einpegeln würde. Wobei der Außenwert der betreffenden Währung allgemein sinken dürfte. An den Grundmechanismen der Finanzmärkte würde sich dadurch überhaupt nichts ändern.

PIERRE CURIEUX: Bleiben wir beim Thema Steuern und kommen noch mal auf die staatlichen Einflußmöglichkeiten zurück. Wenn das deficit spending als Mittel staatlicher Umverteilung ausfällt – und ich stimme Ihnen zu, daß hier kaum noch Spielräume existieren –, bleiben als klassisches Umverteilungsinstrument die Steuern. Sie könnten gezielt dort erhoben werden, wo überschüssiges Geld und zu hohe Einkommen vorhanden sind. Das würde das Problem an der Wurzel packen.

SAHRA WAGENKNECHT: Ja, wenn man über Steuern an die Wurzel noch rankäme. Aber das wirklich große Geld ist für den Fiskus doch schon lange tabu. Zum einen setzten die Multis ihre globalen Handlungsspielräume als Druckmittel ein, um jedes Land mit überdurchschnittlichen Kapitalsteuern zu erpressen. Auch die Finanzmärkte reagieren natürlich sofort auf steuerliche Veränderungen. Aber selbst wenn ein Land trotz allem an hohen Steuersätzen festhält, passiert nicht viel. Dann zahlen die Konzerne die Steuern einfach nicht. Großenteils sogar legal oder zumindest halblegal. Es ist bei internationalen Produktions-, Vertriebs- und Finanzierungsstrukturen ein leichtes, die Gewinne dorthin zu verschieben, wo die niedrigsten Steuern anfallen. Ein gängiges Mittel dafür sind Transferpreise. Die Waren, die der Konzern aus einem Niedrig- in ein Hochsteuergebiet einführt, werden mit überteuerten Preisen ausgewiesen, was den im Hochsteuerland entstandenen Gewinn künstlich nach unten drückt. Noch beliebter ist es, Gewinne als »Fremdkapitalkosten« von der zu versteuernden Gesamtsumme abzusetzen. Fast jeder deutsche Konzern von Rang unterhält mittlerweile seine karibische Finanzierungsgesellschaft. Oft gut versteckt hinter Zwischenfirmen in Holland oder Luxemburg. Andere verlegen die Konzern-Holding gleich selbst in eine Steueroase, und schieben ihr dann den größten Teil der Gewinne zu.

PIERRE CURIEUX: Die Gewinne von Oasentöchtern wären an sich am Sitz der Mutterfirma zu versteuern.

SAHRA WAGENKNECHT: Ja, aber wer weist die Verbindung nach? Wer überprüft die Bücher in Panama, Hongkong, auf den Kanal Inseln oder den Niederländischen Antillen? Daß die Kapitalsteuern in den zurückliegenden Jahren auf ein so klägliches Häuflein zusammengeschmolzen sind, liegt doch nicht nur an gesunkenen Steuersätzen; es liegt in erster Linie daran, daß die Konzerne fast keine Steuern mehr zahlen. Selbst eine linke Regierung dürfte nicht imstande sein, sie auf »marktkonforme« Weise dazu zu zwingen. Es gibt einfach zu viele Tricks und Ausweichmöglichkeiten. Damit haben sich die traditionellen Vorstellungen, daß vom wirtschaftlichen Aufschwung auch das Staatssäckel profitiert und mit ihm der Rest der Gesellschaft, erledigt. Während Großindustrie und Banken Rekordgewinne erzielen, sind die öffentlichen Kassen leer wie nie.

PIERRE CURIEUX: Gut. Aber hinter der Wirtschaft stehen die reichen Privathaushalte. Sie haben einen festen Wohnsitz und der befindet sich bei vielen noch nicht in Monaco. Kann der Staat sich nicht bei ihnen holen, was die Wirtschaft ihm vorenthält?

SAHRA WAGENKNECHT: Er könnte es zweifellos mehr, als er es tut. Natürlich wäre die Wiedereinführung einer erhöhten Vermögenssteuer sinnvoll. Oder eine höhere Erbschaftssteuer. Höhere Kapitalertragssteuern. Aber wer so tut, als ließen sich auf diese Weise gewaltige Summen mobilisieren, der macht den Leuten etwas vor. Je größer ein Vermögen ist, desto leichter hat es sein Besitzer, dafür in der Schweiz oder bei einer Offshore-Bank irgendwo sonst auf dieser Welt völlig steuerfrei rentierliche Anlagemöglichkeiten zu finden. Die internationalen Finanzmärkte stehen heute auch dem Privatanleger offen, erst recht, wenn er mit zwei- oder dreistelligen Millionenbeträgen disponiert. Werden am »Finanzplatz Deutschland« höhere Quellensteuern erhoben als in Luxemburg oder London, wandert das Geld dorthin. Schon die Ankündigung einer 10%igen Quellensteuer in Deutschland Ende der achtziger Jahre führte zu einem sofortigen Renditegefälle gegenüber den DM-Auslandsanleihen. Banken und Industrieunternehmen gingen fast vollständig zur Emission von Eurobonds über. Zur Kasse gebeten wird dann wieder nur der Kleinanleger, der die Euromärkte nicht nutzen kann. Und der Mittelständler, für den sich unter Umständen die Kredite verteuern. Ähnliche Erfahrungen gab es mit der Börsenumsatzsteuer. Sie wurde lange Zeit in Frankfurt erhoben, in London und Luxemburg dagegen für Ausländer nicht, also konzentrierte sich der Handel mit deutschen Papieren dort. Kaufen und verkaufen kann man deutsche Aktien und Staatsanleihen schließlich überall.

PIERRE CURIEUX: Daraus folgt die Forderung, das Steuerniveau international zu vereinheitlichen.

SAHRA WAGENKNECHT: Die Forderung kann und sollte man erheben. Angesichts einer scharfen Konkurrenz der Wirtschaftsregionen ist sie unter kapitalistischen Bedingungen aber kaum realistisch. Wir sehen doch heute, welche Schwierigkeiten es macht, auch nur EU-weit die Quellensteuern auf Kapitalerträge zu vereinheitlichen. Tatsächlich träfe eine solche Regelung die einzelnen Länder auch ganz unterschiedlich. Luxemburg verdankt dem Geldgeschäft etwa 15 Prozent seines Bruttosozialprodukts und 30 Prozent seines Steueraufkommens. Jeder weiß, daß der Finanzplatz Luxemburg nur wegen der steuerlichen Vorteile entstanden ist und mit ihnen verschwinden würde. Also wird man diese Vorteile mit allen Mitteln verteidigen. Selbst wenn eine EU-weite Vereinheitlichung der Steuersysteme durchgesetzt würde: gleich um die Ecke blieben immer noch Liechtenstein und die Schweiz. Es ist auch egal, ob Europa oder nicht. Genau genommen reicht wieder eine Insel im Atlantik, die ausschert. Denn es ist ja gar nicht nötig, daß dort tatsächlich Finanzgeschäfte abgewickelt werden.. Es reichen Briefkästen. Alles andere sind buchungstechnische Fragen; das besorgen die Computer der Banken und Wirtschaftskonzerne.

PIERRE CURIEUX: Machen wir an dieser Stelle einen Sprung zur geplanten Einführung einer europäischen Einheitswährung. Die Partei der Euro-Befürworter und die seiner Gegner ist ja recht bunt gemixt. Unter den Euro-Anhängern finden sich nicht nur Politiker und Wissenschaftler neoliberaler Couleur. Es gibt auch manchen Neokeynesianer, der sich gerade von der einheitlichen europäischen Währung die Wiederherstellung handlungsfähiger Politik verspricht. Tatsächlich hätten Umschichtungen im internationalen Anlageportfolio wegen der höheren Liquidität des Marktes dann nicht gleich akute Wechselkursausschläge zur Folge. Ein größerer Währungsraum wäre außerdem weniger spekulationsanfällig.

SAHRA WAGENKNECHT: Das gilt für kurzfristige spekulative Attakken, ja. Für die ist ein großer Währungsraum tatsächlich weniger anfällig. Aber die billionenschwere internationale Liquidität zwingt auch große Währungsräume zum Couteau vor den Renditeinteressen. Jede gegenteilige Entwicklung wird bei freiem Kapitalverkehr mit Währungsverfall bestraft. Wir haben ja schon darüber gesprochen, daß selbst der Dollarraum gezwungen ist, seine Anleger bei guter Stimmung zu halten, damit sie nicht das Weite suchen. Auch die Europäische Zentralbank wäre gegen massiven Kapitalentzug machtlos. Gerade deshalb wurde der Euro ja von vornherein in das Korsett der Maastricht-Verträge gezwängt: damit wurde gewährleistet, daß die Politik in allen Ländern, die die neue Währung einführen, den Großanlegern Maximalrenditen sichert. Dafür wurde allen Teilnehmerstaaten ein rigoroser Sparkurs im Sozialbereich verordnet, eine unverzügliche Reduzierung der Haushaltsdefizite, ein Abbau der Staatsschulden. Das alles ist nicht neoliberale Idiotie, sondern eiskaltes Kalkül, um den Euro als Weltleitwährung fit zu machen. In der Wirtschaftspresse wird gegenwärtig viel kritisiert, daß nicht auch verbindliche Vereinbarungen über eine europaweite »Deregulierung« der Arbeitsmärkte getroffen worden seien. Tatsächlich stünde den Euro-Plänen der Finanzbosse nichts so sehr im Weg wie erfolgreiche Arbeitskämpfe. Die Möglichkeit anhaltenden Wirtschaftswachstums bei gleichzeitig kläglichen Löhnen ist aus Anlegersicht nach wie vor ein Plus für den Dollarraum. Denn, wie Michael Heise von der DG-Bank richtig festgestellt hat: »Europäische und amerikanische Arbeitsmärkte sind ... im Hinblick auf gewerkschaftliche Organisationsgrade und die Bedeutung kollektiver und zentralisierter Lohnfindung krasse Gegensätze.«[39] Hier wird man versuchen, in den nächsten Jahren einiges nachzuholen. In Europa, nicht in den USA.

PIERRE CURIEUX: Sie meinen also, Linke sollten sich auf jeden Fall auf seiten der Gegner einer europäischen Einheitswährung einfinden.

SAHRA WAGENKNECHT: Ein sozialistisches Europa könnte gut und gern eine Einheitswährung haben. Nur würde die natürlich unter anderen Prioritäten stehen. Der Euro in der heutigen Konzeption dagegen ist reaktionär. Er wird eine erneute, noch stärkere wirtschaftliche Konzentrations- und Fusionswelle einleiten. Profitieren werden die größten, kapitalstärksten Industrie- und Bankgruppen mit dem höchsten Produktivitätsvorsprung. Das sind in erster Linie die deutschen. »Die kapitalkräftige deutsche Industrie wird Unternehmen in ganz Europa aufkaufen«, freute sich die FAZ schon im Dezember letzten Jahres.[40] Man wird die Gewerkschaften anderer Länder, etwa Frankreichs und Italiens, unter Druck zu setzen suchen, entweder die zahme deutsche Lohnpolitik mitzutragen oder die Deindustrialisierung ganzer Regionen zu riskieren. Der Wechselkursmechanismus, der unterschiedliche Produktivitäts- und Lohnentwicklungen bisher zum Ausgleich brachte, entfällt mit dem Euro für immer. Die deutsche Hochfinanz wird die europäische Geldpolitik direkt diktieren. Daß die Europäische Zentralbank ausgerechnet in Frankfurt sitzt, ist keine Nebensache.

PIERRE CURIEUX: Die Bundesbank bestimmt allerdings schon heute die europäische Geldpolitik. Sie haben vorhin darauf hingewiesen, daß es sich keine europäische Zentralbank leisten könnte, den vorgegebenen Zinstrends nicht zu folgen.

SAHRA WAGENKNECHT: Das ist richtig. Ich behaupte ja auch nicht, daß sich durch den Euro grundsätzliches ändern wird. Nicht er bringt uns ein Europa der Banken und Konzerne. Das haben wir längst. Er wird den gegenwärtige Trend fortschreiben. In beschleunigtem Tempo. Der Mittelstand wird noch stärker an den Rand gedrängt, die Gewerkschaften, wenn es ihnen nicht gelingt, europaweite Strukturen der Zusammenarbeit und gemeinsamer Arbeitskämpfe zu etablieren, werden geschwächt. Zeitweilig genießt der Verbraucher vielleicht eine gewisse Belebung der Konkurrenz. Am Ende aber werden riesige Oligopole den europäischen Wirtschafts- und Finanzmarkt bestimmen und Zulieferern wie Verbrauchern ihre Preise diktieren. Dieser Prozeß schraubt die Spirale der Vermögens- und Einkommenskonzentration höher und höher. Hauptgewinner wird die deutsche Wirtschaftselite sein, die auf diesem Wege eine europäische und globale Macht erringt, von der sie in den düstersten Zeiten ihrer Vergangenheit kaum zu träumen gewagt hätte. Schon heute hält es die Bundesregierung offenbar für selbstverständlich, die EU-Außengrenzen wie deutsche Landesgrenzen zu behandeln. Anderen Ländern wird ohne Umschweife diktiert, was an diesen Grenzen zu geschehen hat, welche Einwanderungs- und Asylpolitik sie zu betreiben haben.

PIERRE CURIEUX: Ihre Euro-Kritik steht konträr zu der eher verbreiteten Ansicht, die vor den mit dem Euro verbundenen Inflationsgefahren warnt. Wenn ich Ihnen folge, scheinen sie davon auszugehen, daß der Euro eher zu hart wird als zu weich?

SAHRA WAGENKNECHT: Das Gespenst der Inflation wird meines Erachtens von den Initiatoren des Euro bewußt an die Wand gemalt. Es soll öffentliche Zustimmung für die Sparprogramme organisieren. Weiter steckt nichts dahinter. Niemand soll sich mehr gegen sinkende Löhne, schlechtere Sozialleistungen, höhere Lohn- und sinkende Kapitalsteuern wehren. Die »International Herald Tribune« hat diesen Mechanismus schön auf den Punkt gebracht: »The Maastricht euro ...has been a central bankers' euro, a euro used by the Top People in the banks and the finance ministries to tell everyone else: 'Structural reform is the right answer and you must accept it because it is good for you. Ten to 15 percent unemployment is bitter but you need it.'« (»Der Euro von Maastricht ... ist einer der Zentralbanken, ein Euro, der von den Entscheidungsträgern in den Banken und Finanzministerien genutzt wird, allen anderen zu sagen: 'Strukturreformen sind die richtige Antwort und man muß diese akzeptieren, weil sie gut sind. Zehn bis 15 Pozent Arbeitslosigkeit ist bitter, aber man braucht sie.'«)[41] Das hat die »Tribune« doch besser begriffen als die sogenannte deutsche Opposition, die – mit Ausnahme der PDS – dem Maastricht-Euro ihren Segen gab ...

PIERRE CURIEUX: Nach Ihrer eigenen Logik bestünde allerdings ohne die staatlich verordneten Austeritätsprogramme tatsächlich die Gefahr, daß der Euro eher wird wie einst die italienische Lira und nicht wie die Deutsche Mark...

SAHRA WAGENKNECHT: Ja, das ist eben das Problem. Daß die Politik sich entweder den Profitinteressen der Privatwirtschaft und der Großvermögensbesitzer zu Füßen wirft – oder durch Kapitalentzug und Währungsverfall bestraft wird. Beides ist eine soziale Katastrophe. Wenn man über das bestehende Wirtschaftssystem nicht hinausdenkt, bleibt man in dieser unsäglichen Alternative stecken. Allerdings bin ich mir relativ sicher, daß die Politik alles tun wird, um inflationäre Entwicklungen zu verhindern. Nicht, weil ihnen die Sparstrümpfe der deutschen Rentner so am Herzen lägen. Sondern weil die Banken und Wirtschaftskonzerne nicht zusehen würden, wie ihr milliardenschweres Finanzvermögen entwertet wird. Und diese Reserven halten sie außer in Dollar hauptsächlich in europäischen Währungen.

PIERRE CURIEUX: Es wird also keine Preiserhöhungen geben?

SAHRA WAGENKNECHT: In bestimmten Bereichen ist das nicht ausgeschlossen: dort, wo noch weniger Anbieter den Markt bestimmen werden als heute und die Nachfrage sehr unelastisch ist. Etwa bei Nahrungsmitteln und anderen Gütern des täglichen Bedarfs. Aber das wird kein allgemeiner Trend sein. Nein, man wird – zur Not mit martialischen Zinserhöhungen – alles dafür tun, daß der Euro stabil bleibt. Alles andere würde die langfristigen Pläne durchkreuzen, den Dollar sowohl als Emmisionswährung als auch als Leitwährung der Devisenmärkte zu verdrängen. Und darum geht es doch! Dafür sprechen schlichte Profitkalküle, wie die FAZ vor kurzem vorgerechnet hat. Unter der Überschrift »Euro könnte Dollar als stärkste Währung auf der Welt ablösen«, war dort folgendes zu lesen: »Bisher genießen die Vereinigten Staaten erhebliche finanzielle Vorteile durch die Dominanz des Dollar auf den Finanzmärkten. Die billigeren und leichteren Finanzierungsmöglichkeiten für Staat und Unternehmen zahlen sich in Heller und Pfennig aus. Wenn der Euro jedoch die dominante Rolle der amerikanischen Währung ablösen sollte, werden diese Vorteile auf Europa übergehen...«; es sei damit zu rechnen, »...daß sich der finanzielle Gewinn auf jährlich 0,5 Prozent des europäischen Bruttosozialprodukts belaufen wird – ein entsprechender Verlust für die Vereinigten Staaten.« Es geht um Milliardenbeträge, die nahezu ausnahmslos in die Kassen der Finanzriesen und Großunternehmen fließen würden. Dafür lohnt es, den Euro stabil zu halten...

PIERRE CURIEUX: Also sollten Linke versuchen, den Euro um jeden Preis zu verhindern?

SAHRA WAGENKNECHT: Ich denke, der Zug ist abgefahren. Linke sollten darauf hinweisen, wer von der europäischen Währungsunion tatsächlich profitiert und wohin die Entwicklung geht. Daß dieses Projekt nichts mit den großen europäischen Traditionen und Gedanken zu tun hat, sondern mit schnöden Profitinteressen. Die Alternative dazu ist natürlich nicht der Rückfall in nationalistischen Separatismus. Das wird von rechts propagiert. Es ist wahrscheinlich, daß nationalistische Demagogen gerade durch die Einführung des Euro Auftrieb bekommen. Vermutlich werden sie dann durch dieselben Wirtschaftseliten unterstützt und bestärkt, die von der Einheitswährung profitieren. Der Versuch liegt nahe, den Unmut der Betroffenen in den nationalistischen Sumpf abzulenken. Die Reaktion linker, fortschrittlicher Kräfte kann eigentlich nur sein, europaweit verstärkt zusammenzuarbeiten. Gewerkschaftliche Arbeitskämpfe dürfen künftig nicht mehr an den nationalen Grenzen Halt machen. Auch linke Parteien sollten ihre Erfahrungen viel stärker austauschen und versuchen, ihre Vorgehensweise abzustimmen. Das ist die wichtigste Voraussetzung, damit Widerstand gegen die asozialen Entwicklungen wieder eine Chance bekommt. Im nationalen Rahmen allein läßt sich heute nichts mehr bewegen.

III. Staat versus Markt – oder wie?

PIERRE CURIEUX: Ich will die Schwierigkeit, den globalisierten Kapitalismus wieder in sozial verträgliche Bahnen zu lenken, nicht kleinreden. Aber wenn man diese Möglichkeit prinzipiell verneint, wirft man dann nicht auch vieles über Bord, was sich jahrzehntelang bewährt hat? Es ist nicht zu leugnen, daß das westliche Modell, das auf den Markt als Regulator wirtschaftlicher Entscheidungen setzte, den geplanten Wirtschaften überlegen war.

SAHRA WAGENKNECHT: Der Markt als »Regulator«? Das ist doch heute nur noch Legende. Anstelle freier Märkte haben wir ein Regime privatkapitalistischer Marktführer, die ein vorzügliches Geschick besitzen, Güter und Leistungen an Märkten und Wettbewerbern vorbei zu schleusen. Bereits 1980 wurde etwa die Hälfte des Welthandels innerhalb der Konzerne abgewickelt. Inzwischen sind es vielleicht zwei Drittel. Damit wird die weltwirtschaftliche Entwicklung eher durch die Produktionspläne unternehmerischer Giganten gesteuert als durch Marktmechanismen. Den internationalen Automobilmarkt teilen ganze 17 Konzerne unter sich auf. In zwei, drei Jahren werden es nach Expertenschätzungen noch 10 sein. Im deutschen Lebensmitteleinzelhandel haben die 10 größten Unternehmen einen Marktanteil von 85 Prozent, die drei größten allein von gut 50 Prozent. Selbst die FAZ stellt dazu fest, daß »die Konzentration im Einzelhandel die Nachfragemacht explosionsartig verstärkt« habe; sie habe ein Ausmaß erreicht, »das den Mittelstand in Industrie und Handel gefährde«.[42] Schöne Marktwirtschaft! Erinnern wir uns doch, wie die Industrie und Landwirtschaft der Ex-DDR nach dem Anschluß in die Knie gezwungen wurden...

PIERRE CURIEUX: ...über den Markt, weil sie der westlichen Konkurrenz unterlegen war.

SAHRA WAGENKNECHT: Das trifft für einen Teil unserer Wirtschaft zu. Er ging kaputt, weil er, ohne Schonfrist und ohne jeden Schutz, mit der Währungsunion eins zu eins der westlichen Konkurrenz ausgesetzt wurde. Viele Betriebe waren nicht stark genug, um sich in dieser Situation zu behaupten. Das ist richtig. Aber es gab auch nicht wenige, die bei fairem Wettbewerb bestanden hätten. Unsere landwirtschaftliche Produktion war problemlos wettbewerbsfähig. Ebenso viele kosmetische Erzeugnisse und andere Konsumgüter. Aber die verschwanden von einem Tag zum anderen aus den Regalen der Handelsketten. Milch und Butter aus Bayern wurden nach Berlin gekarrt, während die brandenburgischen

Bauern auf ihren Produkten sitzen blieben. Da hat keineswegs die »unsichtbare Hand« des Marktes regiert. Da wurden gezielt ostdeutsche Betriebe in den Konkurs getrieben, um sich unliebsame Wettbewerber vom Hals zu schaffen. Die Treuhand hat das mit dem Ausverkauf der ostdeutschen Wirtschaft an ihre westlichen Konkurrenten fortgesetzt...

PIERRE CURIEUX: Ausverkauf? Die ostdeutsche Wirtschaft war technologisch überaltert und dringend sanierungsbedürftig. Angesichts der archaischen Ausstattung vieler Betriebe hätte sich bei höheren Preisen nie und nimmer ein Käufer gefunden.

SAHRA WAGENKNECHT: Wenn die Belegschaften ihre Betriebe selbst übernehmen wollten, wurden ihnen sehr wohl höhere Preise abverlangt. Außerdem ist es einfach nicht wahr, daß die technologische Ausrüstung unserer Betriebe durchweg archaisch war. Das stimmt vielleicht für die Trabi-Produktion; es stimmt nicht für Carl Zeiss Jena. Aber dieser Streit ist müßig. Wenn Betriebe für 1 DM verschleudert werden, obschon allein ihr Grundstückswert bei mehreren Millionen liegt, wirken da allemal keine Marktkräfte, sondern die Macht guter Kontakte. Schauen wir uns doch die Biographien des führenden Treuhand-Personals an: fast alle kamen aus der westdeutschen Privatwirtschaft und wußten, daß sie nach Abwicklung der DDR-Ökonomie dahin zurückkehren würden. Und daran sollen sie bei ihrer Tätigkeit als »Treuhänder« nicht gedacht haben? Nein, wer sich welchen DDR-Betrieb für nichts und wieder nichts unter den Nagel riß, das war gut gesteuert. Der Markt hatte da nicht viel mitzureden. Übrigens: Die wenigen DDR-Betriebe, die diese Härtephase überstanden haben, finden heute wieder viele Käufer für ihre Produkte. Nur befinden sie sich jetzt in westlichen Händen. Die meisten aber wurden dichtgemacht. Nicht, weil sie nicht wettbewerbsfähig gewesen wären, sondern weil die westdeutschen Kapazitäten völlig ausreichten, den gesamten Markt abzudecken. Es war der gleiche Mechanismus, wie er das Konzern-Kidnapping weltweit stimuliert. Zur »Marktbereinigung« werden Arbeitsplätze und Produktionskapazitäten en masse vernichtet...

PIERRE CURIEUX: ...weil sie nicht nötig sind, um die Nachfrage zu befriedigen. Natürlich ist das für die betroffenen Belegschaften hart. Andererseits wäre es unsinnig, um der Arbeitsplätze willen mehr und mehr zu produzieren, wenn diese Produkte niemand braucht und niemand kaufen will.

SAHRA WAGENKNECHT: Ob sie niemand kaufen will, weiß ich nicht. Es ist eher so, daß viele Menschen immer weniger kaufen können. Durch die Fusionen entstehen Riesenkonzerne mit immer größeren Marktanteilen. Dadurch können die Preise künstlich hoch gehalten werden. Weshalb ist die Rendite der Wirtschaftsgiganten um so vieles höher als die Gewinnspanne mittelständischer Betriebe? Doch nicht nur wegen der Hochtechnologie, die sie sich leisten können. Das ist die eine Quelle der Extraprofite. Die andere – wahrscheinlich noch wichtigere – ist ihre Macht, Zulieferern und Verbrauchern ihre Preisvorstellungen zu diktieren. Die Markt-Zugangsschranken sind heute so hoch, daß kein Großunternehmen Angst haben muß, irgendein Neueinsteiger könnte ihm ernstlich Marktanteile abjagen. Der Kapitalvorschuß, der dazu nötig wäre, ist viel zu groß. Hinzu kommen traditionell gewachsene, vertraglich festgezurrte Liefer- und Servicebindungen. Nicht zu vergessen das Patentrecht als beliebter Hebel, um einen Markt möglichst lange und möglichst profitabel zu kontrollieren.

PIERRE CURIEUX: Das klassische Beispiel, wie ein Neueinsteiger sich von unten zum Multimilliardär hochgearbeitet hat, ist Microsoft in den USA. Es geht also doch.

SAHRA WAGENKNECHT: Es geht, wenn man im Sog einer Aufstiegsindustrie mit nach oben schnellt. Wenn der Markt noch nicht aufgeteilt ist, weil er gerade erst entsteht. Dann ist es möglich. Aber selbst Bill Gates hat seinen Durchbruch einem Konzern zu danken: dem Computer-Giganten IBM, der sich 1981 entschloß, ein Betriebssystem von Microsoft für seine PCs zu nutzen und Gates zugleich das Recht ließ, diese Software auch an Dritte weiterzuverkaufen. Hätte IBM die Wachstumspotentiale der PC-Branche richtig eingeschätzt, wäre dieser Fehler nicht unterlaufen. Dann hätte Bill Gates als Außenseiter keine Chance gehabt. Und meinen Sie, in der heutigen Computerbranche hätte ein Newcomer noch die geringste Möglichkeit, sich zu den Großen hochzuarbeiten? Heute ist das Fell des Bären verteilt. Microsoft hält den Löwenanteil und hat fast ein Monopol. 90 Prozent aller PCs sind mit seinem Betriebssystem ausgestattet. Fast jeder neuverkaufte Computer hat es bereits auf der Festplatte. Selbst wenn einer ein besseres System entwickeln würde, – was hätte er denn für eine Chance, es durchzusetzen? Ähnlich sieht es in anderen Wirtschaftszweigen aus. Wer erst mal zu den Giganten gehört, hat keine ernsthafte Konkurrenz mehr zu fürchten...

PIERRE CURIEUX: Zumindest untereinander stehen die Großen in Konkurrenz. Und zwar in ziemlich scharfer...

SAHRA WAGENKNECHT: Mehr oder weniger. Der Trend geht zu Unternehmens-übergreifenden Strukturen der Zusammenarbeit auf Weltebene. In der Automobilbranche kooperiert Ford in seinen F&E-Aktivitäten mit General Motors, Mazda und Nissan, im Vertrieb mit Fiat und

Suzuki, in der Produktion mit BMW, Mazda, VW und anderen. IBM, Siemens und Toshiba arbeiten gemeinsam an der Entwicklung der nächsten Chip-Generation. Fast jeder kooperiert mit jedem. Es gehört natürlich zur Öffentlichkeitsarbeit der Konzerne, so zu tun, als kämpfe man hart um jeden Kunden. Die Wirklichkeit sieht anders aus. Man kämpft um möglichst hohe Renditen, und da liegt es nahe, sich nicht zu sehr auf die Füße zu treten.

PIERRE CURIEUX: Das läßt sich schwer belegen...

SAHRA WAGENKNECHT: In internen Publikationen geben sie das selbst offen zu: »Zur Zeit entwickelt sich eine Neuorientierung von Unternehmen, die sich regional bis weltweit zu strategischen Allianzen verbinden. Selbst härteste Wettbewerber in bestimmten Märkten suchen mit anderen Partnern Gemeinsamkeit und Anlehnung, um bestehende Positionen zu sichern oder neue Marktfelder anzugehen. Herausragende Beispiele hierfür sind die weltweiten Verflechtungen in der Chemie, der Automobilindustrie oder die Ernährungswirtschaft«. Solche Allianzen gibt es in zwei Richtungen: horizontal und vertikal: »Horizontalisierung ist die Intensivierung der Marktbearbeitung durch bessere Ausschöpfung bestehender Standorte oder die Erschließung neuer Verkaufspunkte mit dem Ziel der Marktdurchdringung und Markterhaltung sowie der Gewinnung von Marktdominanz [!]. Durch Vertikalisierung wird die Arbeitsteilung zwischen Unternehmen neu geordnet. Es entsteht ein harmonisiertes Marketing von Hersteller und Handel bis hin zu planvereinbarter Aufteilung[!] des gemeinsam erzielten Gewinns.«[43] Hier hat der Markt nichts mehr zu melden...

PIERRE CURIEUX: Es gibt einen Trend zur zunehmenden Vermachtung von Märkten. Das ist richtig und wurde auch schon von vielen bürgerlichen Ökonomen kritisiert. Allerdings würde diese Kritik eher eine Politik begründen, die die Selbstheilungskräfte des Marktes wieder in ihr Recht setzt, nicht eine, die sie noch mehr abwürgt. Die Losung hieße also: mehr Markt, nicht weniger. Das entspricht dem Programm der Neoliberalen.

SAHRA WAGENKNECHT: Schon das Wort »neoliberal« ist pures Selbstlob. Das Problem ist doch, daß es die berüchtigten »Selbstheilungskräfte« des Marktes gar nicht gibt. Ein deregulierter kapitalistischer Markt heilt nicht, er tötet. Und zwar in erster Linie sich selbst. Die Welle der Mega-Fusionen ist doch kein Zufall. Wirtschaftliche Freiheit ist in erster Linie die Freiheit der größten Profitjäger, sich das gesamte Wirtschaftsleben zu unterwerfen. Die Mechanismen, die hier wirken, sind selbstverstärkend. Je mächtiger ein Unternehmen, je größer sein Marktanteil und seine disponible Kapitalmasse, desto größer sind auch seine Spielräume, andere in die Knie zu zwingen. Wer erst eine dominierende Stellung am Markt besitzt, hat alle Möglichkeiten, sie weiter auszubauen. Lieferung, Service, Bereitstellung von Ersatzteilen werden langfristig vereinbart. Der Anbieter steht faktisch außer Konkurrenz. Immer stärkere Konzentration wird dadurch zum Zwang; wer nicht mithält, wird weggefegt...

PIERRE CURIEUX: Viele kleinere Unternehmen finden Marktnischen, auf die sie sich spezialisieren...

SAHRA WAGENKNECHT: Ja, das ist die einzige Alternative. Aber im globalen Geschäft sind unternehmerische Giganten mit riesigem Finanzierungsreservoir gefragt. Das gilt übrigens auch für die Anbieter von Finanzdienstleistungen. Eine Bank, die als Partner der Gobal Player im Geschäft bleiben will, muß weltweit agieren, auf allen Kontinenten Filialen unterhalten. Das bindet Unsummen an Kapital. Und die Meßlatte der Rendite wird von den jeweils größten Instituten vorgegeben. So schaukelt sich das Spiel höher und höher. Die Allianz-Versicherung kauft die französische AGF und wird zum weltweit größten Versicherer. In der Schweiz fusionieren Bankverein und Bankgesellschaft zur UBS. Dieser Finanzriese verwaltet allein 1,6 Billionen DM Kundenvermögen. Auch das ist keine Sensation mehr: in den USA fusionieren die Finanzkonzerne Citicorp und Travalers Group zu einem Giganten, der 100 Millionen Kunden in über einhundert Ländern betreut. Das sind kaum mehr vorstellbare Dimensionen. Und die nächste Elephantenhochzeit ist vorprogrammiert.

PIERRE CURIEUX: Allerdings ist das Finanzgewerbe der Sektor mit den intensivsten Konzentrationsprozessen...

SAHRA WAGENKNECHT: Das Finanzgewerbe holt nur nach, was andere ihm vorgemacht haben. Global Player in Industrie und Dienstleistungen verlangen Global Player der Finanzierung. Nur die sind in der Lage, sie angemessen zu betreuen und die astronomischen Summen zu mobilisieren, die im globalen Geschäft benötigt werden. Nicht zuletzt dafür, konkurrierende Anbieter aufzukaufen und vom Markt zu nehmen. Die Fusionswelle rollt in allen Wirtschaftszweigen. Immer schneller. 1997 haben Unternehmen im Wert von 1.630 Mrd. Dollar den Besitzer gewechselt. 1998 wird diesen Rekord voraussichtlich weit überbieten. Vier der fünf größten Firmenfusionen, die es je gegeben hat, wurden im April/ Mai diesen Jahres angekündigt. Und es geht immer weiter. Kaum ist die Übernahme von Chrysler durch Daimler-Benz unter Dach und Fach, wird Nissan zum nächsten Objekt der Begierde...

PIERRE CURIEUX: Diese Entwicklung ist problematisch, da stimme ich Ihnen zu. Aber es genügte eine wirksame Kartellaufsicht, um diesen Spuk zu begrenzen. Dafür brauchen wir keinen Kommunismus. Tatsächlich stehen alle von ihnen genannten Fusionen noch unter dem Vorbehalt, daß die Kartellbehörden zustimmen.

SAHRA WAGENKNECHT: Haben Sie Zweifel, daß sie das tun werden? Diese Behörden werden doch zu recht nicht ernst genommen. Nach offizieller Lesart sollen sie »Wettbewerbsverzerrungen« verhindern. Aber der Wettbewerb ist an allen Ecken und Enden verzerrt. Jedes kleine Unternehmen kann ein Lied davon singen. Um diese Situation zu verändern, müßte jeder Konzern mit dominanter Marktposition zerschlagen werden. Das sind fast alle. Meinen Sie, daß das geschehen wird? Bisher haben die Kartellbehörden noch keine Großfusion verhindert. Allenfalls haben sie die Unternehmen durch einige Auflagen geärgert, die hinderlich sein mochten, sich aber letztlich auch umgehen ließen. So bleibt der Schein gewahrt.

PIERRE CURIEUX: Das Zusammengehen von Kirch und Bertelsmann wird wohl definitiv verhindert. Auch Bill Gates hat zur Zeit Schwierigkeiten mit der amerikanischen Kartellbehörde.

SAHRA WAGENKNECHT: Kirch steht offenbar auf der Abschußliste. Aus Gründen, die mit seiner Marktmacht wenig zu tun haben dürften. Ja, und Gates ist wohl einigen seiner Konkurrenten allzu mächtig geworden, so daß man versucht, ihm auf diesem Weg einen Dämpfer zu geben. Aber ich gehe jede Wette ein: Microsoft und die Kartellbehörde werden sich einigen. Und der Markt für PC-Betriebssysteme wird danach nicht weniger monopolisiert sein als heute. Der Witz ist doch, daß dieses Monopol die Behörde überhaupt nicht stört. Der Streit geht darum, ob Gates das Recht bekommt, sich noch ein weiteres unter den Nagel zu reißen. Ein Problem liegt meiner Ansicht nach auch darin, daß die Kartellaufsicht jeweils nur für einen regional begrenzten Wirtschaftsraum zuständig ist. Würde sie dort wirklich durchgreifen, bedeutete das eine Schwächung der ansässigen Wirtschaft im internationalen Wettbewerb. Kleinere Unternehmen können sich unter den heutigen Weltmarktbedingungen tatsächlich nicht mehr behaupten und würden von den verbleibenden Riesen gefressen...

PIERRE CURIEUX: Man könnte das Kartellrecht international vereinheitlichen...

SAHRA WAGENKNECHT: Ich denke, die Fragestellung ist falsch. Eine Zerschlagung der transnationalen Konzerne ohne Überwindung des transnationalen Kapitalismus, das ist einfach Träumerei. Wer soll das durchsetzen? Just die Regierungen, denen seit Jahren von den Konzernen vorgeschrieben wird, was sie zu machen haben? Der Lohn für das Ausscheren eines Wirtschaftsblocks wäre viel zu groß: da winkt globale Übermacht. Davon abgesehen ist es für Unternehmen nicht schwer, kartellrechtliche Bestimmungen zu umgehen: ob Mega-Fusion oder »strategische Allianz« mit Marktabsprachen kommt für den Verbraucher aufs gleiche raus. Aber wer will Vereinbarungen über Märkte und Preise nachweisen? Die Kartellbeamten werden zu dem Geschäftsfrühstück oder Dinner im Club kaum geladen sein, bei dem man solche Fragen zu behandeln pflegt. Diskret und vertraulich, versteht sich. Nein, es hilft nichts: der freie Konkurrenzkapitalismus, bei dem viele kleine Familienunternehmen mit relativ gleichen Ausgangsbedingungen um Marktanteile kämpfen, ist seit einem knappen Jahrhundert Vergangenheit. Solche Utopien bringen uns nicht weiter.

PIERRE CURIEUX: Es gibt allerdings Beispiele, daß große Konzerne entflochten wurden, ohne die Marktwirtschaft oder das kapitalistische Eigentum in Frage zu stellen. Etwa in Deutschland nach 1945.

SAHRA WAGENKNECHT: Ja, durch die alliierte Militäradministration. In einem Land, das den Krieg verloren und bedingungslos kapituliert hatte. Hier wurde natürlich auch ungeliebte Konkurrenz bekämpft. Und selbst in dieser Situation ist man äußerst behutsam vorgegangen. Verglichen mit den ungeheuerlichen Verbrechen, die die deutschen Konzerne zu verantworten hatten, sind sie glimpflich davon gekommen. Der Selbsterhaltungstrieb des privatwirtschaftlichen Systems war letztlich doch stärker. Außerdem ist der Trend zu immer größeren Unternehmen nicht nur Produkt der kapitalistischen Marktlogik. Dafür gibt es auch zwingende Gründe im technischen Bereich.

PIERRE CURIEUX: So?

SAHRA WAGENKNECHT: Der Finanzierungsvorschuß, der nötig ist, um bei Forschung und Entwicklung mithalten zu können, um modernste Anlagen überhaupt installieren zu können, wird immer höher. Zugleich sorgt der technologische Wandel für immer kürzere Produktlebenszyklen. Also müssen sich die Investitionen in immer kürzeren Zeiträumen rentieren, damit das Geld für die nächste Modernisierung zur Verfügung steht. Sonst verpaßt das Unternehmen den Anschluß und ist bald nicht mehr wettbewerbsfähig. Damit werden hoher Marktanteil und globaler Vertrieb zur Überlebensbedingung. Ein mittelständischer Betrieb könnte im Hochtechnologie-Bereich schon aus Kapitalmangel gar nicht mithalten.

PIERRE CURIEUX: Dem Mittelstand könnte Zugang zu Risikokapital eröffnet werden...

SAHRA WAGENKNECHT: Mittelständischen Unternehmen bessere Finanzierungsmöglichkeiten zu verschaffen, ist wichtig. Aber das hier besprochene Problem würde dadurch nicht gelöst. Denn das Kapital flösse viel zu langsam zurück, um dauerhaft eine Produktion auf modernstem Niveau zu gewährleisten. Nein, in bestimmten Bereichen ist die Konzentrierung der Produktion in immer größeren Unternehmen unausweichlich. Die Alternative wäre technische Überalterung, stagnierende Produktivität und ein Produktionsergebnis weit unterhalb der technischen Möglichkeiten. Die Forschungskosten sind nur ein Punkt. Moderne Fertigungssysteme als solche verlangen Koordination, Abstimmung in vertikaler Richtung. Das verarbeitende Gewerbe ist von der Rohstoffgewinnung bis zur Endfertigung eng untereinander verflochten und vernetzt. Produktionspläne werden überbetrieblich abgestimmt und das ist sinnvoll. Denn bei den langen Produktionsketten bedeutet jede Fehlkalkulation gleich eine immense Verschwendung von Arbeitsstunden und Ressourcen. Die ökonomischen Strukturen in lauter kleine Einheiten aufsplitten und über spontane Marktkräfte vermitteln zu wollen, würfe uns im Lebensstandard um ein halbes Jahrhundert zurück. Außerdem wäre es ökologisch unvertretbar. In der Dienstleistungsbranche sieht es ähnlich aus. Bestimmte Leistungen können überhaupt nur von großen Einzelanbietern zur Verfügung gestellt werden. Eisenbahnen haben immer ein Monopol, auch wenn sie privatisiert werden...

PIERRE CURIEUX: Auf ein und demselben Schienennetz können sehr wohl verschiedene Betreiber konkurrieren. In Großbritannien ist das der Fall.

SAHRA WAGENKNECHT: Ja. Mit dem Erfolg, daß man im Eurostar-Zug von Paris nach London auf der staatsfinanzierten französischen Seite mit 300 Stundenkilometern über die Gleise schwebt, während auf britischem Boden die Bummelei beginnt, weil das private Konsortium die Strecke nicht fertig bekommt. Die britische Bahn ist wirklich kein gutes Beispiel für die »Effizienz« von Privatisierungen. Außerdem: Selbst wenn es verschiedene Betreiber gibt, müssen die sich abstimmen, wenn kein Chaos entstehen soll. Wirklicher Wettbewerb ist unter diesen Umständen unmöglich. Das gleiche bei der Strom- und Gasversorgung. Es wäre ökologischer Irrwitz, verschiedene Kraftwerke nebeneinander zu betreiben, die dann nicht ausgelastet sind. Ohnedem kann aber von Konkurrenz keine Rede sein. Oder im Bereich der Telekommunikation...

PIERRE CURIEUX: Hier bekommen Sie in Deutschland gerade mehrere konkurrierende Anbieter, eine Situation, die in anderen Ländern längst Normalität ist.

SAHRA WAGENKNECHT: Gesamtvolkswirtschaftlich ist es die reinste Verschwendung, wenn drei/vier Mobilfunkbetreiber parallel zueinander eigene Netze aufbauen. Mehr werden es aber auf keinen Fall, sonst rentiert sich das Ganze nicht. Im Festnetz nutzen sie sinnvollerweise gleich dasselbe. Auch hier werden nur sehr wenige mächtige Anbieter übrig bleiben, die abgestimmt agieren. Oder in der Computerbranche. Wem nützte es, wenn verschiedene, nicht konvertible Betriebssysteme sich den Markt teilen würden? Das bedeutet für die Nutzer nur Mehrkosten und Reibungsverluste. Es ist also kein Zufall, daß sich weltweit ein einziges System durchgesetzt hat. Den vielbeschworenen »freien Wettbewerb« gibt es unter diesen Umständen nicht mehr und kann es nicht mehr geben. Und selbst die Großen schaffen es nicht mehr aus eigener Kraft. Wenn es um Zuschüsse für F&E-Aufwendungen geht, wird überall der Staat in die Pflicht genommen. Gerade deshalb ist die Selbsttitulierung der herrschenden Politik als »neoliberal« so heuchlerisch. Es geht durchaus nicht um einen generellen Rückzug des Staates.

PIERRE CURIEUX: Ein wesentlicher Programmpunkt der Neoliberalen ist der generelle Abbau staatlicher Regulierung und eine Senkung der Staatsquote...

SAHRA WAGENKNECHT: Ja, aber wodurch? Indem die Subventionsgeschenke an überliquide Konzerne reduziert werden? Indem das wuchernde Gestrüpp von Forschungsbeihilfen, Investitionszuschüssen und sonstigen Zuwendungen, mit denen der Staat die Privatwirtschaft sponsert, gelichtet wird? Keine Spur! Zurückgefahren werden die sozialen Leistungen, die Transferzahlungen an Schwache und Bedürftige. Die Subventionierung privater Profite wird eher noch ausgebaut. Inzwischen ist es soweit, daß die Wirtschaft mehr Subventionen bekommt als sie insgesamt an Steuern zahlt.

PIERRE CURIEUX: Subventioniert werden unter anderem Schrumpfindustrien wie der Steinkohlebergbau. Derartige Subventionen abzubauen, liegt durchaus im neoliberalen Programm. Es war bisher politisch nicht durchsetzbar.

SAHRA WAGENKNECHT: Gegen Subventionen, die tatsächlich Arbeitsplätze erhalten und kostendeckende Produktion in Krisenindustrien ermöglichen, wäre nichts einzuwenden. Auch nichts gegen Starthilfen für kapitalschwache Mittelständler. Das wäre alles legitim. Aber dafür werden die Gelder nicht ausgegeben. Nein, es sind ausgerechnet die stärksten und profitabelsten Konzerne, die am meisten absahnen: »notleidende« Unternehmen wie Daimler, VW, Opel, Siemens oder der amerikanische Chemie-Konzern Dow Chemikal. Allein der letztere hat für seine Investition in der Buna/Leuna-Region über 10 Mrd. DM staatliche Mittel kassiert. Zuschüsse von 33% der Investitionssumme sind im Osten inzwischen normal. Etwa 150 Mrd. Mark Steuergelder werden in der Bundesrepublik auf diese Art jährlich den Großaktionären zum Geschenk gemacht. Das alles schafft keine Arbeitsplätze, sondern trägt nur dazu bei, die Einkommen noch mehr nach oben umzuverteilen.

PIERRE CURIEUX: Aber Sie haben selbst zugegeben, daß die F&E-Aufwendungen heute die Möglichkeiten privater Unternehmen – selbst sehr großer – übersteigen. Ohne staatliche Beihilfen könnte die deutsche Wirtschaft im technologischen Wandel nicht mithalten. Zumal andere Staaten die Wirtschaftsförderung noch erheblich intensiver betreiben als die Bundesrepublik.

SAHRA WAGENKNECHT: Das stimmt. Nur soll man den Leuten dann nicht vorgaukeln, der Staat zöge sich aus der Wirtschaft zurück. Das tut er eben nicht. Er ist dort heute unerläßlicher denn je. Genau das spricht übrigens gegen das Privateigentum in wirtschaftlichen Kernbereichen. Wenn die staatlichen Fördertöpfe als Sponsor des wissenschaftlich-technischen Fortschritts unabdingbar geworden sind, gibt es schon gar keine Begründung mehr, weshalb die Gewinne aus dieser mit öffentlicher Hilfe modernisierten Produktion auf den Konten der privaten Anteilseigner landen. Selbst die alte Rechtfertigungs-Phrase: wer das Geld gibt, hat das Risiko, also auch das Recht auf den Gewinn, hat da ihre Grundlage verloren. Außerdem: das Machtgeflecht der Privatwirtschaft macht es eher unwahrscheinlich, daß die staatlichen Mittel wenigstens in jene Bereiche fließen, deren Förderung tatsächlich im gesellschaftlichen Interesse liegt. Heute entscheidet sich alles übers Geld. Unternehmensgröße ermöglicht nicht nur eine beherrschende Stellung am Markt, die sich in ansehnliche Gewinne ummünzen läßt. Gerade große Konzerne können es sich auch leisten, enge Vertraute in staatlichen Gremien und Ausschüssen zu unterhalten, die dann dafür zu sorgen haben, daß die gewünschten Gelder aus dem Staatssäckel in die Kassen just dieser Konzerne umgebucht werden. Wer braucht denn den Transrapid? Wer braucht Atomkraftwerke, die zum Teil aus Sicherheitsgründen nicht mal ans Netz genommen werden können? Wer braucht giftig strahlende Castoren? Wer brauchte die unzähligen neuen Kläranlagen im Osten, die jetzt nicht ausgelastet sind und die Abwasserpreise hochtreiben? Über den Eurofighter und die Rüstungslobby haben wir schon gesprochen.

PIERRE CURIEUX: Und Sie meinen, die Entscheidung über solche Projekte wird von solchen »Vertrauten« herbeigeführt?

SAHRA WAGENKNECHT: Die Liaison zwischen Staat und Wirtschaft ist hochoffiziell in verschiedenen Gremien und »Gesellschaften« verankert. Die Wirtschaftsvertreter sitzen in Arbeitskreisen und Ausschüssen, die ausdrücklich die Aufgabe haben, die Minister »zu beraten«. Zweites Standbein der Konzerninteressen sind diverse Industriellen-Organisationen, zu denen selbstredend nur ein erlauchter Kreis von Unternehmen Zutritt hat. Die wohl einflußreichste europäische Interessengruppe ist der 1983 gegründete Roundtable of Industrialists. Ihm gehören 45 Vorstandsvorsitzende europäischer Multis mit einem Jahresumsatz von über einer Billionen Mark an. Das ist Macht! Brüssel ist das Zentrum dieser europäischen Lobbyistenarbeit. Schätzungsweise 10.000 Personen mit entsprechendem Background gehen dort ihrer ertragreichen Arbeit nach. Dicht dran an der EU-Bürokratie und möglichst weit außerhalb des Blickwinkels der Öffentlichkeit. In diesen Kreisen wurde der Maastricht-Vertrag vorverhandelt, werden täglich Steuermittel in mehrfacher Millionenhöhe hin und hergeschoben. »Marktwirtschaft«, das ich nicht lache! Hier entscheiden Macht und Einfluß.

PIERRE CURIEUX: Es gibt eine enge Verbindung von wirtschaftlichen und staatlichen Gremien, das ist richtig. Gemessen am Bruttosozialprodukt sind die staatlich garantierten Absatzmärkte trotzdem Randerscheinungen. Die Mehrheit der Unternehmen muß sich mit seinen Produkten auf freien Märkten behaupten.

SAHRA WAGENKNECHT: Die Mehrheit der Unternehmen gehört ja auch nicht zum Machtkartell der Wirtschaftsriesen. Aber sehen Sie sich die Absatzstruktur der größten deutschen Konzerne an. Siemens hat zu seinen Preisvorstellungen die gesamte Ex-DDR ausgerüstet: medizinische Geräte, Telefonkabel, S-Bahnen... Meinen Sie, da hat jemand verglichen, ob die Sachen woanders billiger zu haben gewesen wären? Über den Anteil der Rüstungssparte am Profit des Daimler-Konzerns haben wir schon gesprochen. Auch die deutsche Außenpolitik steht ganz im Dienste der Exportwirtschaft. Entwicklungshilfe fließt eher nach deutschen Exportwünschen als nach den Bedürfnissen der armen Länder. Nein, es läßt sich nicht leugnen: Eine Staatsquote von 50 Prozent bedeutet schon auch, daß der Markt in weiten Bereichen keine Rolle mehr spielt. Wenn das dazu diente, Einkommen nach unten umzuverteilen, läge darin kein Problem. Aber durch das Machtgeklüngel von staatlichen und privatwirtschaftlichen Strukturen dient es gerade dem Gegenteil. Es begünstigt die größten, mächtigsten und reichsten Konzerne.

PIERRE CURIEUX: Zeigt das nicht, daß staatliche Einmischung in die Wirtschaft unter allen Umständen kontraproduktiv ist. Ihre Argumentation spricht für mehr Marktwirtschaft, nicht für weniger. Eine durchgehend verstaatlichte Wirtschaft würde der Korruption erst recht Tür und Tor öffnen.

SAHRA WAGENKNECHT: Das Problem ist doch, daß die Wirtschaft ohne staatliche »Einmischung« gar nicht mehr auskommt. Es gibt unter den heutigen Bedingungen keine »staatsfreie Wirtschaft« mehr. Genausowenig wie eine ohne Oligopole. Die Frage ist also nicht, wie man Oligopolbildung und staatliche Wirtschaftsaktivitäten verhindern kann. Die Frage ist, ob die Oligopole privatwirtschaftlich arbeiten und so die Möglichkeit bekommen, die Gesellschaft zugunsten ihrer Shareholder gnadenlos abzuzocken. Oder ob sie sozialisiert werden und dadurch nicht nur mit staatlichen Geldern arbeiten, sondern auch gesellschaftlichem Einfluß unterliegen...

PIERRE CURIEUX: Es gibt allerdings genügend Bereiche, die in kleineren Wirtschaftseinheiten wesentlich effizienter verwaltet werden könnten...

SAHRA WAGENKNECHT: Ja, sicher. Die sollten dann auch so verwaltet werden. Die Fusionswelle führt auch zur Überzentralisation, zur Konzentration in einem Maße, das technisch nicht notwendig wäre. Hier wäre einiges zu entflechten. Auch das wird sich aber nur bei veränderten Eigentumsverhältnissen machen lassen, zumal am Ende immer noch sehr große Unternehmen übrig bleiben dürften. Daneben gibt es den mittelständischen Sektor, der es unter dem Regime privater Oligopole immer schwerer hat. Der Staat hält sich aus diesem Bereich heute weitgehend raus und sollte das auch in einer sozialistischen Wirtschaft tun. Für Klein- und Mittelbetriebe müssen günstige Rahmenbedingungen geschaffen werden, mehr nicht. Es geht ja nicht darum, 'auf Teufel komm raus' alles zu verstaatlichen. Es geht um jene Wirtschaftsbereiche, in denen die klassischen Marktgesetze ohnehin nicht mehr gelten: Weil der Markt für Neueinsteiger weitgehend verschlossen ist. Und weil der Staat mit seinen Fördermitteln, Bürgschaften, Abnahmegarantien und anderen Unterstützungen längst eine entscheidende Rolle spielt. Übernimmt er diese Bereiche direkt, wird endlich nicht mehr eine kleine Minderheit das Steuersäckel zu ihren Gunsten plündern. Es könnte das gefördert werden, was gesellschaftlich wichtig ist. Außerdem stünden die Gewinne aus dieser

Produktion dann für gesellschaftliche Zwecke zur Verfügung.

PIERRE CURIEUX: Das Problem der Korruption dürfte damit nicht gelöst sein. Wer garantiert, daß nicht wieder einzelne in ihre persönlichen Taschen wirtschaften?

SAHRA WAGENKNECHT: Garantieren kann das niemand. Aber man kann Regelungen schaffen, die es so schwer wie möglich machen...

PIERRE CURIEUX: ...könnte man heute auch.

SAHRA WAGENKNECHT: Nein, kann man heute nicht. Heute landen die Gewinne nach Abzug der Steuer automatisch auf privaten Konten. Sie stehen den Anteilseignern zu, egal unter wessen Mithilfe sie zustande kamen. Daß wenige profitieren, ist unter kapitalistischen Bedingungen gar keine Entartung. Anders in einer sozialisierten Wirtschaft. Da wären die Gewinne unmittelbar verfügbar: für soziale Leistungen, gezielte Investitionen, Preissubventionen und ähnliches. Hier kann – und muß! – man also Sicherungen einbauen, daß diese Mittel nicht zweckentfremdet werden, daß demokratische Institutionen über ihren Einsatz entscheiden. Wenn dagegen die persönliche Bereicherung einer Minderheit gar keine Zweckentfremdung ist, sondern Funktionsbedingung des Wirtschaftssystems, dann gibt es natürlich auch keine »Sicherungen«. Vorgehen kann man heute bestenfalls gegen Steuerhinterziehung. Und selbst dabei sind die Möglichkeiten sehr begrenzt. Dieses Thema hatten wir schon.

PIERRE CURIEUX: Aber Korruption ist keine »Funktionsbedingung des Wirtschaftssystems«. Und über die haben wir ja gerade gesprochen.

SAHRA WAGENKNECHT: In gewisser Hinsicht gehört sie heute auch dazu. Wenn steinreiche Privatkonzerne eine Wirtschaft dominieren, aus der der Staat seinerseits nicht mehr rauszukriegen ist, wuchert an den Nahtstellen beider Bereiche der Filz. Das ist unvermeidlich. Oft genug muß allerdings gar kein Schmiergeld mehr fließen. Spätestens wenn Verluste und Schwierigkeiten drohen, steht der Staat ohnehin in der Pflicht. Nicht nur wegen mächtiger Lobbyistenvereine mit Milliarden im Rükken. Auch, weil die Stabilität der bestehenden Ordnung längst passé wäre, würden ihre ärgsten Auswüchse nicht immer wieder mit öffentlichen Geldern ausgebügelt. Ein Mittelständler, der rote Zahlen schreibt, landet vorm Konkursrichter. Da mischt sich keiner ein, denn das interessiert den Staat nicht. Aber welche Regierung würde dem Zusammenbruch einer Großbank, die sich verspekuliert hat, tatenlos zusehen. Eher wird der Staat die faulen Kredite selbst übernehmen, wenn sich kein anderer Ausweg bietet. Oder er gibt den Banken die Möglichkeit, die Summen steuerfrei zurückzustellen, was indirekt das gleiche bedeutet. Die Reichsten sind fein raus. Der kleine Steuerzahler blecht...

PIERRE CURIEUX: Der Zusammenbruch einer Bank würde allerdings auch die vielen Kleinsparer treffen, die unter Umständen alles verlieren würden, was sie hatten. Es wäre unverantwortlich, wenn der Staat sich in einer solchen Situation heraushalten würde.

SAHRA WAGENKNECHT: Das stimmt. Der Zusammenbruch einer Großbank würde einerseits viele tausend Kleinsparer treffen. Er könnte außerdem eine Kettenreaktion auslösen, die das gesamte nationale Bankensystem mit in den Strudel reißt. Denn ausländische Anleger würden sicher bald beginnen, ihre Einlagen auch bei anderen Instituten abzuziehen. Setzt irgendwann der »Run« auch auf diese Banken ein, gibt es kein Halten mehr. Wird in einer solchen Situation dann noch der Zugang zu internationalen Krediten abgeschnitten oder enorm verteuert, stehen die Finanzriesen bald reihenweise vor dem Ruin. Diesem Vorgang würde keine Zentralbank, kein Staat tatenlos zuschauen. Aber genau das ist doch das Problem: Daß sich heute auch solche Wirtschaftsbereiche in privater Hand befinden, deren Entwicklung die Gesellschaft existentiell berührt. Daß Entscheidungen, die das Leben mehrerer Millionen Menschen tangieren, von Leuten getroffen werden, die sich lediglich vor einer Handvoll Großanleger zu verantworten haben. Solange alles gut läuft, ist der Staat gehalten, den Profitinteressen freie Bahn zu schaffen. In dem Augenblick aber, wo es hakt, wo diese Interessen sich selbst im Wege stehen, wird die öffentliche Hand in die Pflicht genommen. Sie wird die Profiteure mit Steuergeldern aus der Misere holen, weil sonst nicht hinnehmbare Konsequenzen für den Rest der Gesellschaft drohen.

PIERRE CURIEUX: Dazu bedarf es allerdings gar keiner Bestechungsgelder.

SAHRA WAGENKNECHT: Nein, eben. Aber das Ergebnis ist das gleiche. Dasselbe Spiel findet sogar auf internationaler Ebene statt. Unter dem Druck der Großanleger verzichten die Staaten mittlerweile auf jede Steuerung der globalen Finanztransaktionen. Die Maximalrendite wird zum einzigen ausschließlichen Regulator der Geldströme. Solange alles gutgeht, sahnen wenige Spekulanten ab. Droht dagegen ein Flächenbrand im internationalen Finanzsystem, springt zuverlässig der IWF ein und Milliardenkredite aus Steuermitteln fließen. Das war 1995 in Mexiko so. Im letzten Jahr hat es sich in Südostasien wiederholt. Und die Summen, die dafür mobilisiert werden müssen, werden immer größer.

PIERRE CURIEUX: Kritik an dieser Mutation des IWF zur internationalen Spekulanten-Versicherung gab es allerdings auch aus Bankkreisen. Es ist nicht damit zu rechnen, daß das immer so weiter geht.

SAHRA WAGENKNECHT: Die Kritik kam in erster Linie aus solchen Bankkreisen, die von dem südostasiatischen Desaster weniger betroffen waren. Die Antwort Japans wiederum war der Vorschlag, einen eigenen Monetary Fonds in der Region aufzulegen, um von dem US-dominierten IWF unabhängiger zu werden. Es sind wieder nur Konkurrenzschlachten, die da geschlagen werden. Ähnlich wie in den achtziger Jahren, als der Deutsche-Bank-Chef Herrhausen mit dem scheinbar großmütigen Vorschlag an die Öffentlichkeit trat, die am schlimmsten getroffenen Dritt-Welt-Länder über einen »Zinsausgleichsfond« zu entschulden. Dieser Vorschlag rührte weit weniger aus Humanität denn aus Geschäftspolitik. Denn die Entschuldung hätte amerikanische Banken härter getroffen, weil sie zum einen höhere Kreditsummen hätten verloren geben müssen. Zum anderen hatten die deutschen Banken – allen voran Herrhausens Imperium – dank des deutschen Steuerrechts den Löwenteil der Verluste über gewinnmindernde Rückstellungen schon wieder drin.

PIERRE CURIEUX: Kommen wir noch mal auf die Frage des Wirtschaftssystems zurück. Es ist richtig, wir haben keine reine Marktwirtschaft mehr. Die Märkte sind einerseits durch wirtschaftliche Konzentration vermachtet, andererseits durch eine Fülle staatlicher Regulierungen gebunden. Aber trotz aller Gegentendenzen: es ist mehrheitlich auch heute so, daß sich Unternehmen am Markt behaupten und dort Absatz für ihre Produkte finden müssen. Allein durch staatlich garantierte Abnahme und traditionelle Lieferbindungen kann kaum ein Unternehmen überleben. Also wirkt der Markt nach wie vor als Regulator und zwingt die Unternehmen, Güter zu produzieren, die dann auch Käufer finden. Genau das haben die Planwirtschaften aber nie geschafft. Sie haben tonnenweise Produkte in die Welt gesetzt, die niemand brauchte und niemand haben wollte. In anderen Bereichen dagegen herrschte Mangel, gefragte Güter waren nur noch schwarz zu haben. Die Unternehmen mußten sich eben nicht am Markt behaupten, sondern vor der staatlichen Planbehörde. Das war der Unterschied. In der Konsequenz bedeutete das Verschwendung, Ineffizienz, Wohlstandsminderung.

SAHRA WAGENKNECHT: Ich will nicht noch mal darauf eingehen, wieviele Ressourcen und Arbeitskraft heute durch die Klüngelei von Wirtschaftsriesen und Staat verschleudert werden. Ich erinnere nur an das Billionenschwere amerikanische Rüstungsprogramm. An die vielen unsinnigen Bauvorhaben, die staatlich finanziert werden...

PIERRE CURIEUX: Das hatten wir schon. Aber das sind – trotz der Größenordnung – insgesamt Randerscheinungen. Der übergroße Teil der Wertschöpfung wird auch heute über anonyme Märkte umgesetzt. Und die großen Konzerne stehen in Konkurrenz, zumindest untereinander.

SAHRA WAGENKNECHT: Ja. Das stimmt. Es ist eine verzerrte und in vieler Hinsicht gezügelte Konkurrenz. Aber natürlich bleibt es Konkurrenz, die im Extremfall darin endet, daß ein Gigant den anderen verschlingt. Es stimmt auch, daß die Unternehmen, wenn wir vom staatlich garantierten Absatz absehen, unter den heutigen Bedingungen gezwungen sind, Güter zu produzieren, die Käufer finden. Käufer finden sie entweder, weil sie auf wirkliche Bedürfnisse treffen, oder weil es ihnen gelingt, Bedürfnisse künstlich zu wecken, was durch die riesige Werbemaschinerie natürlich auch ständig geschieht. Aber so oder so: Wer seine Produkte nicht los wird, verschwindet vom Markt. Allerdings zählen in diesem unerbittlichen Kalkül nur solche Bedürfnisse, die mit hinreichender Kaufkraft ausgestattet sind. Und dieselben kapitalistischen Marktgesetze, die die Unternehmen zwingen, für zahlungskräftige Nachfrage zu produzieren, wirken darauf hin, diese Nachfrage zu reduzieren.

PIERRE CURIEUX: Dafür ist nicht der Markt verantwortlich.

SAHRA WAGENKNECHT: Nicht der Markt als solcher, aber der kapitalistische Markt. Genau die Mechanismen, über die wir die ganze Zeit gesprochen haben, sorgen doch dafür, daß sich immer größere Teile des Einkommens in den Händen der größten Unternehmen – und der hinter ihnen stehenden sehr reichen Privathaushalte – konzentrieren. Also bricht am anderen Ende zahlungskräftige Nachfrage weg. Es ist kein Zufall, daß die einzigen Aktien, die von der Hausse bisher nur unterdurchschnittlich profitiert haben, die Konsumtitel sind. Der Einzelhandel trudelt gerade in sein sechstes Rezessionsjahr. An schrumpfenden Märkten wiederum scheitern zuerst die Kleinen. Sie verschwinden oder werden geschluckt, was die Einkommensspirale weiter nach oben treibt. Wir haben doch die absurde Situation, daß die Warenhäuser überquellen, Hersteller und Händler grübeln, mit welchen Tricks und Kniffen sie die Leute wieder zum Kaufen animieren können –, die so Umworbenen aber einfach nicht das Geld haben, um sich Dinge, die sie gern hätten oder sogar dringend bräuchten, zu kaufen. Manches, was sie sich noch vor wenigen Jahren leisten konnten, ist nicht mehr drin. Sie müssen sich einschränken, gleich was immer die Werbeindustrie ihnen vorgaukelt. Die Produkte treffen also auf wirklichen Bedarf und trotzdem kommt beides nicht zusammen: das Plüschtier bleibt im Regal, während das Kind, das es gern hätte, sich traurig am Schaufenster vorbeischleicht...

PIERRE CURIEUX: Eine Wirtschaft, in der jeder alle seine Bedürfnisse befriedigen könnte, wäre die Verwirklichung des Schlaraffenlands. Das mag eine schöne Utopie sein. Realistisch ist es nicht. In einer Volkswirtschaft müssen knappe Güter verteilt werden, Güter, die immer in geringerer Zahl vorhanden sein werden als die Bedürfnisse der Menschen es verlangen.

SAHRA WAGENKNECHT: Es geht nicht ums Schlaraffenland. Es geht darum, ob soviel produziert wird, wie beim heutigen Stand der Technik mit den vorhandenen Arbeitskräften – sozial und ökologisch verantwortbar – produziert werden könnte. Oder ob das bestehende Wirtschaftssystem die Ressourcen so verteilt, daß das Produktionsergebnis weit hinter dem Möglichen zurückbleibt. Und das ist bei Massenarbeitslosigkeit und massiver Unterauslastung der Kapazitäten der Fall. Im Extremfall können Märkte »gesättigt« sein, während Menschen verhungern! Diese Situation haben wir auf den Verbrauchsgüter-Märkten der Dritten Welt. Auch in den Industrieländern sind das Pro-Kopf-Einkommen und der durchschnittliche Lebensstandard nachweislich niedriger, als sie beim gegenwärtigen Produktivitätsniveau sein könnten. Vom realen Lebensstandard der unteren Schichten ganz zu schweigen. Es ist doch ein Kreislauf: sinkende Löhne und Gehälter, geringere soziale Leistungen führen dazu, daß viele Menschen weniger kaufen können als noch vor einigen Jahren. Also bleiben Unternehmen auf ihren Waren sitzen, produzieren damit beim nächsten mal auch weniger. Kapazitäten werden stillgelegt, Mitarbeiter entlassen. Beides senkt erneut die effektive Nachfrage: sowohl nach Investitionsmitteln als auch nach Konsumgütern. Also verstärken sich die Absatzprobleme der Unternehmen... Die Rückkopplung von den Bedürfnissen auf die Produktion, die der Markt leisten soll, wird dadurch völlig verzerrt. Qualitätswaren werden unverkäuflich, weil sinkende Einkommen die Leute zwingen, auf Billigprodukte umzusteigen. Also wird verstärkt miserable Billigware produziert, auf der anderen Seite steigt der Absatz für sündhaft teures Nobeldesign. »Aldi« und Mac Donalds expandieren, billige Bratwurstbuden und häßliche Discounter-Märkte – ebenso freilich gehobene Edelboutiquen und vornehme Luxusrestaurants. Wer wird behaupten wollen, solche Trends seien Spiegelbild von Bedürfnissen. Sie sind Spiegelbild von Einkommensverhältnissen!

PIERRE CURIEUX: Das ist richtig.

SAHRA WAGENKNECHT: Das heißt aber auch: harsche Verteilungskontraste sind nicht nur einfach ungerecht. Sie ruinieren über kurz oder lang das reale Produktionspotential der Volkswirtschaften. Das bestehende Wirtschaftssystem vernichtet Produktivität anstatt sie zu stimulieren. Es wird in den falschen Bereichen investiert und zugleich ein immer größerer Teil der Gewinne auf die Finanzmärkte abgelenkt. Darüber haben wir schon gesprochen. Es wird also weniger und qualitativ schlechtere Ware produziert, als mit den technischen Möglichkeiten produziert werden könnte, die Aktienwerte inflationieren, während auf den Gütermärkten Deflation droht...

PIERRE CURIEUX: ...die bisher allerdings nicht eingetreten ist. Nicht mal die Krise in Südostasien hat zu einem internationalen Preissturz geführt, was viele erwartet hatten. Nach wie vor steigen in den meisten Bereichen sogar die Preise. Wenn auch geringfügig.

SAHRA WAGENKNECHT: Ja, aber warum? Weil die Marktmacht der Wirtschaftsgiganten sinkende Preise bisher verhindert. Weil durch die enge Verflechtung von der Vorleistungserstellung bis zu Endfertigung, ja bis zum Handel Nachfrageeinbrüche heute viel schneller mit Stillegungen und Produktionsumstellungen beantwortet werden können. Bevor es überhaupt zu Preiseffekten kommt. Bei freier Konkurrenz befänden wir uns längst in einer deflationären Spirale. Die Krise war früher das reinigende Gewitter, das den Kreislauf der Einkommenskonzentration vorläufig unterbrochen hat. Durch massive Vernichtung von Produktionskapazitäten und Vermögenswerten, mit verheerenden sozialen Konsequenzen, die in erster Linie die abhängig Beschäftigten zu tragen hatten...

PIERRE CURIEUX: Solche Wirtschaftskrisen nach klassischem Muster halten Sie heute nicht mehr für möglich?

SAHRA WAGENKNECHT: Doch, prinzipiell schon. Aber zur Zeit ist der klassische Konjunkturzyklus dadurch ausgehebelt, daß sich die beiden Wirtschaftssektoren völlig voneinander abgekoppelt haben. Die transnationalen Giganten boomen, der Mittelstand kämpft mit sinkenden Erlösen. Einen so scharfen Kontrast hat es früher nie gegeben. Für viele kleine Zulieferer ist deflationärer Preisverfall längst ein ganz reales Phänomen. Aber die sinkenden Einkaufspreise werden durch steigende Gewinnmargen von Konzernen und Handelsketten kompensiert. Deshalb merkt der Verbraucher nichts. Der Karstadt-Konzern beispielsweise hat im letzten Jahr die Glanzleistung vollbracht, bei einem um 1,1 Prozent gesunkenen Umsatz den Gewinn fast zu verdreifachen.[44] Zugleich konnten akute

Krisenprozesse bisher regional begrenzt werden. Die Krise in Südostasien hat massiv Produktionskapazitäten vernichtet. Zugleich hat sie europäischen und amerikanischen Konzernen die Tür geöffnet, sich in die asiatischen Unternehmen billig einzukaufen. Die gesetzlichen Schranken, die das vorher verhindert hatten, sind unter »sanftem Druck« des IWF überall gefallen. Das bedeutet aber, daß sich die Zahl der Unternehmen, die auf dem globalen Weltmarkt eine Rolle spielen, erneut verringert hat. Natürlich sind die westlichen Konzerne jetzt nicht so blöd, sich mit südostasiatischen Billigprodukten die eigenen Märkte zu ruinieren. Im Gegenteil: die niedrigen asiatischen Stückkosten werden in wachsende Renditen umgemünzt. Das beschleunigt die Konzentration von Einkommen und Vermögen weiter. Irgendwann wird und muß diese Entwicklung an eine Grenze stoßen.

PIERRE CURIEUX: Gibt es dann den großen Crash, der alle Probleme löst?

SAHRA WAGENKNECHT: Von allein löst sich kein Problem. Ohne politisch organisierte Gegenwehr würde ein Wirtschaftscrash hauptsächlich auf den Schultern derer abgeladen, die schon heute immer stärkere Einbußen hinnehmen müssen. Allerdings dürfte, was dann ansteht, alles bisherige weit in den Schatten stellen. Südostasien gibt auch hier einen Vorgeschmack. Die unteren Schichten würden jeden Schutz vor dem sozialen Absturz verlieren. Auch große Teile der Mittelklassen, die heute noch relativ sicher und gut leben, würden sehr wahrscheinlich mit in den Ruin gerissen. Und die Gefahr ist groß, daß die westlichen Staaten sich um die verfassungsmäßig garantierten Grundrechte nicht mehr scheren werden, wenn sie sich erst vor der Aufgabe sehen, in einem sozialen Desaster riesigen Ausmaßes die Stabilität der privatwirtschaftlichen Ordnung zu garantieren...

PIERRE CURIEUX: Geschichte wiederholt sich nicht.

SAHRA WAGENKNECHT: Nicht direkt und nicht linear. Aber ähnliche Ursachen haben ähnliche Wirkungen. Daß überall neofaschistische Kräfte erstarken und hofiert werden, ist doch kein Zufall. Die reformerischen Nachkriegsgesellschaften waren nie das globale Modell des Kapitalismus. Inzwischen sind sie auch in ihrer letzten Bastion, in Kontinentaleuropa, in Auflösung begriffen. Diese vergleichsweise zivilisierten Formen kapitalistischer Produktion wird es bald nicht mehr geben. Der Sozialismus ist nicht nur die Alternative dazu. Er ist die einzige Alternative zu einem Abdriften der menschlichen Zivilisation in Verhältnisse, die nur mit dem Begriff der Barbarei angemessen zu umschreiben sind. Wie diese Barbarei aussieht, das kann man in den jugoslawischen Bürgerkriegsgebieten, in Türkisch-Kurdistan, in Mittel- und Lateinamerika, nicht zuletzt in Indonesien und Südkorea schon heute besichtigen.

PIERRE CURIEUX: Malen Sie jetzt nicht zu schwarz?

SAHRA WAGENKNECHT: Alles steuert in diese Richtung. In einem Tempo, das erschreckend ist. Denken Sie daran, was allein in den letzten vier Jahren an grundgesetzlich verbrieften Rechten demontiert wurde! Sicher, ich habe die Hoffnung, daß es nicht so weit kommt. Aber dafür müssen die Menschen sich wehren, muß eine starke unüberhörbare Gegenbewegung entstehen. Davon sind wir gegenwärtig weit entfernt. Aber nur dann können Alternativen erzwungen werden. Die Menschen dürfen sich einfach nicht mehr gefallen lassen, wie man ihre Lebenshoffnungen und ihre Zukunft zerstört, wie man sie erniedrigt und in zum Teil unwürdige Lebensverhältnisse zwingt!

PIERRE CURIEUX: Einfach?

SAHRA WAGENKNECHT: Nein, Sie haben recht, es ist nicht einfach. Trotzdem, halten wir uns vor Augen: die meisten schimpfen, die meisten sind unzufrieden. Und sie haben Grund dazu: die gesellschaftlichen Verhältnisse greifen rabiat in ihre Biographien ein, sie beschneiden ihre Chancen, sie setzen sie unter unerträglichen Leistungsdruck oder nehmen ihnen jede Perspektive. Und dennoch sind es diese »meisten«, die die Verhältnisse so, wie sie sind, am Leben erhalten. Niemand anderes kann das. Sie fühlen sich machtlos, aber sie sind nicht machtlos. Nichts ginge mehr, wenn sie nicht mehr wollten, wenn sie sich querstellen würden. Es ist diese verdammte Resignation, die die Zustände versteinert. Jeder spürt, daß es so, wie bisher, nicht weitergeht. Aber irgendwie geht es immer weiter. Deshalb lohnt es schon, darüber zu reden, was auf uns zukommt, wenn kein Widerstand geleistet wird. Es geht nicht um Schreckensvisionen und Endzeitstimmung. Es geht darum, zu wissen, wohin diese Gesellschaft driftet, wenn wir nichts dagegen tun.

PIERRE CURIEUX: Das Problem, das ich sehe, ist, daß nach dem blamablen Ende jener Systeme, die sich bis 1989 sozialistisch nannten, ausgerechnet eine sozialistische Alternative viele nicht überzeugen wird.

SAHRA WAGENKNECHT: Es geht ja nicht um eine platte Kopie. Man muß sehen, unter welchen Bedingungen sich dieser erste Sozialismus entwickeln mußte. Sowjetrußland hat mit einer halbmittelalterlichen Produktion angefangen. Da fehlten nahezu alle Voraussetzungen. Wie soll es sozialistische Verhältnisse geben, wenn die wirtschaftliche Produktivität viel zu gering ist, um allen ein sozial gesichertes, ein menschenwürdiges Leben zu ermöglichen. Wenn die neue Ordnung vom ersten Tag an mit einem militärisch und ökonomisch überlegenen Gegner zu kämpfen hat, der nichts unversucht läßt, sie wieder in die Knie zu zwingen. Jeder redet über den Zentralismus, die Repressionen der Stalin-Zeit. Und es ist wahr: sie haben vielen Unschuldigen das Leben gekostet. Da ist nichts zu beschönigen. Aber wer redet über die ausländische Intervention, den Einmarsch der britischen, japanischen, deutschen, tschechischen Truppen, die – bestens ausgerüstet – den blutigen Bürgerkrieg von 1918 bis 1920 überhaupt erst provozierten? Jeder redet über den Hitler-Stalin-Pakt. Aber wer redet über das Münchener Abkommen, das ihm vorangegangen war? Darin hatten die Westmächte mit Hitler die Aufteilung der tschechischen Republik vereinbart und ihm auch sonst freie Hand gegeben. Es war keine Paranoia, wenn die Sowjetunion daraufhin befürchtete, einem Überfall des hochgerüsteten Deutschland ganz allein gegenüber zu stehen. Vom ersten Tag an befand sich das sowjetische System in ständiger Abwehr- und Verteidigungshaltung. Ist es ein Wunder, daß das die gesellschaftlichen Verhältnisse im Innern geprägt und entstellt hat?

PIERRE CURIEUX: Das klingt doch nach Rechtfertigung.

SAHRA WAGENKNECHT: Nein. Es ist einfach unlauter, jeden Erklärungsversuch als Rechtfertigung zu denunzieren. Es geht darum, zu verstehen, weshalb bestimmte Entwicklungen so und nicht anders verlaufen sind. Weshalb bestimmte Strukturen sich herausgebildet haben, obwohl das ursprüngliche Anliegen – auch Lenins – ein völlig anderes war. Die unmenschliche Härte rührte gerade nicht aus den sozialistischen Ansprüchen des sowjetischen Systems; sie rührte aus Bedingungen, die eine Einlösung dieser Ansprüche nahezu unmöglich machten. Ehe von Sozialismus überhaupt die Rede sein konnte, waren Voraussetzungen zu schaffen, was mit der Industrialisierung, der Alphabetisierung auch geschah. Aber alles war überschattet und erschwert, weil man gleichzeitig immense Kräfte auf den militärische Bereich konzentrieren mußte. Denn daß sich Hitlerdeutschland nicht zum Spaß bis an die Zähne bewaffnete, war lange vor 1941 absehbar. Der Druck, diesem mit modernsten Mitteln ausgerüsteten Gegner nicht wehrlos ausgeliefert zu sein, hat dazu beigetragen, das unvorstellbare und mit tatsächlich barbarischen Mitteln durchgesetzte Tempo der Industrialisierung zu erzwingen.

PIERRE CURIEUX: Die Sowjetunion der zwanziger und dreißiger Jahre an den sozialistischen Idealen zu messen, mag ungerecht sein. Aber nach 1945 erhielten kommunistische Parteien auch in modernen Industrieländern eine Chance. Das

Ergebnis ist wenig überzeugend. Überall, wo kommunistische Parteien regierten, haben sie ein schlimmes Erbe hinterlassen: überalterte Produktionsanlagen, Not und Mangel, Bürgerkrieg...

SAHRA WAGENKNECHT: Not und Bürgerkrieg, zum Teil sogar Hunger finden wir heute, acht Jahre nachdem überall kapitalistische Verhältnisse wiederhergestellt wurden. Die Lebenserwartung in Rußland liegt inzwischen 10 Jahre unter dem Niveau der Sowjetzeit. Die Produktionsleistung ist verglichen mit den achtziger Jahren um annähernd fünfzig Prozent zurückgegangen. Nach einer Umfrage des russischen Wirtschaftsblattes »Interfax AiF« vom November letzten Jahres waren 60% der Leute der Meinung, sie hätten im Sozialismus besser gelebt, nur 10% behaupteten das Gegenteil. Die Oktoberrevolution wird von Mehrheiten nach wie vor positiv bewertet. Irgendeinen Grund müssen die Menschen wohl haben! Es ist einfach unredlich, die heutigen Entwicklungen als »Erbe des Kommunismus« darzustellen. Rußland gehörte vor der Revolution zur »Dritten Welt«, zum überschuldeten Hinterhof und billigen Rohstofflieferanten des westlichen Kapitals. Heute ist es das wieder. In den Jahren dazwischen ist unstrittig sehr viel schiefgelaufen. Aber so, wie heute, mußte damals niemand leben! Es gab keine hungernden Straßenkinder, keine Studentinnen, die sich ihre Ausbildung nur durch Prostitution finanzieren konnten, keine Rentner, die von Tee und Brot leben mußten, keine Arbeiter, die monatelang ohne Lohn blieben und ums nackte Überleben kämpften. Und die DDR? Hat die SED etwa ein blühendes Land übernommen und zugrunde gerichtet? Nein, sie hat ein von den deutschen Faschisten hinterlassenes Trümmerfeld übernommen und daraus ein international respektiertes Industrieland gemacht. Ein Land, in dem soziale Rechte existierten, von denen wir heute nur träumen können.

PIERRE CURIEUX: Die Menschen träumten offenbar von etwas anderem. Sonst hätte die DDR sich nicht einmauern müssen.

SAHRA WAGENKNECHT: Die Mauer war ein notwendiges Übel. In der damaligen Situation hatten wir keine Wahl. Wir hatten keinen millionenschweren Marshall-Plan, auf den wir uns hätten stützen können. Anders als die Vereinigten Staaten, die vom Krieg selbst verschont geblieben waren, lag die Sowjetunion 1945 am Boden. Da war es nicht nur unmöglich, verbündeten Ländern finanziell unter die Arme zu greifen. Da wurden – berechtigt – Reparationsforderungen gestellt. Für die DDR bedeutete das einen Aderlaß in zwei bis dreistelliger Milliardenhöhe. Die wenigen Betriebe, die der Krieg unzerstört gelassen hatte, haben wir auf diesem Weg auch noch verloren. Die Bundesrepublik hat keinen Pfennig gezahlt. Ist es ein Wunder, daß wir unter diesen Bedingungen zunächst ökonomisch schwächer waren? Daß unsere Wirtschaft an technischer Ausstattung und Produktivität hinter der westlichen her hinkte? Das aber wurde bei offener Grenze gnadenlos ausgenutzt. Gezielt wurden bestimmte Berufsgruppen abgeworben: Ärzte, Akademiker, Spezialisten, die bei uns eine teure Ausbildung bekommen hatten... So ein Ausbluten kann sich keine Volkswirtschaft auf Dauer leisten. Hinzu kam, daß unser Preissystem völlig anders aufgebaut war. Grundnahrungsmittel, aber auch Bücher, wurden subventioniert und waren deshalb sehr billig. Hier fand ein regelrechter Ausverkauf nach Westen statt. Wäre das nicht gestoppt worden, hätten wir keine Chance auf einen eigenständigen Entwicklungsweg gehabt.

PIERRE CURIEUX: Aber ist eine Gesellschaft, die sich einmauern muß, es wert, aufrechterhalten zu werden?

SAHRA WAGENKNECHT: Wenn dadurch Schlimmeres verhindert wird, ja. Ohne Mauer hätte die DDR damals keine Chance gehabt. Und wenn ich mir die Entwicklung seit 1989 ansehe, diese eiskalte Vernichtung von Millionen Lebensplänen und sozialen Existenzen unter dem Diktat des Profits, dann denke ich, daß es richtig war, ihr diese Chance zu geben. Was man uns vorwerfen kann, ist, daß wir sie ungenügend genutzt haben. Die Unterlegenheit in den Anfangsjahren war unausweichlich. Aber wir hätten daran arbeiten müssen, den wirtschaftlichen Anschluß zu finden. Dafür wurde seit Beginn der siebziger Jahre nicht mehr viel getan. Die Einkommensverteilung war bei uns allemal gerechter als im Westen. Aber das Verteilungsvolumen war zu gering. Hier wäre viel mehr möglich gewesen.

PIERRE CURIEUX: Was viele Leute an der DDR gestört hat, waren allerdings nicht nur die wirtschaftlichen Probleme.

SAHRA WAGENKNECHT: Nein, aber die politische Entwicklung hing mit der wirtschaftlichen aufs engste zusammen. Die Versteinerung des politischen Systems in den Endjahren, dieses Ausweichen vor jeder Diskussion, das Abwürgen von Kritik – das war doch direkte Folge des Umstands, daß man mit den wirtschaftlichen Schwierigkeiten nicht zurande kam. Die Leute wurden unzufrieden, weil in der Versorgung vieles nicht klappte, und die einzige Reaktion des Politbüros unter Honecker war, den Deckel drauf zu halten. Hätte man die Probleme angesprochen und offen diskutiert, wären sie auch lösbar gewesen. Aber das hätte Veränderungen nötig gemacht, gerade im wirtschaftlichen Bereich. Das war einigen offenbar zu risikovoll. Man hatte sich im Status quo gut eingerichtet, weitergehende Ziele spielten kaum noch eine Rolle. Darin lag das Problem.

PIERRE CURIEUX: Aber wenn in den Ostblock-Staaten, wie Sie selbst zugeben, so viel schief gelaufen ist – am Anfang die Voraussetzungen für sozialistische Verhältnisse fehlten, später massive Fehler gemacht wurden –, weshalb verteidigen Sie dieses System dann bis heute? Es hat die sozialistischen Ideale schwer diskreditiert. Wäre es nicht besser, einen Schlußstrich zu ziehen und zu sagen: mit dieser Vergangenheit haben wir nichts mehr zu tun, das war kein Sozialismus, unsere Gesellschaftsvorstellungen sehen anders aus! Das würde es Ihnen erleichtern, wieder Akzeptanz zu gewinnen.

SAHRA WAGENKNECHT: Es mag sein, daß wir es dann leichter hätten. Aber es wäre unehrlich und außerdem historisch falsch. Ich bin kein Populist, der den Leuten nach dem Munde redet. Dieser vergangene Sozialismus war der historisch erste Versuch, eine Gesellschaft ohne kapitalistisches Eigentum, ohne Profitdiktate aufzubauen...

PIERRE CURIEUX: Ein Versuch, der gescheitert ist.

SAHRA WAGENKNECHT: Ja, dieser erste Anlauf ist gescheitert. Aufgrund widriger Bedingungen und eigener Fehler. Aber daß eine neue Gesellschaft sich nicht gleich im ersten Anlauf behauptet, heißt noch längst nicht, daß ihr nicht die Zukunft gehört. Der Kapitalismus hat mehrere Jahrhunderte gebraucht, ehe er zum weltbestimmenden Wirtschaftssystem aufgestiegen ist. Zwischendurch gab es immer wieder Rückschläge, zum Teil sehr harte. Geschichte läuft nicht so glatt. Außerdem: die Erfahrungen dieses ersten Sozialismus beschränken sich ja nicht auf sein Scheitern. Er hat zunächst mal jahrzehntelang existiert.

PIERRE CURIEUX: In Gesellschaftssystemen, die sich kaum einer zurückwünscht.

SAHRA WAGENKNECHT: Weiß ich nicht. Ich glaube, daß sich viele DDR-Bürger die soziale Sicherheit, in der sie damals leben konnten, sehr wohl zurückwünschen würden. Die Umfragen sprechen jedenfalls dafür. Es gab nicht diese tägliche Angst um den Arbeitsplatz. Niemand mußte sich sorgen, ob die eigenen Kinder nach dem Schulabschluß auf der Straße sitzen oder eine der raren Lehrstellen abbekommen. Niemand hatte Angst vor der nächsten Mieterhöhung. Oder davor, krank zu werden und die entstehenden Kosten nicht tragen zu können. Mit dieser sozialen Absicherung waren auch die Verhältnisse zwischen den Menschen andere geworden. Die Wolfsgesetze der kapitalistischen Konkurrenz, wo sich jeder gegen jeden durchkämpfen muß, galten nicht mehr. Die Schwachen wurden nicht sich selbst überlassen...

PIERRE CURIEUX: Klingt alles reichlich verklärend.

SAHRA WAGENKNECHT: Ich habe doch beide Systeme erlebt! Das Klischee vom Leben in der DDR, das im Westen kursiert, stimmt einfach nicht. Es ist doch kein Zufall, daß es nur bei denen umgeht, die die DDR nicht aus eigenem Erleben kennen. Da ist es natürlich leicht, Horrorvisionen zu zeichnen. Als hätten wir in tiefster Not gelebt und hinter jeder Ecke die Stasi gelauert... Niemand behauptet, daß die DDR-Verhältnisse optimal waren. Gerade in den Endjahren waren sie das immer weniger. Aber diese existentiellen Nöte, mit denen die Menschen heute konfrontiert sind, haben wir zu DDR-Zeiten nicht gekannt. Das ist nicht Verklärung, das ist Tatsache.

PIERRE CURIEUX: Tatsache ist auch, daß die übergroße Mehrheit der DDR-Bürger 1989 nicht mehr die DDR, sondern die DM wollte.

SAHRA WAGENKNECHT: So einfach ist das nicht. Die Mehrheit wollte Veränderungen in der DDR; den Anschluß an Westdeutschland haben im Herbst 89 nur wenige gefordert. Im Gegenteil: wer das forderte, wurde ausgepfiffen. Einige sogenannte Bürgerrechtler des Neuen Forum haben später offen zugegeben, daß sie ihr wirkliches Anliegen »Wiedervereinigung« im Herbst bewußt noch nicht öffentlich vertreten haben, weil es dafür noch keinen Rückhalt bei den Leuten gab...

PIERRE CURIEUX: Aber mit dem Wahlsieg der CDU im März 1990 ist doch der Anschluß gewählt worden...

SAHRA WAGENKNECHT: Im März war im Grunde alles entschieden. Da gab es doch gar keine Wahl mehr. Die Konzepte der Parteien unterschieden sich allenfalls noch darin, wie dieser Anschluß sich vollziehen sollte. Aber die Rekapitalisierung der DDR wurde damals von allen vertreten. Sie war sozusagen »Konsens«, um das politische Lieblingswort der Runden-Tisch-Zeit zu gebrauchen. Ich erinnere nur daran, daß Modrow selbst, als er aus Moskau zurückkam, sich das »Deutschland, einig Vaterland« auf die Fahnen schrieb. Gegen Gorbatschow gab es wohl keine Chance auf einen eigenständigen Weg...

PIERRE CURIEUX: Hätte Gorbatschow die Entwicklung bremsen sollen? Er ist auf einen fahrenden Zug aufgesprungen.

SAHRA WAGENKNECHT: Naja, jemanden, der vorn im Fahrerhäuschen sitzt, für das angemessene Tempo sorgt und dafür, daß die Fahrpläne eingehalten werden und die Weichen richtig gestellt sind, würde ich eher den Lokführer nennen... Wer hat denn das jahrelange Tabu-Thema »Wiedervereinigung« aus seiner Versenkung bei unverbesserlichen, von niemandem mehr ernst genommenen CSU-Rechtsablegern herausgeholt und sie wieder ins Gespräch gebracht? Kohl? Bohley? Nein, das war Gorbatschow. Die Gelegenheit bot eine Fernsehbrücke zwischen Leningrad und Mainz vom Oktober 1987. Ein weithin unbekannter, seither nicht wieder aufgetauchter »Ingenieur« Pawlow nahm dort das Wort, um die Welt wissen zu lassen: »Wir wünschen jedenfalls, daß Deutschland so schnell wie möglich wiedervereinigt wird. Wir wünschen ein starkes Deutschland, und wir glauben, daß eines Tages die Wiedervereinigung kommt.«[45] Wer um die Funktionsweise sowjetischer Medien weiß, der weiß, daß bei einer solchen Sendung auf Leningrader Seite kein einziger ungeladener Gast zugegen war und selbstredend auch nichts gesagt wurde, was nicht vorher abgestimmt war. Überdies wurde die Passage vom ZDF – mit sowjetischer Zustimmung – ungeschnitten gesendet. Die FAZ hatte schon recht, als sie in ihrem damaligen Kommentar von einem »Politikum« sprach.

PIERRE CURIEUX: Die Fernsehbrücke Leningrad-Mainz hat die DDR aber nicht zum Einsturz gebracht.

SAHRA WAGENKNECHT: Nein. Das war ja auch nicht alles. Zur gleichen Zeit schossen rührige Oppositionsgruppen auf Gorbatschow-Kurs innerhalb von FDJ und SED wie Pilze aus dem Boden. Es ist nicht anzunehmen, daß das so völlig ohne Hilfestellung geschah. Natürlich hat auch mancher redliche Genosse mitgemacht. Weil jeder spürte, daß sich etwas ändern muß, erschien Gorbatschow vielen als Hoffnungsträger. Daß er zehn Jahre später zum wichtigsten Verbündeten der Junker-Erben avancieren und an der Enteignung und Vertreibung ehemaliger DDR-Bürger von ihren Häusern und ihrem Boden mitwirken würde, haben seine damaligen Anhänger sicher nicht vorhergesehen. Nur wenige werden gewußt haben, wohin die Reise geht...

PIERRE CURIEUX: Daß in der DDR etwa ab 1986 gezielt Oppositionsgruppen aufgebaut wurden, ist seit Erscheinen des Buches »Das Komplott« bekannt. Die Frage ist aber, ob sie die Ereignisse am Ende wirklich noch im Griff hatten oder ihnen das Ruder irgendwann entglitten ist. Zur Disposition gestellt wurde die DDR, dabei bleibe ich, in erster Linie von ihren eigenen Bürgern.

SAHRA WAGENKNECHT: Richtig ist, daß die Menschen am Ende so unzufrieden waren, daß es leicht war, ihnen ihr Land abzunehmen. Daß da kaum einer war, der es hätte verteidigen wollen. Daß die DDR-Bürger den plumpen Kohlschen Lügen – von wegen, »keinem wird es schlechter gehen« – glatt auf den Leim gegangen sind. Dafür ist die SED-Politik unter Honecker in hohem Grade mitverantwortlich. Umstürze lassen sich nie allein von außen organisieren. In den letzten Jahren der DDR ging es bergab, das war für jeden spürbar. Da die sozialistischen Kräfte über ernsthafte Möglichkeiten, die Probleme zu lösen, nicht mehr nachdachten, war den anderen das Feld überlassen. Wenn jeder merkt, daß sich etwas ändern muß, aber nur Veränderungen in eine bestimmte Richtung zur Debatte stehen – als seien sie die einzig möglichen – dann erreichen die irgendwann Mehrheiten. Das ist doch nicht erstaunlich. Aber da ist überhaupt nichts entglitten. Wer waren denn die »Helden« des Herbstes? Wer stand an der Spitze jener Parteien und Gruppen, die die Sache damals ins Rollen brachten? Die Schnurs, die Böhmes, und wie sie alle hießen. Viele von ihnen blieben bis zur Übergabe am 3. Oktober 90 in verantwortlicher Position. Nein, diese friedliche Gegenrevolution ist nicht so spontan gelaufen, wie es auf den ersten Blick schien. Gorbatschow selbst hat übrigens Wert darauf gelegt, zu betonen, daß die Entwicklungen der neunziger Jahre auf seine Politik seit 1985 zurückgehen und von ihm auch so beabsichtigt waren. Gegenüber dem »Spiegel« bestätigt er 1993: »Was immer heute geschieht, hängt damit zusammen, was ich 1985 begonnen habe. Die Ära Gorbatschow ist nicht zuende, sie fängt erst richtig an.« Die nötige Taktik, zunächst mit sozialistischen Parolen zu operieren, erläutert er folgendermaßen: »Und Gorbatschow mußte das Schiff der Perestroika durch die Klippen steuern. Dabei konnte man doch nicht Dinge ankündigen, für die das Volk noch nicht reif war. ... Man mußte Geduld zeigen, bis die Parteibürokratie so entmachtet war, daß sie das Rad der Geschichte nicht mehr zurück drehen konnte.«[46]

PIERRE CURIEUX: Wie sich die Auflösung der DDR konkret vollzogen hat, sei jetzt mal dahingestellt. Sie selbst haben eingeräumt, daß die Mehrheit der Menschen unzufrieden war. Diese Gesellschaft war also alles andere als eine überzeugende Alternative. Sie hat linken Kräften im Westen das Leben nicht leichter gemacht.

SAHRA WAGENKNECHT: Nun, wenn die DDR so abschreckend war, weshalb haben es dann Linke im Osten – dort, wo die Menschen beide Wirtschaftsordnungen erlebt haben – so viel leichter als im Westen? Weshalb ist der Name »Kommunist« dort keineswegs so schlecht angesehen? Weshalb gibt es nicht diese Wand der Vorurteile? Nach Ihrer Argumentation müßte es doch gerade umgekehrt sein. Wäre die DDR so furchtbar gewesen, wie sie in den westlichen Medien immer dargestellt wurde, dürften wir als Linke dort auf absehbare Zeit kein Bein mehr auf den

Boden bekommen. Die PDS würde keine 2 Prozent bekommen, geschweige denn über 20. Allensbach hat kürzlich Ostdeutsche gebeten, ihr Leben heute mit dem in der DDR zu vergleichen. Das Ergebnis der Befragung ist, wenn man die DDR nach Maßgabe der heutigen Propaganda beurteilt, verblüffend. Verschlechtert habe sich gegenüber DDR-Zeiten der »Zusammenhalt zwischen den Leuten«, meinen 83 Prozent der Befragten. Verschlechtert haben sich die »beruflichen Chancen«, sagen 68 Prozent. Verschlechtert haben sich die »Zukunftsaussichten«: 67 Prozent, das »Angebot an interessanten Arbeitsplätzen«: 64 Prozent, die »Sicherheit der Renten«: 59 Prozent. Mehr Pro als Contra gab es auch zu der Ansicht, daß die Krankenversorgung, die Erziehung der Kinder und die Ausbildung an den Schulen heute schlechter ist als zu DDR-Zeiten. Diese Umfrage ist kein Einzelfall. Alle, die ich kenne, zeigen ähnliche Ergebnisse. Jetzt, wo es die einmal als selbstverständlich erlebten sozialen Rechte und Sicherheiten nicht mehr gibt, fällt vielen Menschen auf, was sie verloren haben.

PIERRE CURIEUX: Es ist allerdings normal, daß gesellschaftliche Verhältnisse im Rückblick verklärt werden. Das Positive tritt stärker hervor, unliebsame Erinnerungen verblassen.

SAHRA WAGENKNECHT: Das gilt aber nur, wenn das Positive tatsächlich überwogen hat, wenn die Erinnerung besser ist als die Gegenwart. Niemand würde eine schaurige Zeit, der man gern entronnen ist, verklären. Die Menschen sind doch nicht dumm...

PIERRE CURIEUX: Wenn Sie die Leute allerdings fragen, ob sie die DDR, so wie sie war, wiederhaben wollen, werden die meisten abwinken...

SAHRA WAGENKNECHT: Die Frage ist ja auch irreal...

PIERRE CURIEUX: Reisefreiheit, Meinungsfreiheit sind Dinge, die sich die meisten nicht mehr nehmen lassen wollten.

SAHRA WAGENKNECHT: Das spricht dafür, sich links zu engagieren. Denn die bestehende Ordnung steuert gerade darauf zu, immer mehr Menschen diese Rechte zu nehmen. Wie viele können es sich schon heute nicht mehr leisten, ins Ausland zu reisen? Reisefreiheit ist eine schöne Sache – wenn man das nötige Geld hat! Und Meinungsfreiheit? Ein Klima, in dem immer mehr Menschen Angst um ihren Arbeitsplatz haben müssen, fördert die freie Meinungsäußerung wohl kaum. Über die ökonomischen Hebel der Repression haben wir schon gesprochen. Ich würde sogar behaupten, daß man in einem DDR-Betrieb eher seine Meinung sagen konnte als heute. Wer würde es heute noch wagen, seinen Chef zu kritisieren? Aufmüpfiger Geist in der Lehre oder an der Uni wird auch nicht gerade belohnt. Das Bildungssystem ist ganz darauf ausgerichtet, stromlinienförmige Fachspezialisten heranzuziehen. Leute, die zwar von ihrem Gebiet etwas verstehen, aber nicht über den Tellerrand hinausschauen. Die keine Fragen stellen, die nicht vorgesehen sind.

PIERRE CURIEUX: Wenn Sie die DDR-Verhältnisse mit den negativen Seiten der heutigen Ordnung rechtfertigen, tun Sie Ihrer Sache allerdings einen Bärendienst. Immerhin war die SED mit einem anderen Anspruch angetreten.

SAHRA WAGENKNECHT: Ich will ja nur darauf hinaus, daß die unerfreulichen Seiten des Lebens in der DDR, diejenigen, die immer mit solcher Empörung hervorgehoben werden, überhaupt nichts Besonderes waren. Alles, was an der DDR nervte, gibt es auf die eine oder andere Art heute auch. Da ist uns nichts entgangen.

PIERRE CURIEUX: Das wollen Sie so absolut aufrechterhalten?

SAHRA WAGENKNECHT: Die gleichen Politiker, die sich über die DDR-Mauer entrüsten, sind heute dabei, die Festung Europa undurchdringlich abzuschotten. Nach außen, was nichts besser macht. Die gleichen Leute, die seit Jahren die Jagd auf IMs als liebstes Freizeithobby betreiben, beschließen den großen Lauschangriff, stocken den Verfassungsschutz-Etat auf und billigen verdeckten Ermittlern Immunität zu. Es ist doch alles eine sagenhafte Heuchelei... Natürlich entschuldigt das unsere Fehler nicht. Vieles wäre so nicht nötig gewesen. Die Stasi hat ihr Personal in den siebziger Jahren mehr als verdreifacht. Das war Ausfluß eines völlig falschen Sicherheitskonzepts, in dem Repression an die Stelle von Argumenten und Überzeugung trat. Das hat uns viel an Glaubwürdigkeit gekostet. Trotzdem, worin sich die DDR von den heutigen Verhältnissen wirklich unterschied, das waren nicht ihre Versäumnisse, sondern ihre Qualitäten. Die Gewinne der Wirtschaft waren zwar bei uns geringer als im Westen; aber dafür häuften sie sich nicht auf privaten Konten, sondern standen für gesellschaftliche Zwecke zur Verfügung. Es war nicht nur eine kleine Clique von Multimilliardären, die profitierte...

PIERRE CURIEUX: ...sondern eine kleine Schicht von Politbürokraten?

SAHRA WAGENKNECHT: Ach was! Wandlitz war kleinbürgerlich, eher spießig. Niemand von unseren Funktionären hatte Millionen auf dem Konto, von Milliarden ganz zu schweigen. Nein, die Masse des erwirtschafteten Mehrprodukts floß tatsächlich in soziale Leistungen. Es war die übergroße Mehrheit, die davon profitierte: mit einem gesicherten Leben ohne Existenzangst, ohne Sorge vor dem nächsten Tag. Das war es, was die veränderten Eigentumsverhältnisse gewährleisteten. In der DDR wäre es undenkbar gewesen, Menschen unter Rendite-Gesichtspunkten eiskalt auf die Straße zu setzen. Diese Profit-Diktate gab es bei uns nicht mehr.

PIERRE CURIEUX: Bleiben wir bei diesem Punkt. Es ist leicht und inzwischen sogar schon wieder populär, das in der heutigen Wirtschaftsordnung omnipräsente Renditedenken zu kritisieren. Andererseits: eine Wirtschaft, die nicht produktiv ist, ist auch nicht in der Lage, ein engmaschiges soziales Netz zu finanzieren. Sie haben es vorhin selbst gesagt: die Verteilung war in den Ostblock-Ländern gerechter als heute; das Problem lag im zu geringen Verteilungsvolumen. Aber hatte das eine nicht mit dem anderen zu tun? Für das Rendite-Denken spricht eins: es zwingt zur Effizienz. Im Osten herrschte an allen Ecken und Enden Verschwendung. Menschen hatten zwar eine bezahlte Arbeitsstelle, aber nichts zu tun. Oder sie produzierten Güter, die keiner brauchte.

SAHRA WAGENKNECHT: Das Renditedenken zwingt zu einer ganz bestimmten Art von Effizienz. Im optimalen Fall läuft es darauf hinaus, mit einem möglichst geringen Einsatz an Arbeit und Rohstoffen ein maximales Ergebnis zu erzielen. Das muß aber nicht sein. Denn in der betriebswirtschaftlichen Kalkulation spielen ausschließlich Kosten eine Rolle. Das heißt, unmittelbar zwingt das Renditekalkül nur dazu, mit möglichst niedrigen Löhnen und möglichst billigen Rohstoffen und Halbfabrikaten möglich teuer verkäufliche Produkte herzustellen. Also: nicht der Einsatz menschlicher Arbeitskraft wird minimiert, sondern die Lohnkosten. Es wird nicht sparsam mit natürlichen Ressourcen umgegangen, sondern die Kosten des Rohstoffeinsatzes werden verringert...

PIERRE CURIEUX: ...im Ergebnis kommt das auf ein und dasselbe heraus.

SAHRA WAGENKNECHT: Nein, kommt es nicht. Bei der Arbeit liegt das auf der Hand. Das betriebswirtschaftliche Rentabilitätsprinzip ist ein Anreiz, möglichst wenige Menschen möglichst lange zu möglichst geringen Löhnen zu beschäftigen. Das ist das ganze Gegenteil eines humanen, verantwortungsvollen Umgangs mit der menschlichen Arbeitskraft. Es führt dazu, daß diejenigen, die Arbeit haben, unter einem wahnsinnigen Leistungsdruck stehen, gestreßt und überarbeitet sind, viel zu wenig Freizeit haben, während immer mehr Menschen gar keine Chance erhalten, ihre Fähigkeiten in einer sinnvollen Tätigkeit einzubringen. Im Ergebnis wird die Lebensqualität für beide, die Arbeitenden und die Arbeitslosen, verringert. Wachsende Arbeitslosigkeit ermöglicht außerdem einen zunehmenden Druck auf die Löhne. Damit wird Kaufkraft abgewürgt und letztlich weniger produziert. Darüber haben wir schon gesprochen. Und das soll effizient sein?

PIERRE CURIEUX: An dem Kaufkraft-Argument gibt es allerdings auch aus ökologischer Sicht Kritik. Unter Umweltgesichtspunkten wäre noch mehr Produktion einfach nicht vertretbar.

SAHRA WAGENKNECHT: Die betriebswirtschaftlichen Effizienzkriterien sind letztlich auch ökologisch verheerend. Rohstoffe können billig sein, obwohl sie äußerst knapp sind. Etwa wenn die Bedienung der Auslandsschulden die Entwicklungsländer zwingt, Raubbau an ihrer Natur zu betreiben. Die Abholzung der Regenwälder ist ein klassisches Beispiel dafür. Ebenso die weitverbreitete Monokultur an bestimmten Exportgütern, die die Böden ruiniert und den Anbau lebensnotwendiger Produkte für die einheimische Bevölkerung verdrängt. Ob Rohstoffe erneuerbar oder begrenzt vorhanden sind, ob ihr Abbau irreversible Spuren hinterläßt oder nicht, all das hat auf den Preis keinen Einfluß. Denn diese Rahmenbedingungen interessieren das produzierende Unternehmen nicht. Es berechnet seinen Aufwand und schlägt auf diesen seine Gewinnmarge drauf. Ihre Höhe hängt von der Marktstellung des Unternehmens ab. In jedem Falle entsteht so ein Preis, der mit der natürlichen Knappheit der Ressourcen nichts zu tun hat. Die spielen in der Unternehmenskalkulation keine Rolle und können keine Rolle spielen. Denn die Gewinnorientierung verlangt ja gerade, den Aufwand – in Kosten gemessen – möglichst gering zu halten. Raubbau ist aber allemal billiger als eine naturverträgliche Produktion, die die Rohstoffe nur in einem Maß entnehmen dürfte, das die Regeneration der natürlichen Systeme nicht gefährdet.

PIERRE CURIEUX: Einschließlich seiner ökologischen Folgekosten ist Raubbau allerdings teurer, denn ausgelaugte Böden, verödete Landstriche wieder urbar zu machen, ist, wenn überhaupt, nur mit sehr hohem Aufwand möglich.

PIERRE CURIEUX: Ja, aber diese Kosten trägt ja nicht das Unternehmen das die Katastrophe herbeigeführt hat. Die Agrarkonzerne produzieren, solange es geht; wenn der Boden nichts mehr hergibt, suchen sie sich einen neuen. Wenn die Wälder abgeholzt oder das Wasser hoffnungslos verdreckt ist, wechselt der Verursacher eben den »Standort«. Niemand zieht ihn zur Verantwortung. Die Folgekosten seiner Produktion tragen andere. Also gehen sie in die Effizienz-Rechnung nicht ein; denn da zählt nur, was betriebswirtschaftliche Kosten verursacht. Schon die Konkurrenz sorgt dafür, daß die billigsten, rüdesten Methoden der Naturausbeutung die wahrscheinlichsten sind.

PIERRE CURIEUX: *Diesen Mechanismus versucht die internationale Staatengemeinschaft seit Jahren durch Umweltschutzauflagen einzudämmen. Natürlich ist es ein Problem, wenn Kosten der Produktion nicht zugleich Kosten des produzierenden Unternehmens sind und dadurch aus der Rentabilitäts-Rechnung herausfallen. Dadurch wird der Preismechanismus verzerrt. Aber dem kann durch entsprechende Gesetze entgegengewirkt werden.*

SAHRA WAGENKNECHT: Daran arbeiten die Staaten seit Jahren; herausgekommen ist bislang nicht viel. In den Industrieländern wurden gewisse Standards durchgesetzt, die jedoch in erster Linie bewirkt haben, daß die Konzerne ihre Dreckschleudern nach Indien oder Brasilien ausgelagert haben. Die Entwicklungsländer wiederum sind in einer viel zu abhängigen Stellung, als daß sie die Multis durch Umweltschutzauflagen unter Druck setzen könnten. Sie können es sich einfach nicht leisten, Investitionen zu vergraulen, die problemlos ins Nachbarland mit den günstigeren Konditionen abwandern können. Letztlich ist alles wieder eine Frage der Macht. Der ungezügelte internationale Kapitalverkehr wirkt wie ein Zwangsmittel, die Standards auf niedrigstem Niveau auszugleichen. Auch Industrieländer mit überdurchschnittlichen Umweltschutzbestimmungen geraten inzwischen unter Druck, diese angeblichen »Wettbewerbsnachteile« der ansässigen Unternehmen abzubauen. Im MAI-Abkommen soll der Verzicht auf derartige Auflagen sogar vertraglich festgeschrieben werden. International einheitliche Regeln auf hohem Niveau hat die Konzernlobby bisher immer zu verhindern gewußt. Sämtliche Umweltgipfel gingen aus wie das Hornberger Schießen: schöne Worte und kein Ergebnis. Es ist wieder das alte Problem: In der heutigen Welt, in der eine Handvoll privater Wirtschaftsgiganten eine unvorstellbare Kapitalmacht auf sich konzentriert und alle relevanten Entscheidungen in ihren Zentralen fallen, geht nichts mehr gegen deren Willen. Regierungen sind erpreßbare Marionetten. Sie werden nichts durchsetzen, was dem ortsansässigen Wirtschaftsclan ernstlich auf die Füße tritt. Wenn Nachteile entstehen, dann bitte nur für die Konkurrenz. Und da alle Wirtschaftsblöcke diese Maxime befolgen, blockieren sie sich gegenseitig.

PIERRE CURIEUX: *Daß die bestehenden Auflagen nicht ausreichen, darüber sind wir uns einig. Aber sie sind besser als nichts und es spricht nichts dagegen, sie weiter auszubauen. Es ist immerhin nicht ausgeschlossen, daß dadurch das Verursacher-Prinzip durchgesetzt werden könnte und die ökologischen Kosten in der betriebswirtschaftlichen Kalkulation die ihnen gebührende Rolle erhalten.*

SAHRA WAGENKNECHT: »Ausgeschlossen« ist nichts. Es ist nur sehr unwahrscheinlich. Außerdem ist es oft nicht leicht, Verantwortlichkeiten eindeutig zuzuweisen und den Verursacher zu identifizieren. CO_2-Ausstoß läßt sich messen, Wasser-Verschmutzung auch. Dagegen gibt es viele langfristige Folgen, die zunächst gar nicht absehbar sind. Das Hauptproblem aber sehe ich wirklich in der Durchsetzbarkeit solcher Auflagen auf globaler Ebene. Welche staatliche Institution – gerade in den ärmeren Entwicklungsländern – wird sich mit den Multis anlegen? Wer wird ihre Angaben überprüfen?

PIERRE CURIEUX: Es geht, denke ich, weniger um administrative Auflagen, d.h. Verbote und Kontingentierungen, die dann umfassende Kontrollinstanzen erforderlich machen. Es geht um marktkonforme Hebel, die die Preisbildung und dadurch unternehmerische Entscheidungen gezielt beeinflussen. Wird der Verbrauch bestimmter nicht regenerierbarer Ressourcen mit hohen Steuern belegt, entsteht ein Anreiz, sparsam mit ihnen umzugehen und nach alternativen Produktionsmethoden zu suchen.

SAHRA WAGENKNECHT: Dieser Anreiz entsteht nicht unbedingt. Bei der heutigen Marktmacht der Unternehmen könnte ein Großteil dieser Steuern auf den Verbraucher abgewälzt werden. Es ist dann nicht das verursachende Unternehmen, das sie trägt, sondern der Käufer seiner Produkte.

PIERRE CURIEUX: Aber der Käufer wird bei drastisch erhöhten Preisen seinen Verbrauch einschränken. Das Unternehmen muß mit sinkendem Absatz rechnen und das dürfte in den meisten Fällen sinkende Gewinne einschließen. Außerdem zwingt die trotz hoher Marktanteile nach wie vor existente Konkurrenz dazu, nach Substituten oder veränderten Herstellungsmethoden zu suchen. Denn wer die Steuern auf diese Art umgeht, könnte seine Produkte günstiger anbieten und würde seine Konkurrenten damit ebenfalls unter Modernisierungsdruck setzen.

SAHRA WAGENKNECHT: Bei wirklicher Konkurrenz wäre das der Fall. Bei vermachteten Märkten und Großunternehmen, die Rohstoffgewinnung und Weiterverarbeitung oft genug unter ein und demselben Dach vereinen, ist das keineswegs garantiert. Wenn die Nachfrage auch auf höhere Preise weitgehend unelastisch reagiert, verändert die Steuer nicht viel; außer, daß der kleine Mann noch mehr ins Staatssäckel einzahlt und seinen Verbrauch an anderer Stelle zurückfahren muß. Die Mineralölsteuer hat dem Autowahn bisher nichts anhaben können und auch die Entwicklung des Dreiliter-Autos oder alternativer Verbrennungstechnologien wurde nicht merklich beschleunigt.

PIERRE CURIEUX: Das mag damit zusammenhängen. daß die Steuer vergleichsweise niedrig ist. Eine drastische Verteuerung des Benzins hätte garantiert einen deutlich verringerten Verbrauch zur Folge. Deshalb ja der Aufschrei über die Forderung der Grünen.

SAHRA WAGENKNECHT: Ja, die drastische Verteuerung würde dazu führen, daß Mobilität wieder zum Luxus wird. Denn die teuren Bahntikkets können sich schon heute viele Familien nicht mehr leisten. Wenn dann noch das Auto unerschwinglich wird, sind drastische Einschnitte in den bisher erreichten Lebensstandard unausweichlich. Das Verdrecken der Umwelt dadurch zu reduzieren, daß nur noch wenige ein Anrecht darauf haben, ist genau der falsche Weg zu einer ökologisch verträglichen Produktion.

PIERRE CURIEUX: Das westliche Konsummodell ist allerdings schon heute ein Privileg weniger; zwei Drittel der Menschheit sind von ihm ausgeschlossen. Würde es weltweit verallgemeinert, wäre das der sicherste Weg in den ökologischen Kollaps. Es ist doch unehrlich, so zu tun, als könnte das westliche Lebensniveau ohne Einschnitte gehalten oder gar auf die Entwicklungsländer übertragen werden. Das wäre das ökologische Aus für diesen Planeten.

SAHRA WAGENKNECHT: Bei den gegenwärtigen Produktionsmethoden, ja. Aber technisch gibt es zu den meisten Verfahren Alternativen und die meisten knappen Rohstoffe sind durch andere ersetzbar. Allerdings wären die alternativen Möglichkeiten zumeist aufwendiger. Und bestimmte Formen sind noch viel zu wenig erforscht. Hier müßten enorme Mittel investiert werden, um zu anwendungsfähigen Verfahren zu kommen. Die Meeresböden beispielsweise bieten ein riesiges Areal an wertvollen Rohstoffen, an die der Mensch mit heutiger Technik noch nicht rankommt. Sicher, der ökologische Umbau kostet Geld. Die Produktion bzw. der Gebrauch vieler Güter würde vorerst aufwendiger. Mit gleichem Arbeitseinsatz würde zunächst ein geringeres Produktionsergebnis erzielt. Weil eine Währungseinheit aber immer nur soviel wert ist, wie man dafür kaufen kann, sinken dadurch entweder die Geldeinkommen oder deren Kaufkraft. Der Lebensstandard würde teurer.

PIERRE CURIEUX: Das bedeutet aber, daß Einbußen unausweichlich sind. Der ökologische Umbau setzt das Einverständnis mit einem geringeren Konsum voraus. Das entspricht dem, was ich vorhin gesagt habe.

SAHRA WAGENKNECHT: Eine Umstellung auf ökologisch verträglichere Produktionsmethoden würde zunächst die Produktivität und – bei gleicher Arbeitsleistung – die Einkommen mindern. Das stimmt. Aber eben nur im Durchschnitt. Die Frage ist, wessen Einkommen gemindert würde. Außerdem: es könnten ja auch mehr Arbeitsplätze entstehen. Dann würde unter Umständen gar nicht weniger produziert. Wir haben ja alles andere als Arbeitskräftemangel. Im Gegenteil: Viele Menschen wären froh, wenn sie arbeiten könnten. Immer wieder wird den Leuten vorgegaukelt, die Arbeit ginge uns aus, weil ein Fünftel der Menschheit bald alles Notwendige produzieren könnte. Und auf der anderen Seite wird ihnen weisgemacht, sie müßten sich einschränken, den Gürtel enger schnallen. Merkt denn keiner, daß diese beiden Argumentationen einander ausschließen? Was denn nun? Reicht die Arbeit von wenigen, um alles, was nötig ist, zu produzieren? Dann müßte sich jedenfalls niemand einschränken. Oder wird zu wenig produziert und die Leute müssen sich deshalb einschränken? Aber warum bringen wir dann nicht mehr Leute in Arbeit, damit mehr produziert werden kann und niemand sich einschränken muß. In Wirklichkeit ist natürlich weder das eine noch das andere der Fall. Es wird immer mehr produziert, die Gesellschaft wird immer reicher, nur haben immer weniger Menschen etwas davon, die Mehrheit wird ärmer.

PIERRE CURIEUX: Das Thema hatten wir schon.

SAHRA WAGENKNECHT: Ja. Aber letztlich dreht sich doch alles um diesen irrsinnigen Mechanismus, der dann noch von sich behauptet, effizient zu sein. Das Problem des ökologischen Umbaus liegt im Kern genau darin, daß Arbeitsplätze unter den heutigen Bedingungen nur entstehen, wenn sie sich rentieren. Dadurch verdoppeln sich freilich auch die Kosten. Denn veränderte Produkte oder Produktionsmethoden werden sich unter diesen Umständen nur durchsetzen, wenn die Kapitalgeber die Gelegenheit bekommen, mit abzusahnen. Die Autoindustrie würde von einer drastischen Benzinpreiserhöhung letztlich profitieren, weil sie dann das Drei-Liter-Auto zu entsprechend hohen Preisen auf den Markt bringen könnte. Da die alten Wagen kaum noch zu betreiben wären, eröffnet das einen riesigen Markt. Die Dividenden und Aktienkurse jener Konzerne, die dieses Auto als erste anbieten können, würden ins Unermeßliche steigen. Genau das gleiche würde sich wiederholen, wenn andere Rohstoffe erheblich verteuert werden. Zwar würde dadurch Forschung stimuliert und ressourcenschonende Alternativen kämen über kurz oder lang auf den Markt; aber dem Verbraucher würden dafür saftige Preise abverlangt, die weit über dem zusätzlichen Aufwand lägen. Je stärker die ursprüngliche Verteuerung durch die Ökosteuern, desto größer wäre hier der Preisspielraum. Das heißt, die Konsumenten würden annähernd das gleiche zahlen, nur nicht mehr in die Kasse des Fiskus, sondern in die der Konzerne. Und die hohen Forschungskosten würden gewährleisten, daß nur wenige Großunternehmen als Anbieter der innovativen Produkte auftreten könnten. Per Patentrecht würden die Marktschranken für Seiteneinsteiger fast unüberwindlich. Dann sind Preisdiktaten kaum noch Grenzen gesetzt. Der ökologische Umbau läßt sich unter kapitalistischen Bedingungen nur erzwingen, wenn er sich für diejenigen auszahlt, die schon heute immer größere Teile des Einkommens und Vermögens auf sich konzentrieren. Das geht sicher. Aber um den Preis, daß sich die soziale Polarisierung noch mehr verschärft und die übergroße Mehrheit ihren Lebensstandard drastisch einzuschränken hat. Genau diese Idee steckt hinter den verschiedenen Konzepten einer Ökodiktatur. Das ist stockreaktionär und hat mit fortschrittlichen Anliegen nichts zu tun.

PIERRE CURIEUX: Die Alternative wäre der ökologische Kollaps.

SAHRA WAGENKNECHT: Nein, die Alternative ist eine Produktionsweise, in der sich nicht mehr jede Investition für eine Clique steinreicher Kapitaleigner rentieren muß. Ein ökologischer Umbau unter kapitalistischem Vorzeichen würde doch dazu führen, daß die Schere zwischen dem, was beim gegebenen Stand der Technik produziert werden könnte, und dem, was tatsächlich produziert wird, noch weiter auseinanderklafft, weil die Einkommen sich noch stärker konzentrieren. Die alternativen Produktionsverfahren würden also gar nicht ausgeschöpft, auch ökologisch verträgliche Produkte würden nur in geringer Zahl hergestellt, weil auf vermachteten Märkten dauerhaft überhöhte Preise durchsetzbar wären. Das Produktionsergebnis und damit der Lebensstandard der übergroßen Mehrheit läge also weit unter dem Möglichen. Weiter steigende Arbeitslosigkeit wäre eine Folge. Hinzu kommt der der kapitalistischen Produktion eigene Anreiz, möglichst kurzlebige Produkte zu erzeugen, um sie schnell durch neue ersetzen zu können und dadurch immer wieder Absatz zu finden. Das ist unter allen Umständen ökologisch unverantwortlich.

PIERRE CURIEUX: Dieser Anreiz dürfte durch verteuerte Rohstoffe minimiert werden.

SAHRA WAGENKNECHT: Kaum. Der einzige Erfolg wäre, daß pro Gebrauchsgut wahrscheinlich weniger knappe Ressourcen verarbeitet würden. Im übrigen: wachsende Einkommenskonzentration bedeutet ja nicht nur, daß die unteren Schichten sich immer weniger kaufen können. Sie eröffnet am oberen Ende auch die Möglichkeit maßloser Verschwendung. Was ist der Schadstoffausstoß eines Autos verglichen mit dem privater Düsenjets, mit dem amerikanische Milliardärsgattinnen ihren Friseur einfliegen lassen...

PIERRE CURIEUX: Solche Verschwendung sollte reduziert werden. Aber ich möchte trotzdem noch mal darauf beharren, daß ohne Einschränkungen im Lebensstandard der ökologische Ruin vorprogrammiert ist. Es ist doch blinde Fortschrittsgläubigkeit, anzunehmen, daß lediglich andere Technologien notwendig wären, um das bestehende Konsummodell ohne weiteres ins nächste Jahrtausend fortschreiben zu können. Möglicherweise sogar weltweit. Mit begrenzten Ressourcen kann auch nur eine begrenzte Zahl von Gütern produziert werden; daran können modernste Technologien nichts ändern.

SAHRA WAGENKNECHT: Produktion ist doch nichts anderes als – mit Marx zu reden – der durch Arbeit vermittelte »Stoffwechsel des Menschen mit der Natur«. Dieser Stoffwechsel hat dann keine Grenze, wenn seine Ergebnisse so beschaffen sind, daß sie nach Gebrauch in den natürlichen Kreislauf zurückkehren oder neu verarbeitet werden können. Produktion muß doch nicht unter allen Umständen sein, was sie heute ist: eine Einbahnstraße, in die knappe natürliche Ressourcen eingehen und am Ende riesige Müllberge herauskommen, die zu nichts mehr zu gebrauchen sind und komplizierte Entsorgungsprobleme aufwerfen. Das muß nicht so sein! Vieles wäre wiederverwendbar, wenn von vornherein unter diesem Gesichtspunkt produziert würde. Das Problem ist wieder, daß es unter den heutigen Bedingungen rentabler ist, Raubbau an den Ressourcen zu betreiben und die Welt mit giftigem Müll zuzuschütten, als Wiederaufbereitung bereits verwandter Produkte zu betreiben.

PIERRE CURIEUX: Aber für jede Produktion, auch für die Wiederaufbereitung, ist Energie nötig. Schon da sind strikte Grenzen gesetzt. Würden die Entwicklungsländer in puncto Energieverbrauch europäische Standards erreichen, gingen weltweit die Lichter aus..

SAHRA WAGENKNECHT: Das kommt darauf an, woher die Energie kommt. Aus Erdöl und Kohle nicht, das ist klar. Aber es gibt andere Quellen. Allein die auf die Erde treffende Sonnenstrahlung hat einen Energiewert, der dem 15 000fachen des derzeitigen globalen Energieverbrauchs entspricht. Natürlich sind die technischen Möglichkeiten noch nicht vorhanden, um dieses Reservoire wirklich zu nutzen. Aber da muß eben weiter geforscht werden. Die Ressourcen jedenfalls sind fast unerschöpflich. Man muß nur die richtigen Technologien finden. Daß das möglich sein wird, daran habe ich bei den rasenden Fortschritten in Wissenschaft und Technik keinen Zweifel. Aber das wären natürlich Bereiche, in die weit mehr Geld und Forschungskapazität investiert werden müßten, als das heute geschieht.

PIERRE CURIEUX: Also halten Sie nichts von den »Grenzen des Wachstums«, auf die der Club of Rome schon vor zwanzig Jahren hingewiesen hat.

SAHRA WAGENKNECHT: Nein. Diese Studien gehen von einer Statik des Produktionsapparates aus, die nicht existiert. Mit den gegebenen Produktionsverfahren wäre es tatsächlich kaum möglich, weltweit einen hohen und wachsenden Lebensstandard zu gewährleisten. Wenn der Schadstoffausstoß in den Entwicklungsländern pro Kopf europäische Ausmaße erreicht, bleibt allen bald die Luft weg. Das ist aber nicht der Weg. Es gibt längst alternative Technologien, die nur noch zu wenig erforscht sind. Das Wasserstoff-Auto, die Solarenergie, Biogas statt Erdgas und so weiter. Außerdem geht es nicht darum, dieses rein quantitativ verstandene Wachstum fortzuschreiben. Stichwort: Wegwerfgesellschaft. Der höchste Zweck ist nicht, möglichst viele Güter zu produzieren, die sich dann möglichst schnell verschleißen. Langlebige Konsumgüter mindern den Lebensstandard keineswegs, sind aber viel naturschonender. So wie das Bruttosozialprodukt heute berechnet wird, würde es dadurch allerdings sinken. Es geht ja auch zurück, wenn weniger Verkehrsunfälle stattfinden oder Krankheiten durch Vorbeugung verhindert werden. Hier gäbe es übrigens längst viel mehr Möglichkeiten. Aber die Pharmaindustrie hat gar kein Interesse, intensive Forschung in dieser Richtung zu betreiben. Teure Medikamente und Behandlungen sind viel profitabler als gute Prophylaxe. Was die heutigen Statistiken als »Wachstum« ausweisen, hat mit wirklichen Wohlstandssteigerungen oft nichts zu tun. Von der Verteilungsseite, über die wir schon genug gesprochen haben, ganz abgesehen.

PIERRE CURIEUX: Also würden Sie schon zustimmen, daß das westliche Konsummodell nicht ohne weiteres verallgemeinert und ins nächste Jahrtausend übertragen werden kann.

SAHRA WAGENKNECHT: Ja. Aber nicht im Sinne eines Rückschritts zum spartanischen Leben, zur Enthaltsamkeit, wie er gern gepredigt wird. Diese Phrasen haben nur den Sinn, gesellschaftlich verursachten Verteilungskonstrasten und verschlechterten Lebensbedingungen ein ökologisches Mäntelchen umzuhängen. Es ist technisch möglich und bei sich verändernden Produktionsverfahren und Produkten auch ökologisch verantwortbar, daß alle Menschen auf diesem Planeten gut und sozial gesichert leben. Wer etwas anderes erzählt, macht den Leuten etwas vor. Allerdings wäre manches, was heute zum angeblich guten Leben zählt, durchaus reduzierbar, ohne die Lebensqualität zu mindern. Angesichts ständiger Staus würden viele Menschen ihr Auto wohl gern und freiwillig stehen lassen und auf öffentlichen Nah- und Fernverkehr umsteigen. Wenn der gut ausgebaut, attraktiv und preiswert wäre. Aber genau das verhindern die Rentabilitätskriterien. Sie führen dazu, daß Verbindungen mit geringer Auslastung abgebaut werden. Etwa Bus- und Bahnverbindungen zwischen Dörfern und kleinen Orten. Die *rechnen* sich natürlich nicht, denn da reisen nicht Millionen. Aber einige Tausend wären es schon, und die sind heute aufs Auto angewiesen, wenn sie beweglich bleiben wollen. Das gleiche innerhalb der Großstädte. Wen nervt nicht die Parkplatzsuche, das Stop-and-Go im Feierabendstau. Aber wenn man, wie in Berlin, annähernd vier Mark für eine S-Bahn-Fahrt berappen muß, ist das Auto dann doch attraktiver, zumal, wenn ganze Familien unterwegs sind...

PIERRE CURIEUX: Wobei das Beispiel zeigt, daß es vergleichsweise egal ist, ob sich die Verkehrsunternehmen in privatem oder kommunalem Eigentum befinden. Die Tickets werden in beiden Fällen immer teurer. Das nur nebenher.

SAHRA WAGENKNECHT: Natürlich gewährleistet öffentliches Eigentum nicht automatisch, daß das Renditedenken von anderen Prioritäten abgelöst wird. Wenn die kommunalen Kassen leer sind, liegt die Versuchung nahe, den Nahverkehr als Milchkuh zu betrachten, die sich einträglich melken läßt. Da ist das Herangehen natürlich das gleiche wie beim privaten Unternehmen. Der Unterschied liegt darin, daß es dazu bei privatem Kapital gar keine Alternative gibt. Öffentliches Eigentum hält zumindest die Möglichkeit offen, daß andere Kriterien entscheiden. Diese Möglichkeit muß nicht genutzt werden, aber sie kann genutzt werden. In einigen ostdeutschen Städten gibt es ja Pilotprojekte: kostenloser Busverkehr und ähnliches. Oder erinnern wir uns an die DDR: 20 Pfennige kostete eine Fahrt in der Stadt, mit der Bahn kam man für 20 Mark einmal quer durchs Land. Damals bestanden auch noch viele der ländlichen Bus- und Bahnverbindungen, die inzwischen – wegen »Unterauslastung« – eingestellt wurden. Das Problem ist, daß bei einer Preisgestaltung, die sich nicht an der Aufwand-Ertrag-Rechnung orientiert, nicht nur kein Geld rauszuholen ist, sondern normalerweise welches reingesteckt werden muß. Und daran fehlt es heute, weil die Kommunen gerade die Bereiche am Hals haben, die eigentlich alle subventioniert werden müßten, während die hochproduktiven Wirtschaftszweige, die die Gewinne einfahren, privates Eigentum sind. An das dort erwirtschaftete Geld kommt die öffentlich Hand nicht ran. Aber das bräuchte sie, um die anderen Bereiche subventionieren zu können...

PIERRE CURIEUX: Allerdings ist die DDR bezogen auf Ökologie ein besonders schlechtes Beispiel. Der Schadstoffausstoß der DDR-Industrie lag weit über westlichen Standards und hat ganze Landstriche zugrunde gerichtet. Das hat auch der subventionierte Nah- und Fernverkehr nicht wieder wettgemacht. Der Trabi hat zwar sein Bestes getan, Autofahren unattraktiv zu machen; aber mit Blick auf die giftigen Abgase des Zweitakt-Motors läßt auch er sich schwer als ökologische Leistung verkaufen...

SAHRA WAGENKNECHT: In Leuna und Bitterfeld standen schlimme Dreckschleudern, das ist wahr. Allerdings sind viele Betriebe, die westliche Konzerne in Schwellen- und Entwicklungsländern betreiben, um nichts besser. Sünde bleibt trotzdem Sünde, das stimmt. Nur war es keine Sünde aus Überfluß, sondern eine aus Armut. Wir hatten uns in der internationalen Konkurrenz zu behaupten, obgleich unsere Produktivität niedriger war. Das hat bei uns die gleichen Mechanismen ausgelöst wie bei jedem in Konkurrenz stehenden Unternehmen: es wird auf eine möglichst billige Weise produziert; und da bei uns die sozialen Leistungen nicht zur Disposition standen, wurde in erster Linie im Umweltbereich gespart. Natürlich war das keine Lösung. Eine hochproduktive sozialistische Wirtschaft hätte hier ganz andere Spielräume.

PIERRE CURIEUX: Den Beleg, daß die Sozialisierung der Produktion für die Ökologie von Vorteil sein könnte, sind die Ostblockstaaten jedenfalls schuldig geblieben.

SAHRA WAGENKNECHT: Dort, wo es kein oder nur wenig Geld kostete, hatten wir sehr wohl bessere Regelungen. Unser SERO-System war jedenfalls umweltfreundlicher als der Unfug, der heute unter dem »Grünen Punkt« abläuft und nur das Gewissen beruhigt. Bei uns wurde das Material wirklich wiederaufbereitet. Im übrigen wurde viel weniger Verpackungsmüll produziert. Einwegflaschen gab es kaum, Getränkedosen sowieso nicht. Und die Produkte waren viel langlebiger als die heutigen. Was man sich einmal gekauft hatte, funktionierte über Jahre. Und wenn es partout nicht mehr wollte, wurde repariert und ausgebessert. Es dauerte viel länger, ehe etwas weggeworfen wurde. Über öffentlichen Nah- und Fernverkehr haben wir schon gesprochen. Auch der Gütertransport erfolgte bei uns nahezu ausschließlich über die Schiene. Heute schickt jedes Unternehmen seine LKW auf die Autobahnen. Die Landschaft war in der DDR viel weniger zubetoniert. Lange schöne Alleen mit alten Bäumen wie in Brandenburg, wo finden Sie sowas im Westteil des Landes noch? Auf dem Gebiet der DDR gibt es heute Naturschutzparks, in denen Arten leben, die im Westen längst ausgestorben sind. Nachweislich gab es zu DDR-Zeiten weniger Allergien, vor allem bei Kindern. Aber das ist alles weitgehend unbekannt; wird über DDR und Ökologie geredet, denkt jeder an Bitterfeld und das wars. Das war aber nicht alles.

PIERRE CURIEUX: Sie erklären die DDR-Umweltsünden aus mangelnder Produktivität. Aber hat dieses technologische Zurückbleiben nicht direkt mit den fehlenden Effizienzkriterien zu tun, mit fehlender Konkurrenz, fehlendem Renditedruck?

SAHRA WAGENKNECHT: Also zunächst mal: die DDR ist nicht »zurückgeblieben«, sie hat von vornherein auf niedrigerem Niveau begonnen. Bis zum Beginn der siebziger Jahre war es sogar gelungen, diese Lücke etwas zu schließen...

PIERRE CURIEUX: ...und danach wurde sie wieder größer. In der mikroelektronischen Revolution wurden die Ostblockstaaten hoffnungslos abgehängt. Selbst im Westen haben Betriebe unter direktem Einfluß der öffentlichen Hand bisher eines bestätigt: Sie gehen nachlässiger mit finanziellen Mitteln um, gerade weil niemand auf die Rendite schaut. Daß sie dazu neigen, den bestehenden Produktionsapparat zu konservieren, weil sie sich nicht auf umkämpften Märkten behaupten müssen. Daß sie deshalb weniger produktiv und weniger innovativ sind als private Unternehmen. Das gilt nicht nur für die VEBs im Osten, es gilt auch für verstaatlichte Betriebe im Westen. Konkurrenz und Gewinnorientierung sind eben doch wirksame Druckmittel, die Produktivitätssteigerungen erzwingen. Wird dieser Anreiz aufgehoben, veralten die Anlagen, wuchern überflüssige Strukturen... Der Verbraucher bezahlt dann zwar nicht die Gewinne der privaten Anteilseigner, aber er zahlt für diese Ineffizienzen, die die Preise unter Umständen noch mehr nach oben treiben.

SAHRA WAGENKNECHT: Es stimmt einfach nicht, daß verstaatlichte Betriebe automatisch ineffizienter wirtschaften als private. Die Anteilseigner spielen – außer als Absahner – längst keine Rolle mehr im Wirtschaftsprozeß. Staatliche Betriebe können – dafür gibt es Beispiele – der gleichen Kosten-Kalkulation und Gewinnorientierung unterworfen werden wie private und funktionieren dann auch genauso. Das Problem ist nur, daß es Bereiche gibt, in denen diese Aufwand-Ertrag-Rechnungen nichts zu suchen haben. Natürlich ist es im Sinne der Rendite »ineffizient«, wenn die Bahn im Zweistundentakt Dörfer und Kleinstädte verbindet, wo die Auslastung die Kosten nie und nimmer wieder reinholt. Im Interesse der Umwelt ist das allerdings keineswegs ineffizient, sondern sehr sinnvoll. Es ist auch »ineffizient«, mehr Lehrer einzustellen, als zur Aufrechterhaltung des Schulbetriebes unbedingt nötig sind. Klassenstärken von 30 und mehr Schülern sind nicht schön, aber wer sich durchkämpfen will, der schafft es auch so. Genau genommen ist es ja schon »ineffizient«, Kindern, deren Eltern keine teuren Gebühren für Schule und Universität aufbringen können, mehr beizubringen als das allernötigste Grundwissen, das sie als fügsame Arbeitskraft brauchen. Ein Bildungssystem, das den Anspruch hat, Bildungs- und damit Lebenschancen für alle zu eröffnen, ist nach der Kosten-Kalkulation der reinste Aberwitz. Es ist auch »ineffizient« Kranken, die aufgrund geringer Einkommen sehr niedrige Kassenbeiträge entrichten und zu keiner Zuzahlung in der Lage sind, eine teure Behandlung mit den besten verfügbaren Mitteln zukommen zu lassen. Über die Inhumanität solcher Effizienzkriterien muß ich wohl nicht reden...

PIERRE CURIEUX: Es ist weitgehend unstrittig, daß privatwirtschaftliche Renditekriterien für bestimmte Bereiche kein zulässiger Maßstab sind...

SAHRA WAGENKNECHT: Naja, unstrittig ist heutzutage gar nichts mehr. Wir steuern gerade auf die Privatisierung des Gesundheitswesens, die Privatisierung der sozialen Sicherungssysteme, die Privatisierung von Bildung und Kultur zu. Auf diese Weise werden bald höchst »effizient« die Lebenschancen von Millionen Menschen zerstört...

PIERRE CURIEUX: Diese Entwicklung ist fatal, da sind wir einer Meinung. Aber das war nicht immer so. Das Konzept der Sozialen Marktwirtschaft bestand gerade darin, die Marktmechanismen zu zügeln und bestimmte Bereiche sogar ganz aus ihrem Wirkungsradius herauszunehmen. Dazu gehörten in erster Linie Bildung, Gesundheit, Kultur. Hier hat der Staat eine feste Verantwortung.

SAHRA WAGENKNECHT: Ja, nach der Theorie. Das »Soziale« an der Marktwirtschaft sollte darin bestehen, daß jene Bereiche, die nur unter Inkaufnahme inhumanster Konsequenzen dem Renditeprinzip unterworfen werden können, von der öffentlichen Hand übernommen werden. Hier sollte der Staat seinen legitimen Platz haben. Auch wenn große Unternehmen straucheln oder ganze Industriezweige unter Strukturumbrüchen leiden, wird der Staat in die Pflicht genommen. Diejenigen Wirtschaftszweige dagegen, die gewinnorientiert arbeiten können, bleiben Privateigentum. Wo der Rubel rollt, soll die öffentliche Hand sich raushalten, da hat sie nichts zu suchen. Und genau darin liegt der Haken dieses Modells. Der Staat hat die Zuschußbereiche am Hals; aber er hat keinen Zugriff auf die Gewinne der produktiven Unternehmen, die als private natürlich in die Taschen ihrer Anleger wirtschaften... Also fehlt in den öffentlichen Kassen das Geld, das gebraucht würde, um die Zuschußbereiche vernünftig finanzieren zu können...

PIERRE CURIEUX: Nach der Theorie hat der Staat über Steuern auch auf die Gewinne Zugriff und damit das nötige Geld zur Verfügung. Jahrzehntelang hat das tatsächlich funktioniert.

SAHRA WAGENKNECHT: Es hat kaum ein einziges Jahrzehnt funktioniert. Schon in den siebziger Jahren haben Bund und Länder ihre Aufgaben nur noch wahrnehmen können, indem sie sich zunehmend verschuldeten. Darüber haben wir ja schon gesprochen. Heute, wo die wirtschaftlichen Global Player für den Fiskus kaum mehr greifbar sind, hat sich der Zusammenhang zwischen Gewinnen und Steueraufkommen vollständig aufgelöst. Das heißt, im Rahmen der bestehenden Wirtschaftsordnung kann die öffentliche Hand die Aufgaben, die sie wahrnehmen soll, gar nicht wahrnehmen; die ökonomischen Besitzverhältnisse schneiden sie schlicht von den dafür nötigen finanziellen Mitteln ab. In dieser Situation ist es kein Wunder, daß sich – spiegelbildlich zur Vermögensakkumulation weniger Privathaushalte – riesige Schulden in Staatshand türmen. Wenn man daraus nun folgert, staatliche Strukturen seien zwangsläufig ineffizient, private dagegen hochproduktiv, stellt das die wirklichen Verhältnisse auf den Kopf. Aber es bietet natürlich einen hervorragenden Vorwand, noch mehr Gesellschaftsbereiche dem privaten Kapital und ungezügelten Renditedenken zu überlassen...

PIERRE CURIEUX: Aber wenn Sie davon sprechen, daß die Gewinne der hochproduktiven Wirtschaftszweige dazu verwandt werden sollten, die Zuschußbereiche zu finanzieren, heißt das doch, daß die Kernbereiche von Industrie, Handel und Dienstleistungen sehr wohl renditeorientiert arbeiten müssen: Sonst entsteht da ja nichts, was umzuverteilen wäre.

SAHRA WAGENKNECHT: Ja. Natürlich muß auch eine sozialistische Wirtschaft in den Kernbereichen *effizient* arbeiten. Effizienz so verstanden, daß mit minimalem Arbeits- und Ressourceneinsatz ein optimales Produktionsergebnis erzielt werden muß...

PIERRE CURIEUX: Wie soll das erreicht werden? Durch Planung? Ich denke, die Geschichte des Ostblocks hat gezeigt, daß eine geplante Wirtschaft zu Stagnation und Ineffizienz führt. Die Bedürfnisse sind viel zu differenziert, als daß eine zentrale Behörde sie erfassen könnte. Es ist arrogant, den Menschen vorschreiben zu wollen, was sie zu konsumieren haben. Außerdem hat sich erwiesen, daß es nicht funktioniert. Wenn die Betriebe statt für den Markt nach Maßgabe eines von oben oktroyierten Plans arbeiten, werden Güter produziert, die niemand braucht. Auf der anderen Seite gibt es Mangel, Produkte, die nur noch schwarz zu haben sind. Um Angebot und Nachfrage quantitativ und qualitativ in Übereinstimmung zu bringen, hat sich der Markt als unersetzlich erwiesen. Das kann keine zentrale Planungsbehörde ersetzen.

SAHRA WAGENKNECHT: Diese abstrakte Gegeneinanderstellung von Planung und Marktregulation ist unseriös. Jeder privatwirtschaftliche Konzern plant, oftmals mit Budgets, die die Etats ganzer Staaten übersteigen. »Zur Realisierung der betrieblichen Zielsetzungen bedarf es zunächst einer genauen *Planung* aller Einzelheiten in allen betrieblichen Bereichen...«.[47] Dieser Satz stammt nicht aus einer Direktive des SED-Zentralkomitees, sondern aus der »Einführung in die Allgemeine Betriebswirtschaftslehre« von 1990. Natürlich ist hier vom privaten Unternehmen die Rede.

PIERRE CURIEUX: Aber das private Unternehmen plant seine Produktion für den Markt; sein Kriterium sind voraussichtliche Trends in der Entwicklung der Nachfrage. Es revidiert seine Pläne, wenn Marktsignale – höhere Auftragseingänge oder sich füllende Lager – dazu Anlaß geben. Es gibt keine starren Planvorgaben für mehrere Jahre, die um jeden Preis umgesetzt werden. Im Gegenteil: gerade in großen Unternehmen wird Wert darauf gelegt, daß die Untergliederungen eigenverantwortlich handeln. Nichts ist hinderlicher als die Überzentralisierung von Entscheidungen. Das Topmanagement setzt die Ziele und bestimmt die Schwerpunkte, die für alle verbindlich sind...

SAHRA WAGENKNECHT: Wer sagt denn, daß gesamtgesellschaftliche Planung nicht ähnlich vorgehen könnte. Natürlich wäre es absurd, jeden Schuh und jede Schraube, die in einer Volkswirtschaft produziert werden soll, von einer zentralen Behörde aus planen zu wollen. Daran krankte die DDR-Ökonomie in der Honecker-Zeit. Dabei hat es vorher schon viel interessantere Diskussionen gegeben. »Eine der wichtigsten Erfahrungen aus der bisherigen Praxis besagt, daß die zentralen Planungs- und Leitungsorgane nur dann die Probleme mit wissenschaftlicher Tiefgründigkeit ausarbeiten können, wenn sie sich auf die Hauptprozesse und die wichtigsten Proportionen konzentrieren. Wir müssen jene enttäuschen, die eine perfektionistische Auffassung vom Plan haben und glauben, daß der Plan alles bis zur letzten Schraube regeln kann. Es gibt niemanden, der fähig wäre, einen solchen Idealplan auszuarbeiten.« Der Satz stammt aus dem Jahr 1964, der Verfasser heißt Walter Ulbricht...

PIERRE CURIEUX: Gesagt wurde das eine, getan das Gegenteil...

SAHRA WAGENKNECHT: Nein, das Neue Ökonomische System, das in der DDR der sechziger Jahre eingeführt wurde, hatte genau diesen Ansatz: die staatlichen Planvorgaben wurden auf Rahmendaten und Grundproportionen reduziert, die Betriebe erhielten erheblich größere Eigenständigkeit und waren gehalten, sich an strenger Kostenkalkulation und Aufwand-Ertrags-Rechnung zu orientieren. Davon sollten letztlich auch die Gehälter abhängen. Das funktionierte zunächst ganz gut. So gut immerhin, daß selbst in der westlichen Presse Ende der sechziger Jahre von einem »kleinen Wirtschaftswunder« DDR die Rede war, die ZEIT unter der DDR-Bevölkerung einen »fortschreitenden Bewußtseinswandel zuungunsten des Westens« wahrnahm und feststellte: »Die innen- und außenpolitische Konsolidierung des ostdeutschen Teilstaates ist heute stärker denn je.«[48] Zwanzig Jahre später konnte davon keine Rede mehr sein. Das hing nicht zuletzt damit zusammen, daß Honekker das NÖS abgewürgt hatte und wieder zum Modell einer überzentralisierten Planwirtschaft mit starren Vorgaben zurückgekehrt war. Ermutigt durch Breschnew, der Ulbrichts Reformversuchen von vornherein ablehnend gegenüber gestanden hatte. Damit war ihr Scheitern im Grunde vorprogrammiert. Um es allein zu schaffen, war die DDR wirklich zu klein. Aber das NÖS gehört zu den interessantesten Kapiteln, die die DDR-Geschichte aufzuweisen hat. In dieser Richtung sollte weitergedacht werden...

PIERRE CURIEUX: Staatliche Betriebe, die unter Rentabilitätsgesichtspunkten arbeiten, hat es in den westeuropäischen Volkswirtschaften tatsächlich immer wieder gegeben. Ob Sparkasse oder Deutsche Bank, für den Kunden gibt es keinen Unterschied. Insoweit stimmt zwar, daß öffentliche Betriebe unter Umständen ähnlich effizient wirtschaften können wie private. Aber wenn die wirtschaftlichen Entscheidungen den gleichen Kriterien folgen sollen wie in der Gegenwart, reproduzieren sich doch genau die Zustände, die Sie die ganze Zeit scharf kritisieren.

SAHRA WAGENKNECHT: Nein, das tun sie nicht. Erstens fließen die in einer volkseigenen Ökonomie erwirtschafteten Gewinne nicht in private Taschen. Zweitens ist die Gewinnorientierung bei volkseigenen Betrieben nur ein Kriterium unter mehreren, nicht das absolute, nach dem sich alles zu richten hat. Übergeordnet ist die Rahmenplanung, die Schwerpunkte der volkswirtschaftlichen Entwicklung und gesellschaftliche Prioritäten festlegt. Eine solche Planung wäre für den privatwirtschaftlichen Sektor gar nicht möglich. Denn dort erfolgt die Planung ausschließlich im Unternehmen selbst, nach betriebswirtschaftlichen Rendite-Kriterien. Gesellschaftliche Wünsche spielen keine Rolle.

PIERRE CURIEUX: Es hat in den westeuropäischen Volkswirtschaften immer wieder Versuche der gesellschaftlichen Planung gegeben. Besonders ausgeprägt in Frankreich. Sie wurden später eingestellt, weil sie sich nicht bewährt haben.

SAHRA WAGENKNECHT: In Frankreich hatten unmittelbar nach dem Zweiten Weltkrieg ja auch umfassende Verstaatlichungen stattgefunden. Betroffen war vor allem der Energiesektor, der Versicherungssektor und der Banksektor. Außerdem kontrollierte der Staat etwa ein Fünftel der gesamten Industrieproduktion. Allerdings hatten die staatlichen Planvorgaben selbst für diesen Bereich nur empfehlenden Charakter. Die privatkapitalistische Renditelogik blieb das bestimmende Prinzip. Später wurden dann viele der verstaatlichten Betriebe wieder privatisiert. Nicht so sehr, weil sie sich nicht bewährt hätten, sondern weil es im Rahmen der »europäischen Einigung« Druck in dieser Richtung gab. Und bis heute gibt.

PIERRE CURIEUX: Trotzdem wird in vielen Ländern nach wie vor versucht, wirtschaftspolitisch nicht nur Rahmenbedingungen zu schaffen, sondern die volkswirtschaftliche Entwicklung gezielt zu steuern.

SAHRA WAGENKNECHT: Es wird versucht, aber mit welchem Erfolg? Staatliche »Globalsteuerung« unter privatwirtschaftlichen Bedingungen muß sich darauf beschränken, auf extern vorgegebene Daten zu reagieren. Diese Daten lassen sich zumeist auch nicht indirekt steuern, weil die wirtschaftlichen Zusammenhänge viel zu komplex und die Bedingungen, unter denen die Unternehmen arbeiten, viel zu unterschiedlich sind. Expansive Fiskalpolitik kann in bloßen Preiseffekten verpuffen und die Inflation anheizen, statt die gewünschte höhere Auslastung des Produktionspotentials zu bewirken. Gezielte Begünstigung der Angebotsseite kann die Finanzmärkte zum Brummen bringen, ohne daß ein einziger neuer Arbeitsplatz entsteht. Der Streit zwischen beiden Richtungen ist deshalb so fruchtlos, weil unter den heutigen Bedingungen beide unrecht haben. Das Instrumentarium funktioniert nicht, das hat die Geschichte mindestens ebenso bewiesen wie die Ineffizienz überzentralisierter Planwirtschaften. Was die Verstaatlichung der wirtschaftlichen Kernbereiche ermöglichen würde, ist, daß die substantiellen Fragen des gesellschaftlichen Lebens – die Frage nach der Investitionspolitik, die Frage nach den Prioritäten bei Forschung und Entwicklung – endlich in die Entscheidungskompetenz gewählter und verantwortlicher Volksvertreter zurückgeholt würden. Statt einem Clan von Großindustriellen, Topmanagern und Bankiers überlassen zu sein, die sich vor niemandem außer den privaten Renditejägern zu verantworten haben.

PIERRE CURIEUX: Selbst wenn ich einräume, daß solche Rahmendaten gesellschaftlich festgelegt werden können, wer garantiert, daß die Umsetzung nicht wieder durch Ineffizienzen und unbewegliche Strukturen in den verstaatlichten Betrieben behindert wird.

SAHRA WAGENKNECHT: Das ist doch alles eine Frage der Anreize. Natürlich, wenn Leistung nicht motiviert wird, wird sie auch nicht erbracht. Das war die Situation in den DDR-Betrieben der Honecker-Zeit. Aber es ist einfach absurd zu behaupten, daß solche Motivation ans kapitalistische Eigentum gebunden sei. Diejenigen, die heutzutage unter Leistungsdruck stehen, sind doch nicht die Kapitaleigentümer...

PIERRE CURIEUX: Im mittelständischen Betrieb schon. Viele Selbständige arbeiten bis zum Umfallen.

SAHRA WAGENKNECHT: Aber über die reden wir hier nicht. Im mittelständischen Bereich ist ja gegen private Betriebe nichts einzuwenden. Hier ist das Eigentum viel zu zersplittert, um gesellschaftliche Macht zu begründen. Hier gibt es auch keine Notwendigkeit gesellschaftlicher Rahmenplanung. Im Gegenteil: das wäre lächerlich. Der Rahmen für den Mittelstand wird durch die Entwicklung der Großen gesetzt. Das ist heute auch so. Nur um die letzteren geht es: Unternehmen mit mehreren Milliarden Mark Umsatz im Jahr, mit dominanter Marktposition, mit gesellschaftlichem Einfluß. Hier lassen die Eigentümer ohnehin großenteils andere für sich arbeiten. Und die geben sich auch als Nicht-Eigentümer alle Mühe, weil sie entsprechend ihrer Leistung bezahlt werden...

PIERRE CURIEUX: ...und sonst über kurz oder lang ihren Arbeitsplatz verlieren würden.

SAHRA WAGENKNECHT: Richtig, das ist heute das wichtigste Druckmittel, um Leistung zu erzwingen. Aber mir kann keiner erzählen, daß der Mensch nur vernünftig arbeitet, wenn er diesen Wolfsgesetzen unterworfen ist. Das ist einfach nicht wahr. Dieser ständige belastende Druck, diese Angst vor dem sozialen Absturz, diese gnadenlose Konkurrenz, das alles ist auf Dauer eher geeignet, persönliche Leistungsfähigkeit zu zerstören, als sie zu stimulieren. Davon, daß ein derartiger Leistungsdruck zutiefst inhuman ist, gar nicht zu reden...

PIERRE CURIEUX: Ohne diesen Druck würden die meisten wohl nicht arbeiten.

SAHRA WAGENKNECHT: Das ist eine Unterstellung. Sogar private Unternehmen haben früher mal gewußt, daß Menschen, die sich geachtet und anerkannt sehen, die sich sicher fühlen und anständig bezahlt werden, auf Dauer besser arbeiten, als Belegschaften in einer ständigen Druck- und Angstsituation. In der Hatz nach der kurzfristigen Maximalrendite hat man diese Einsicht inzwischen wieder vergessen. Natürlich braucht auch eine sozialistische Wirtschaft Leistungsstimulierung. Aber nicht von der heutigen mörderischen Art. Sondern im Rahmen eines für alle gesicherten Grundstandards, der menschenwürdig ist. Also bei heutigem Preisniveau keine Löhne unter 2.500 DM netto. Inklusive gesichertem Arbeitsplatz. Nach oben sollten Entlohnung und Lebensstandard sich allerdings nach der individuellen Leistung richten. Es geht um soziale Sicherheit und Chancengleichheit, nicht darum, daß jeder das gleiche Einkommen bezieht. Das wäre undurchführbar. Denn dann verschwindet jeder Anreiz. Daß das nicht funktioniert, hat sich in der Vergangenheit gezeigt.

PIERRE CURIEUX: Der Sozialismus als Leistungsgesellschaft? Das dürfte der FDP besser gefallen als vielen Linken.

SAHRA WAGENKNECHT: Ohne Infragestellung des Kapitalismus ist das Gerede von der »Leistungsgesellschaft« einfach Volksverdummung. Unter den heutigen Bedingungen werden gerade die großen Einkommen nach Kriterien verteilt, die mit der persönlichen Leistung nichts zu tun haben. Wer genug Vermögen geerbt hat, braucht Zeit seines Lebens keinen Finger mehr krumm zu machen. Auf der anderen Seite wird Millionen Menschen überhaupt keine Chance gegeben, ihre Leistung einzubringen. Das fängt schon beim Bildungsweg an: Geld ist wichtiger als Talent. Wer sich durchs Studium jobben muß, hat von vornherein schlechtere Chancen. Nein, eine Leistungsgesellschaft im wörtlichen Sinne – daß jeder prinzipiell gleiche Chancen hat, sein persönlicher Lebensstandard aber davon abhängt, was er daraus macht – entspräche genau der Marxschen Vorstellung von sozialistischen Verhältnissen. Wobei gesichert werden muß, daß niemand auf der Strecke bleibt.

PIERRE CURIEUX: Um die Menschen leistungsabhängig zu bezahlen, muß man Leistung messen können. Das ist bei mechanischen oder handwerklichen Arbeiten relativ leicht. Da kann man es zur Not nach der Stückzahl tun. Aber woran werden Leitungstätigkeiten gemessen? Heute ist die erwirtschaftete Rendite ein eindeutiges Maß. Wenn an deren Stelle die Erfüllung starrer Plankennziffern tritt, kann passieren, daß alle sich Mühe geben, alle ihr Bestes tun und trotzdem nicht die Dinge produziert werden, die die Leute kaufen wollen. Das heißt, im ganzen bleibt die Wirtschaft verschwenderisch und unproduktiv, so leistungswillig die einzelnen auch sein mögen.

SAHRA WAGENKNECHT: Nein. Der Plan steckt doch nur den Rahmen ab. Er setzt Ziele: etwa die Forschung in einer bestimmten Richtung zu intensivieren, Investitionen auf bestimmte Bereiche zu konzentrieren. Dahin fließen dann auch konzentriert staatliche Mittel. Ansonsten sind die Betriebe natürlich gehalten, sich die Mittel, die sie für Investitionen brauchen, selbst zu erwirtschaften. Dafür müssen sie Produkte produzieren, die auf den Märkten Abnehmer finden...

PIERRE CURIEUX: Was bei einem de facto staatlichen Monopol nicht schwer fällt...

SAHRA WAGENKNECHT: Wenn die Belegschaften und Betriebsleitungen an den Ergebnissen gemessen werden, die sie in ihrem Betrieb erwirtschaften, dann stehen sie natürlich auch im Wettbewerb mit anderen Betrieben, die ähnliche Produktpaletten anbieten. Durch Entflechtung der Unternehmens-Giganten bestünde sogar die Möglichkeit, daß mehr Wettbewerb stattfindet als auf den vermachteten Märkten heute. Der gesellschaftliche Rahmenplan würde ähnlich wirken wie die Vorgaben des Topmanagements bei großen privaten Unternehmen. Er würde die Richtung bestimmen und die Schwerpunkte festlegen. Nur unter gesellschaftlichen Gesichtspunkten statt nach betriebswirtschaftlichen Kriterien. Für die konkrete Umsetzung sind die Betriebsleiter zuständig und handeln dabei weitgehend eigenverantwortlich. Es gibt keine zentralen Detailvorgaben. Lediglich die Mitbestimmung der Belegschaften muß gesichert werden. Die Rückkopplung über den Markt bewirkt – wenn sie funktioniert – etwas, was wirklich kein anderer Mechanismus ersetzen kann: daß die Betriebe ständig Signale erhalten, ob ihre Produktion quantitativ und qualitativ der (zahlungskräftigen) Nachfrage entspricht. Daß durch Wettbewerb verschiedener Anbieter ein Druck entsteht, die Kosten zu minimieren, sprich: den Einsatz an natürlichen Ressourcen und Arbeitskraft zu verringern. Also ein Druck in Richtung Produktivitätssteigerung, der ja die Voraussetzung ist, damit der Lebensstandard sich verbessert.

PIERRE CURIEUX: Das war mein Argument für die Marktwirtschaft.

SAHRA WAGENKNECHT: Aber die Rückkopplung über den Markt ist doch nicht ans kapitalistische Eigentum gebunden. Sie funktioniert auch bei volkseigenen Betrieben, wenn die mit ausreichender Eigenständigkeit ausgestattet und ihre Einkommen ergebnisabhängig sind. Eigentlich kann man sogar sagen, sie funktioniert erst unter sozialistischen Bedingungen richtig. Denn der gesellschaftliche Zugriff auf die Gewinne würde die Verteilungskontraste drastisch reduzieren. Dadurch könnte sich die Kluft zwischen zahlungskräftiger Nachfrage und wirklichen Bedürfnissen, die die Rückkopplung über den Markt heute völlig verzerrt, schließen. Natürlich wäre der Markt in einer sozialistischen Wirtschaft nicht der alleinige Regulator. Aber das ist er ja heute auch nicht mehr. Darüber haben wir gesprochen. Außerdem sind die von einem ungebundenen Markt erzwungenen Effizienz-Kriterien eben äußerst problematisch: Statt den Arbeitseinsatz zu minimieren, können Lohnkosten gedrückt werden. Statt weniger Ressourcen einzusetzen, können Zulieferer unter Preisdruck gesetzt werden.

PIERRE CURIEUX: Wenn ein weitgehend privater Mittelstand verstaatlichten Großbetrieben gegenüber steht, dürfte die Gefahr, daß sich das wiederholt, sogar besonders groß sein.

SAHRA WAGENKNECHT: Wenn alles dem »Markt« überlassen bleibt, ja. Aber um das zu verhindern, muß der betriebswirtschaftlichen Gewinnorientierung eben ein verbindlicher gesellschaftlicher Rahmenplan vorgeordnet werden. Gezielte Eingriffe in den Preismechanismus wären dabei in bestimmten Bereichen angebracht. Beispielsweise festgelegte Mindestpreise, um den Mittelstand zu schützen. Oder in anderen Bereichen Höchstpreise, um die Ausnutzung dominanter Marktstellungen zu verhindern. Oder auch gezielte Subventionen in Sektoren, in denen die Kosten-Ertrag-Kalkulation keine sinnvolle Preisgestaltung zustande bringt. Auch hohe Mindestlöhne, von denen man gut leben kann und die mit der Produktivität wachsen, könnten dann gesellschaftlich festgeschrieben werden. Oder bestimmte ökologische Standards. Über Investition und Forschung habe ich schon gesprochen. Es gäbe dann ja keine private Kapitalflucht mehr, die solche Standards durch Ausweichen in andere Länder mit kapitalfreundlicheren Konditionen untergraben könnte. Das wäre der entscheidende Unterschied! Die Politik wäre nicht mehr erpreßbar. Und die wirtschaftliche Entwicklung würde sich an gesellschaftlichen Nutzenskriterien orientieren, nicht mehr bloß an der Maximalrendite einiger Aktionäre. Natürlich gäbe es dann auch einen Kündigungsschutz, der es verbieten würde, einen Mitarbeiter einfach auf die Straße zu setzen...

PIERRE CURIEUX: Das heißt aber, daß Betriebsteile und Arbeitsplätze, die von der Technik längst überflüssig gemacht wurden, weiter mitgeschleppt werden müssen. Das stimuliert keine Produktivitätssteigerungen; es würgt sie eher ab. Außerdem bekommen wir dann wieder verdeckte Arbeitslosigkeit: Menschen haben zwar formal einen Arbeitsplatz, dort aber nichts zu tun. Das mag für die Betroffenen besser sein, als zu Hause zu sitzen; gesellschaftlich bedeutet es aber, daß für Neueinstellungen in Wachstumsbranchen dann verfügbare Arbeitskräfte fehlen, weil die notwendige Fluktuation unterbunden wird.

SAHRA WAGENKNECHT: Die Fluktuation soll nicht unterbunden werden. Es geht auch nicht darum, technisch überflüssige Arbeitsplätze aufrechtzuerhalten. Es geht darum, daß jemand erst dann aus einem Arbeitsverhältnis ausscheiden kann, wenn gesichert ist, daß er an anderer Stelle – möglicherweise mit einer Umschulung dazwischen – eine neue feste Arbeitsstelle bekommt. Immerhin gibt es genügend Arbeit. In dem Augenblick, in dem der Staat Zugriff auf die Gewinne der produktiven Wirtschaftszweige hat, können en masse neue Arbeitsplätze in den »Zuschußbereichen« – im Bildungssystem, im Gesundheitswesen, in der Sozialarbeit mit Jugendlichen, in der Kultur entstehen. Außerdem in Wissenschaft und Forschung. Dort müßte ja viel mehr Arbeit geleistet werden, die heute nur keiner finanziert. Wenn die gegenwärtig auf den Finanzmärkten verspekulierten Milliarden dafür zur Verfügung stehen, kann sich hier viele Neues entwickeln. Nicht als Beschäftigungsmaßnahme, sondern weil diese Arbeit wirklich gebraucht wird. Weil in diesen Bereichen an allen Ecken und Enden Personalmangel herrscht.

PIERRE CURIEUX: Trotzdem erscheint es unwahrscheinlich, daß Sie damit in Deutschland 7 Millionen Menschen in Lohn und Brot bringen könnten.

SAHRA WAGENKNECHT: Das Ziel besteht ja auch nicht darin, daß möglichst viel gearbeitet wird, sondern daß jeder einen gesicherten Arbeitsplatz hat. Daß immer mehr menschliche Arbeit heute von Maschinen übernommen werden kann, ist doch kein Unglück. Es ist hauptsächlich stupide, mechanische Arbeit, die dadurch überflüssig wird. Das ist an sich gut. Das Problem liegt darin, daß unter den heutigen Bedingungen die Betroffenen eiskalt auf die Straße fliegen und dann überhaupt keine Perspektive mehr haben. Die einzige vernünftige Antwort auf steigende Produktivität und technische Modernisierung lautet deshalb: kürzere Arbeitszeit. Natürlich bei vollem Lohnausgleich. Höhere Produktivität heißt ja, daß mit geringerem Arbeitseinsatz das gleiche oder sogar ein höheres Ergebnis erzielt wird. Die Grundlage für mindestens gleichbleibende Löhne ist also da. Auch Arbeitszeitverkürzungen wären so eine Frage, die mit den Planvorgaben festgelegt werden könnte. Da müßte natürlich durchgerechnet werden, was tatsächlich finanzierbar ist und was nicht. Aber es wäre möglich, auf diese Weise eines der akutesten Probleme der Gegenwart, das der Arbeitslosigkeit, zu lösen.

PIERRE CURIEUX: Sie sagen selbst, solche Entscheidungen müßten durchgerechnet werden. Kann über diese Fragen dann überhaupt demokratisch entschieden werden? Wenn der Plan nicht finanzierbar ist, taugt er nichts, was immer an schönen Dingen drinsteht.

SAHRA WAGENKNECHT: Worüber demokratisch entschieden werden sollte, sind die Ziele und Prioritäten der volkswirtschaftlichen Entwicklung. In der konkreten Umsetzung müssen die natürlich durchgerechnet werden. Es ist beispielsweise kein Problem, wenn man sich aus sozialen Gründen für gezielte Preissubventionen in bestimmten Bereichen entscheidet. Volkswirtschaftlich ist es nicht nötig, daß alle Bereiche gewinnorientiert oder auch nur kostendeckend arbeiten. Wichtig ist nur, daß die Gewinne, die die hochproduktiven Betriebe erwirtschaften, ausreichen, um die Zuschußbereiche zu subventionieren und daneben noch genügend Geld für Forschung, Investitionen und soziale Leistungen bleibt. Gesamtvolkswirtschaftlich gibt es eine unerbittliche Kosten-Ertrags-Rechnung, die sich unter keinen Umständen aushebeln läßt. Die Einkommen können nicht schneller wachsen als das reale Produktionsergebnis; sonst verliert das Geld seinen Wert. Es kann außerdem nur der Teil des cash flow konsumiert werden, der nicht zur Aufrechterhaltung und Modernisierung des Kapitalstocks, für Forschung und Investition benötigt wird. Sonst lebt die Gesellschaft von der Substanz, was nicht lange gut geht. Insoweit wäre ein gesellschaftlicher Plan natürlich nichts wert, wenn er nicht durchgerechnet und finanzierbar ist. Aber was überhaupt finanziert werden soll, das muß politisch entschieden werden.

PIERRE CURIEUX: Und wer gewährleistet, daß nicht bloß abgehobene Bürokraten an die Stelle der Manager treten? Bürokraten, die ihren Job ebenso eigennützig betreiben wie die Manager, nur daß sie ihn schlechter machen. Ähnlich wie in der DDR, wo die Entscheidungen ja auch von einem kleinen Zirkel getroffenen wurden und der normale Arbeiter keinen größeren Einfluß hatte als heute.

SAHRA WAGENKNECHT: Indem man Strukturen schafft, die diesen Einfluß sichern. Die gewährleisten, daß die Funktionäre sich vor denen, die sie gewählt haben, verantworten müssen, daß sie abwählbar sind.

Das ist doch machbar. Das war tatsächlich ein Problem der DDR in ihren Endjahren: daß der einzelne sich mit dem Volkseigentum nicht identifizierte, weil er praktisch keinen Einfluß auf die wirtschaftlichen Entscheidungen hatte. Auch das sollte übrigens im Rahmen des NÖS verändert werden...

PIERRE CURIEUX: Sollte... Durchgesetzt wurde es nicht und niemand könnte es für die Zukunft garantieren.

SAHRA WAGENKNECHT: Natürlich kann man nichts *garantieren*. Das ist ein Todschlagargument. Wenn alles bleibt, wie es ist, sind verheerende Konsequenzen vorprogrammiert. Unter privatwirtschaftlichen Bedingungen ist die gesellschaftliche Mitbestimmung allemal eine Phrase. Das hat die Vergangenheit gezeigt. Eigentum verpflichtet nicht, Eigentum ermächtigt! Und zwar zu tun und zu lassen, was man will, ohne sich von irgendwem reinreden zu lassen. Das ist in der persönlichen Privatsphäre legitim. Katastrophale Konsequenzen hat es dagegen, wenn von diesem Tun und Lassen das Schicksal von tausenden Menschen abhängt. Wenn ein Konzern einen Betriebsteil wegen unzureichender Rendite schließen will, dann tut er das. Auch wenn eine ganze Region davon gelebt hat. In den USA, in Spanien und heute in Ostdeutschland gibt es viele solcher Industrie-Wüsten: Ganze Gegenden verslumen, sterben allmählich aus, weil die Produktion abgewandert ist. Nach Einführung des Euro werden wir mit solchen Entwicklungen noch härter konfrontiert werden. Besonders in Südeuropa. Alternativen dazu mit dem Argument abzuwürgen, daß niemand *garantieren* könne, daß dadurch die Probleme gelöst werden, heißt, die heutigen Verhältnisse für alle Ewigkeit zu legitimieren. Verhältnisse, die *garantiert* immer inhumaner und unerträglicher werden.

PIERRE CURIEUX: Gesetzt, Ihre Konzeption würde funktionieren. Das private Kapital wird sich nicht einfach enteignen lassen. Es wird abwandern. Das ist bei den intensiv verflochtenen Finanzmärkten der Gegenwart eine Frage von Sekunden. Über dieses Thema haben wir schon diskutiert.

SAHRA WAGENKNECHT: Was da in Sekunden »abwandert«, sind ja nicht Produktionsanlagen, sondern Zahlen in Bankcomputern, die für sich allein gar keinen Wert darstellen. Deshalb können sie ja auch innerhalb weniger Stunden entwertet werden, wie das bei Börsencrashs immer wieder geschieht. Ihr einziger realer Gegenwert sind die Fabriken, die Dienstleistungszentren, die Handelseinrichtungen – und die sind nicht so beweglich.

PIERRE CURIEUX: Trotzdem würde eine Kapitalabwanderung natürlich einen massiven Abwertungsdruck auslösen, der mindestens über Ex- und Import die reale Produktion beeinträchtigen würde.

SAHRA WAGENKNECHT: In der heutigen Welt ist es keine Frage, daß solche Veränderungen nicht in einem einzigen Land durchgesetzt werden könnten. Sie müßten mindestens einen Wirtschaftsraum umfassen, der etwa der Reichweite des Euro entspricht. Die Probleme spitzen sich ohnehin in allen Ländern auf ähnliche Weise zu. Wenn es wirksame Gegenbewegungen geben soll, dann dürfen die sich nicht auf einzelne Länder beschränken. Koordination, Abstimmung der Linken über nationale Grenzen hinweg ist heute existentiell. Gerade weil die Konzerne großflächig integriert sind und längst international agieren...

PIERRE CURIEUX: Auch der gesamte Euroraum ist gegen eine Talfahrt der Währung nicht gefeit. Sie haben selbst darauf hingewiesen: Selbst die Europäische Zentralbank hätte keine Macht, den Außenwert des Euro gegen massive Umschichtungen zu verteidigen.

SAHRA WAGENKNECHT: Nein. Das gehört doch gerade zu den Absurditäten der heutigen Welt: daß diese billionenschweren Geldvermögen, die zum Teil rein fiktiv sind, die sofort entwertet würden, wenn sie auf die Gütermärkte flössen, ihre Dirigenten dennoch mit sagenhafter Macht ausstatten. Mit der Macht, ganze Volkswirtschaften auszupowern, wie in den überschuldeten Entwicklungsländern. Mit der Macht, die Lebensgrundlage von Millionen Menschen zu vernichten, wie in Südostasien. Mit der Macht, Regierungen zu erpressen und wirtschaftspolitische Entscheidungen zu ihren Gunsten zu erzwingen. Solange am Dogma des freien Kapitalverkehrs festgehalten wird, geht nichts gegen den Willen dieser Finanzjongleure, das ist wahr. Aber wer sagt denn, daß man daran festhalten muß?

PIERRE CURIEUX: Schutz des Eigentums und freier Kapitalverkehr gehören zu den Grundfesten einer freien Gesellschaft. Wenn Sie diese infrage stellen, müssen Sie sich den Vorwurf gefallen lassen, daß Sie den durch die Verfassung gesteckten Rahmen verlassen haben.

SAHRA WAGENKNECHT: Wer das behauptet, hat das Grundgesetz nicht gelesen. Artikel 14 und 15 halten die Möglichkeit ausdrücklich offen, Grund und Boden, Naturschätze und Produktionsmittel in Gemeineigentum zu überführen. Natürlich geht es dabei nicht um den privaten Bäcker, sondern um den Großbetrieb, nicht um das Grundstück unterm Einfamilienhaus, sondern um große Ländereien, Wälder und Bodenschätze. Und es geht auch nicht um die Kleinaktionäre, deren Anteile so umgewandelt werden können, daß sie keine Mark verlieren. Das Außenwirtschaftsgesetz der Bundesrepublik hat übrigens auch einen Paragraphen, der Einschränkungen des freien Kapitalverkehrs für bestimmte Situationen vorsieht. Und in anderen europäischen Länder gibt es ähnliche Gesetze...

PIERRE CURIEUX: Trotzdem handelte es sich dabei um eine Einschränkung der Freiheit, die nur in außergewöhnlichen Notsituationen legitim wäre.

SAHRA WAGENKNECHT: Sind 7 Millionen Arbeitslose etwa keine »Notsituation«? Und was heißt »Einschränkung der Freiheit«? Der einzelne hat das Recht auf Schutz seines persönlichen Gebrauchseigentums, seiner Wohnung, seiner Privatsphäre. Da hat der Staat sich rauszuhalten. Dieses Grundrecht kümmert die heutige Politik allerdings immer weniger. Im Rahmen des Großen Lauschangriffs werden nach ARD-Recherche inzwischen Daten von etwa einer Millionen Bundesbürger gesammelt und gespeichert. Die Leute werden außerhalb jedes konkreten Tatverdachts gezwungen, ihren »genetischen Fingerabdruck« abzuliefern. Die Bewegungsfreiheit von Menschen wird durch die gängige Abschiebepraxis rigoros beschnitten. Rechtlich sind wir von einer wirklichen Gleichstellung von Mann und Frau weit entfernt. Ununterbrochen mischt sich der Staat in Dinge, in denen er nichts zu suchen hat. Aber über diese tagtägliche Verletzung von Freiheitsrechten redet keiner. Wenn dagegen einer kleinen Schicht die Macht genommen werden soll, kraft Verfügung über Milliarden der gesamten Gesellschaft ihre Interessen zu diktieren, da ist plötzlich die »Freiheit« in Gefahr! Dabei ruiniert das Dogma des freien Kapitalverkehrs tagtäglich Menschenleben. Es sichert die Macht einer Minderheit über die Mehrheit. Es begründet eine Diktatur des Geldes, die mit wirklicher Freiheit und Demokratie nichts zu tun hat. Die dafür sorgt, daß die übergroße Mehrheit der Menschen systematisch 'enteignet' wird: enteignet ihrer Arbeit, ihrer sozialen Sicherheit, ihrer Bezüge im Alter, ihrer kleinen Sparvermögen, ihrer Perspektive, ihrer Hoffnungen und manchmal sogar ihres Lebenswillens. Soviel zum Thema Enteignungen! Die finden in dieser Gesellschaft der Kapitaleigner und Profithaie täglich statt!

PIERRE CURIEUX: Sie erwecken den Eindruck, als tobte sich auf den freien Finanzmärkten eine Horde böswilliger Menschenverächter aus, deren höchstes Interesse darin besteht, der Menschheit nachhaltig zu schaden...

SAHRA WAGENKNECHT: Unsinn. Ihr »höchstes Interesse« ist die maximale Rendite, weiter nichts. Es ist das Streben danach, das alle Geldströme auf den Finanzmärkten lenkt. Entgegen der Legende der offiziellen Ökonomie führt das aber nicht zu einer vernünftigen Allokation der Ressourcen, sondern zu einer Aufblähung der Geldvermögen und schreienden Einkommenskontrasten, die über kurz oder lang das Produktionspotential der Volkswirtschaften untergraben. Es ist nicht die Böswilligkeit der Finanzakteure, sondern die Logik der Verhältnisse, die dazu führt. Deshalb liegt die Lösung ja auch nicht in einer besseren Moral, sondern in einer veränderten Ökonomie.

PIERRE CURIEUX: In sich erscheint Ihre Argumentation schlüssig. Aber Konzepte, die realisierbar sein sollen, müssen sich im Detail bewähren. Ich habe den Eindruck, hier ist zu vieles noch unausgearbeitet.

SAHRA WAGENKNECHT: Es ist einfach nicht möglich, am grünen Tisch bis ins Detail fertige Modelle zu entwerfen. Wer das versucht, ist unseriös. Viele Einzelregelungen müssen einfach ausprobiert werden. Dann wird man sehen, wie sie wirken, was funktioniert und was nicht. Das läßt sich ohne konkrete Praxis gar nicht absehen. Aber die Grundkonzeption – Gemeineigentum an Grund und Boden und in wirtschaftlichen Kernbereichen, Rahmenplanung nach gesellschaftlichen Kriterien und Regulation über den Markt im Detail – gibt meines Erachtens einen Ansatz, der tragfähig ist. Eine sozialistische Ökonomie würde die sozialen Kontraste und brutalen Ausgrenzungsmechanismen des heutigen Wirtschaftssystems überwinden. Zugleich könnte mit diesem Konzept verhindert werden, daß der volkseigene Sektor wieder in der Unbeweglichkeit und Ineffizienz erstarrt, die wir aus den Endjahren der DDR kennen. Mit allen politischen Konsequenzen.

PIERRE CURIEUX: Glauben Sie, daß Sie den Sozialismus noch erleben werden?

SAHRA WAGENKNECHT: Ja.

PIERRE CURIEUX: Einfach nur ja?

SAHRA WAGENKNECHT: Ich bin mir sicher, daß die Menschen sich auf Dauer nicht gefallen lassen, was der Kapitalismus mit ihnen und aus ihnen macht. Sie werden sich wehren und sie werden nach Alternativen suchen. Die gibt es aber nur jenseits des bestehenden Wirtschaftssystems.

Anmerkungen

1 FAZ 15. 12. 97
2 FAZ 27. 3. 98
3 FAZ 12. 2. 98
4 Arbeitsgruppe Alternative Wirtschaftspolitik, Memorandum '97, Köln 1997, S. 17
5 Jahreswirtschaftsbericht der Bundesregierung für das Jahr 1997
6 FAZ 13. 3. 1998
7 Neues Deutschland, 3. 3. 98
8 Studie des DIW 1998
9 Der Spiegel, 40/1997
10 Junge Welt, 3. 11. 1997
11 Neues Deutschland, 26. 1. 1998
12 FAZ, 22. 4. 1998
13 Arbeitsgruppe Alternative Wirtschaftspolitik, a.a.O., S. 81-82
14 FAZ, 9. 3. 98
15 Der Spiegel, 39/1997
16 International Harald Tribune, 31. 7. 1997
17 Martin Schumann, Die Globalisierungsfalle, Hamburg 1996, S. 165
18 FAZ, 22. 4. 1998
19 International Herald Tribune, 4. 8. 1997
20 FAZ 19. 3. 93
21 F.W. Christians, Wege nach Rußland, Hamburg 1990, S. 298
22 Ekkehard Storck, Euromarkt – Finanz-Drehscheibe der Welt, Müncehn 1995, S. 348
23 FAZ, 9. 2. 98
24 Handelsblatt, 9.4.98
25 Die Wirtschaftswoche, 15/1998
26 International Herald Tribune. 6. 8. 1997
27 FAZ, 10. 12. 97 und 25. 2. 98
28 FAZ, 26. 3. 98
29 FAZ, 9. 3. 98
30 International Herald Tribune, 11. 11. 97

31 International Herald Tribune, 20. 11. 97

32 FAZ, 10. 3. 98

33 vgl. Joachim Hirsch/Roland Roth, Das neue Gesicht des Kapitalismus – Vom Fordismus zum Postfordismus, Hamburg 1986, S. 79 f.f.

34 FAZ, 3. 2. 96

35 Ekkehard Storck, Euromarkt – Finanz-Drehscheibe der Welt, München 1995, S. 352

36 FAZ, 15.1.98

37 Martin Schumann, a.a.O., S. 94

38 FAZ, 23. 5. 98

39 FAZ, 14. 4. 98

40 FAZ, 11. 12. 97

41 International Herald Tribune, 5. 6. 97

42 FAZ, 17. 3. 98

43 Karlheinz Küting/Axel Schnorbus (Hrsg.), Betriebswirtschaftslehre heute, Frankfurt/M 1992, S. 117 und 118

44 FAZ, 18. 5. 98

45 FAZ, 15. 10. 87

46 Der Spiegel, 18. 1. 1993

47 Günter Wöhe, Einführung in die Allgemeine Betriebswirtschaftslehre, 17. Aufl., München 1990, S. 86

48 zit. nach Theo Sommer (Hrsg.), Denken an Deutschland ..., Hamburg 1966, S. 133 und 134

Was ist heute noch links?

Nehmen wir das Politprofil seines mutmaßlichen Herausforderers zum Maßstab: der Kanzler höchstselbst. Helmut Kohl wirkt hoffnungslos abgeschlagen, wenn Schröder und Stoiber unisono nach Ausländerhatz und Strafrechtsverschärfung, nach geschlossenen Heimen für Kinder, längeren Haftstrafen, gründlicherer Überwachung, kurz: nach dem Polizeistaat rufen. Das politische Spektrum rast mit solchem Tempo nach rechts, daß, wer auch nur an seinem Ort verharrt, sich unversehens im Linksaußen wieder findet. Das bedeutet aber zugleich: wenn der Linksbegriff noch irgendeinen politischen Sinn haben soll, darf er nicht bloß *relativ* verwandt werden. »Links neben der SPD« heißt dank Schröder längst nicht mehr *links*; vielmehr ist der Raum dort inzwischen so groß geworden, daß er problemlos dem dicken Oggersheimer, weiten Teilen der PDS (einige Genossen fühlen sich selbst hier noch nicht hinreichend in der »Mitte der Gesellschaft«) oder beispielsweise der »Süddeutschen Zeitung« Platz bietet. Letztere gab kürzlich zu bedenken, daß der von Schröder losgetretene Wettlauf nach rechts »...in der Forderung nach Wiedereinführung der Todesstrafe und des Zuchthauses enden« wird, – was führende Vertreter meiner Partei nicht abgehalten hat, sich zum x-ten Mal öffentlich als willige Mitstreiter – und sei es vorerst nur auf Landesebene – anzudienen. Daß all dies mit linker Politik ebensowenig zu tun hat wie der neueste grüne NATO-Enthusiasmus, versteht sich von selbst.

Traditionell wurden mit dem Attribut »Links« vor allem zwei Dinge verknüpft: soziales Gewissen und eine diesem entsprechende Politik sowie demokratische, antimilitaristische Forderungen. In immer bescheidenerer Auslegung dieses Anspruchs, wurden seit dem II. Weltkrieg jene Organisationen »Linksparteien« genannt, die mit den bekannten Keynes'schen Instrumenten die krassesten Mißstände kapitalistischer Verteilung auszugleichen und auf diesem Wege die zur Realisierung des Mehrwerts nötige Nachfrage zu erhalten suchten. So begnügsam schon diese Programmatik war, – was damals noch ging, geht heute nicht mehr. Knapp dreißig Jahre deficit spending haben weltweit überschuldete Staaten hinterlassen, die auf Gedeih und Verderb am Tropf der Kapitalmärkte hängen und ebendort um das »Vertrauen« der internationalen Großfinanzjongleure konkurrieren. Da in dieser Konkurrenz zwangsläufig der Währungsblock die besten Karten hat, der die Ansprüche aller nichtkapitalistischen Gesellschaftsgruppen auf die volkswirtschaftliche Wertschöpfung – sei's in Form von Löhnen, sei's in Form von Sozialausgaben, sei's selbst in Form von Staatsverbrauch, sofern dieser nicht unmittelbar den Konzernen zugute kommt – auf das niedrigste Niveau zu drücken versteht, um den vom Kapital eingestrichenen Teil maximal ansteigen zu lassen, ist der weltweite Austeritätswettlauf nicht Schrulle neoliberaler Politiker, sondern Konsequenz der kapitalistischen Entwicklung. (Im übrigen ist die wichtigste Säule linksreformerischen Einkommensausgleichs, das progressive Steuersystem, schon angesichts eines sich jeglicher Besteuerung entziehenden transnationalen Kapitals kaum noch der Debatte wert.) Das politische Pendant des Austeritätskurses aber ist – über kurz oder lang – der Polizeistaat. Nicht Gerhard Schröder drückt die SPD nach rechts; der Wille, die gegenwärtigen Verhältnisse »in Verantwortung« mitzuverwalten, produziert verantwortungslosen Rechtstrend und setzt ihn voraus. Linke Politik ist unter diesen Bedingungen nur noch eins: Widerstand. Widerstand allerdings, der sich nicht in beliebigen gesellschaftlichen Nischen erschöpft, sondern die Grundlagen der kapitalistischen Wirtschaftsordnung ins Visier nimmt; – und der nur erfolgreich sein kann, wenn er breitere Teile der Bevölkerung erreicht und zur aktiven Gegenwehr ermutigt. Die Durchsetzung vergesellschafteter Produktion steht ganz sicher gegenwärtig nicht auf der politischen Tagesordnung. Aber Sein oder Nichtsein linker Politik heute entscheidet mit darüber, ob sie morgen auf die Tagesordnung kommt.

Artikel in Konkret 10/1997

Unser Platz in der »besten aller Welten«

Diskussionsbeitrag auf dem PDS-Parteitag in Schwerin April 1998

»Wir leben derzeit in der besten aller Welten«. Diese Meinung gab einer der Chefs des Deutschen Investment-Trust vor wenigen Tagen in der FAZ zum Besten. Die Industriebosse von VW, die 1997 Rekordgewinne einfuhren, dürften zustimmen. Auch die Großaktionäre von Daimler Benz, die dank einer Sonderausschüttung gerade um 10,3 Mrd. DM reicher geworden sind. Thyssen Industrie erreicht nach eigenen Angaben eine Kapitalrendite von 51%. Da brummt die Börse, da explodieren die Kurse. Und mit den Kursen wächst der Druck, auch den Gewinn je Aktie höher und höher zu schrauben. Also wird weiter rationalisiert, weiter ausgelagert, weiter entlassen. Daß Millionen auf der Strecke bleiben, wen kümmert's. Hauptsache der Shareholder value, die Profitrate, stimmt.

Kapitalismus pur nach amerikanischem Vorbild, der, wenn man ihm nichts entgegenzusetzen hat und trotzdem Wahlen gewinnen will, einen amerikanischen Wahlkampf a la Schröder nahelegt. Schlagworte, die alles und nichts versprechen, geben freie Hand, nach gewonnener Wahl das zu tun, wofür den sozialdemokratischen Kandidaten laut Umfragen schon heute eine Mehrheit deutscher Topmanager unterstützt. Die sozialen Restbestände im SPD-Wahlprogramm stören die nicht. Denn – wie Schröders Wahlkampfberater Hombach es ausdrückt: »Die Unternehmer wissen genau zwischen Programmwunsch und Realität zu unterscheiden.«

Die SPD selbst hat das auch gelernt und setzt beispielsweise in Dortmund, wo 10% der Bevölkerung von Sozialhilfe leben, auf Arbeitsdienste besonders perfider Art. Sozialhilfeempfänger werden neuerdings als Hilfspolizisten eingesetzt, die Bettler und Obdachlose aus der Innenstadt zu vertreiben haben. Wer sich dazu nicht hergeben will, bekommt die Stütze gestrichen. Wovon er dann lebt, weiß keiner und will auch keiner wissen.

Wer nach Wahlen ungebunden sein will, braucht Unverbindlichkeit. Hat die PDS nötig, ähnlich diffuse Schlagworte zu gebrauchen? Eine »gerechte Republik«! Für wen? Für den Krupp-Aktionär, der steigende Rendite natürlich als gerecht empfindet, oder für den Thyssen-Arbeiter, der nach gelungener Fusion seinen Job verlieren wird? Für den Pharma-Konzern, der stattliche Dividenden verteilt, oder für den Kranken, der sich nötige Arznei wegen steigender Zuzahlung bald nicht mehr leisten kann? Wer oder was treibt uns dazu, den Kapitalismus schamhaft und außerdem falsch als »Marktradikalismus« zu umschreiben. Es ist wahrlich nicht *marktradikal*, wenn eine Fusionswelle die nächste jagt; wenn die deutsche Wirtschaft mit dem Euro im Rücken ganz Europa aufkaufen wird; wenn Riesen-Konzerne entstehen, die Zulieferern und Verbrauchern die Preise diktieren. Es ist auch nicht *marktradikal*, wenn überliquide Großunternehmen staatliche Fördertöpfe plündern und im Osten Deutschlands bis zu 33% ihrer Investitionen subventioniert bekommen.

Gefordert wird im Wahlprogramm ein »politischer Richtungswechsel«. Ist es wirklich die Politik, die die Richtung im Land bestimmt? Natürlich ist scharf zu kritisieren, wenn die Regierung Reiche steuerlich entlastet und die Mehrwertsteuer erhöht. Aber Siemens brauchte keine Steuerreform, um schon 1995 keinen Pfennig mehr ins Staatssäckel abzuführen. Steinreiche Privathaushalte tun seit Jahren ein gleiches, – mit oder ohne Vermögenssteuer, Luxemburg ist um die Ecke und buchungstechnisch ist Hongkong auch nicht weit. Natürlich ist scharf zu kritisieren, wenn die Regierung gesetzliche Arbeitszeitbeschränkungen und den Kündigungsschutz untergräbt. Aber rüde Ausbeutungsmethoden sind in der Privatwirtschaft heute auch so an der Tagesordnung; und leicht durchsetzbar, wenn sich aus Angst um den Arbeitsplatz kaum noch einer wehrt.

Mit dem ihm eigenen Zynismus vermerkte Arbeitgeberpräsident Hundt kürzlich: »Wenn Sie sich in den Betrieben umsehen, stellen Sie fest, daß sich das Verhältnis zwischen Unternehmensleitung und Beschäftigten gewandelt hat.«(Wirtschaftswoche) Für eine junge Frau aus meinem Bekanntenkreis, die in einem Kaufhaus arbeitet, stellt sich diese Wandlung in Wochenarbeitszeiten von nicht selten 68 Stunden dar. Überstunden, versteht sich, die nicht bezahlt und auch nur teilweise später wieder abgebummelt werden. Zur Belohnung wurden den Verkäufern allein im letzten Jahr dreimal die Provisionen gekürzt. Wer aufmuckt, fliegt. Es warten genügend auf den Arbeitsämtern. Am liebsten sind dem Konzern ohnehin die grenzenlos disponiblen Teilzeitkräfte, die ohne teure Sozialversicherung für 10 bis 13 Mark Stundenlohn täglich zu heuern und zu feuern sind.

In einer Welt, in der global bewegliche Kapitalmassen ihren Eigentümern beispiellose Macht verleihen, in der multinationale Wirtschaftsgiganten über Sein und Nichtsein ganzer Volkswirtschaften richten, in der private Banken, Versicherungen und Investmentfonds mit größeren Summen jonglieren als sie ein Politiker je in die Hände bekommt, – in dieser Welt ist es einfach verharmlosend, die Regierung Kohl zum Hauptverantwortlichen der Misere hochzustilisieren. Natürlich muß man den

Handlanger kritisieren. Nur sollte man dabei die Hände nicht vergessen, für die er hinlangt. Die Konzerne nutzen ihre Macht, um mit einer Brutalität sondersgleichen die Gesellschaft auf wachsende Profitraten zu trimmen. Und wir wollen mit einem Programm in den Wahlkampf ziehen, in dem Ausbeutung, Klassen und Profitinteressen nicht mal dem Namen nach vorkommen?

Den gesellschaftlichen Kernkonflikt auf den Gegensatz zur neoliberalen Politik zu reduzieren, ist außerdem kaum geeignet, Wählerstimmen für die PDS zu mobilisieren. Der Satz »Kohl muß weg« impliziert eben vor allem den Schluß: »Schröder muß her«. Ich will nicht unterstellen, daß dieser Umstand den PDS-Wahlkampfleiter bewogen hat, bereits dreimal im ND anzukündigen, viele PDS-Wähler würden ihre Zweitstimme wahrscheinlich der SPD geben, weshalb die PDS derzeit bundesweit nur noch bei 4,4% der Stimmen liege. Umfragen sind ja immer relativ. Laut denen, die die FAZ veröffentlicht, stehen wir ungebrochen bei 5,4%. Man kann Dinge auch herbeireden.

Es ist auch nicht gerade eine Unterstützung für den Wahlkampf West, wenn der PDS-Wahlleiter in laufende Kameras hinein betont, die PDS sei im Westen eh eine marginale Partei. Natürlich müssen wir uns nicht schönreden. Selbst hinter Wahlergebnissen von 1% stehen allerdings beispielsweise in NRW 100000 Menschen. Das ist erstens mehr als bloß marginal; und zweitens sollte, wem die Ergebnisse nicht reichen, eben den Wahlkampf West mit allen Möglichkeiten unterstützen, anstatt persönliches Desinteresse demonstrativ zur Schau zu tragen.

Die Situation im Land ist viel zu ernst, ein linkes Gegengewicht gegen die massenhafte Vernichtung von Lebensperspektiven und sozialen Existenzen in Ost wie West viel zu dringlich, als daß wir es uns leisten könnten, so mit unserem Einfluß zu spielen. Gerade weil Regierungswechsel wenig ändern werden, tut Widerstand not, Druck von unten, der parlamentarisch nicht im Stich gelassen werden darf, sondern Unterstützung, Bestärkung braucht. Dafür bedarf es starker PDS-Fraktionen, einer starken antikapitalistischen Opposition.

Noch unterscheidet uns von der SPD, daß hinter den Programmwünschen immerhin die »Abers« fehlen. Außer beim vollen Lohnausgleich, da hat sich das erste »Aber« schon eingeschlichen. Werden weitere folgen, wenn erst in Sachsen-Anhalt oder anderswo Ministersessel winken? In einer Wirtschaftsordnung, in der die Maximierung des Profits über Sein und Nichtsein jeder Investition entscheidet, liegt die Versuchung nahe, die Bereicherung der Reichsten auch zum Interesse derer zu erklären, die die Zeche dafür zahlen. Lernen wir irgendwann auch, Programmwunsch und Realität unterscheiden, und stehen dann mit gerade für eine Politik, die Sozialhilfeempfänger drangsaliert, Ausländer abschiebt, Polizeikolonnen gegen Linke und Antifas hetzt? Dann dürfte es einem deutschen Haider oder Le Pen leicht werden, den Frust der Unzufriedenen in seine Fahrwasser zu leiten. Der Polizeistaat marschiert mit großem Lauschangriff, Europol und Schleierfahndung schon heute. Grenzüberschreitend.

Es ist auch unsere Verantwortung, daß der rechte Sumpf nie wieder eine Chance bekommt. Unverbindliche Wunschlisten für eine schöngemalte Welt tun niemandem weh. Was weh tut, ist der Verweis auf wirkliche Alternativen. Ganz sicher wird die Eigentumsfrage in den nächsten vier Jahren nicht gelöst. Trotzdem sind die antikapitalistischen Ziele aktuell, weil nur sie wirklich zeigen, daß es auch anders geht, ohne Renditezwang, ohne Profit-Gesetz. Weil sie deshalb ermutigen, die Bereicherung der Reichsten nicht länger hinzunehmen, sondern sich zu wehren und einen sozialen Frieden aufzukündigen, der längst zum asozialen Stillhalte-Diktat geworden ist. In der »besten aller Welten« des Deutschen Investment-Trust ist unser Platz nicht bei den Mitmachern, sondern bei denen, die sich widersetzen. Nicht Regierungserklärungen sondern Druck von unten sind die Sprache, die die Wirtschaftsbosse und die Großunternehmerlobby wirklich verstehen. Auch schon in der nächsten Wahlperiode!

Kommunistisches Manifest oder neokeynesianische Sozialreform?

Rede auf der Rosa-Luxemburg-Konferenz der »Jungen Welt« am 10. 1. 1998

Ich möchte mit den Ausschnitten aus zwei Kurzreportagen beginnen, wie man sie oft genug an ein und demselben Tag in ein und derselben Zeitung findet, und die in ihrem Zusammenhang und Kontrast vielleicht mehr über die heutige Welt aussagen, als alle theoretischen Ausführungen.

Erster Schauplatz ist New York Ende 1997:

»In diesen Tagen ist der Andrang in der Bubble Lounge besonders groß, wird der Dom Pérignon, Vintage selection, die 0,75 Liter-Flasche zu 1100 Dollar, besonders häufig gewünscht. Wall Street ist in Festlaune – und nicht etwa, weil Weihnachten ist. Rund zwölf Milliarden Dollar Jahresgewinn erwarten die Geldhäuser entlang der knapp 600 Meter langen Börsen-Straße... Das sind 30% mehr als im vergangenen Jahr, als die Trader über ihre Millionengehälter jubelten und niemand sich vorstellen konnte, daß der Geldrausch noch zu steigern wäre. Ein großer Teil der Gewinne wird in diesen Tagen in den Börsenpalästen aufgeteilt wie die Beute nach einem Raubzug: erst ein paar Dutzend Millionen für die Chefs und Direktoren, der Rest ans treue Fußvolk. Es ist Bonus-Saison in der Metropole am Hudson-River und die Bescherung ist großzügiger denn je.« (Spiegel, 52/1997)

Der gleiche Tag, einige tausend Kilometer südlich, sieht anders aus:

»Die tätowierten Arme zittern. Am Wetter kann es nicht liegen, denn in Guatemala ist es frühlingshaft warm. Vielleicht kommt es von den Drogen, die der Junge nimmt, vom Schusterleim oder den Lösungsmitteln, die er schnüffelt, wie fast alle Straßenkinder in Guatemala. Wahrscheinlich aber zittert der Junge, weil ihm der Überfall von heute nacht in den Knochen steckt. Mit einigen Freunden hatte er im Stadtpark geschlafen, erzählt Johnny, als plötzlich acht Männer mit Eisenstangen erschienen. Einige Kinder, die schnell genug wach wurden, konnten entkommen. Die anderen, deren Sinne von der Schnüffelei benebelt waren, reagierten erst, als sie den Schmerz der Schläge spürten. 'Die Männer haben mich festgehalten, mit den Fäusten ins Gesicht geschlagen und mir in den Bauch getreten', sagt Johnny. Seine Lippe ist aufgeplatzt, die Nase blutig, der Rükken voller Blutergüsse. 'Du hast Glück gehabt', sagt die Ärztin und drückt ihm einen Tupfer auf die Nase. Eine von Johnnys Freundinnen wurde im Park angeschossen. Sonia Anckermann mußte sie mit sechs Kugeln im Körper in die Notaufnahme bringen. 'Vielleicht kommt sie durch', sagt die Medizinerin von 'Ärzte ohne Grenzen'. Wenn nicht, wird das Mädchen ein weiteres Opfer der 'sozialen Säuberungen' in Guatemala.« (FAZ 16. 12. 97)

New York Wall Street und Guatemala-Stadt kurz vor Weihnachten 1997, knapp sieben Jahre nach dem von rechts wie vermeintlich links als »Zivilisationssieg« bejubelten Welttriumph jener Wirtschaftsordnung, der ein Prozent erhöhter Aktienrendite seit jeher einige tausend im Elend zugrunde gegangener oder gar ermordeter Straßenkinder wert war. Neu an der Welt seit 1989 ist in dieser Hinsicht allenfalls, daß die Kinder von Guatemala nunmehr Leidensgenossen in Moskau und St. Petersburg gefunden haben. Und daß eine Wiederholung der letztgeschilderten Szene bald auch in Berlin, München oder Leipzig denkbar werden könnte. Die Brutalität, die sich schon heute gegen Menschen anderer Nationalität, gegen politisch Linksstehende, gegen Punks und Antifas richtet, dürfte bei Bedarf auch für »soziale Säuberungen« zur Verfügung stehen.

Schien allerdings 1989/90 die Macht faktischer Überlegenheit auf absehbare Zeit jede kritische Stimme und jede Frage nach Alternativen ins gesellschaftliche Abseits zu verdammen, ist der Jubel selbst der Profiteure über ihren vermeintlichen Endsieg inzwischen leiser geworden. Trotz boomender Aktienkurse, trotz Rekordgewinnen im Banken- und Versicherungsbereich, trotz Milliardenprofiten auf den Telekommunikationsmärkten, in der Chemie- und Automobilbranche – mißt man die Gemütslage der upper class an den Verlautbarungen ihrer ideologischen Lohnarbeiter vom »Spiegel« bis zur FAZ, ist die selbstbewußte Siegerlaune weitgehend vergrämter Krisenstimmung gewichen. »Zivilisiert den Kapitalismus« oder »Im Joch des Profits?« oder »Der Terror der Ökonomie« heißen die Titel, die derzeit den europäischen Büchermarkt überschwemmen und die das Zentralorgan des deutschen Großkapitals mit großflächigen Werbeanzeigen unter die Leute bringt. Selbige FAZ klagt zum Jahresausklang 97 in einem langen kummervollen Artikel über die fehlenden Zukunftsstrategien des heutigen Kapitalismus: »Alles ist anders, als es je zuvor war. Das Paradoxe an dem, was wir an Zukunftsdeutung in uns aufnehmen, ist dies: Der Reichtum an Theoremen bereichert nicht. Er bestätigt uns nur in einer einzigen Gewißheit: daß es so nicht weitergehen wird. Wie es aber weitergehen wird, kann uns niemand vermitteln. ...Der Globalismus, von dem heute die Rede ist, kennt zwar keine Grenzen, aber er kennt auch keine Gliederung mehr.

Dies wäre nicht nur deshalb notwendig, damit er sich 'in Ordnung' entfalten kann, sondern auch deshalb, damit er nach menschlichem Maß beherrschbar bleibt. So wird er zum Selbstläufer. Die internationalen Finanzmärkte beginnen selbst denen Angst zu machen, die (noch) von ihnen profitieren. ...Mit dem Zenit hat der Kapitalismus auch den Höhepunkt seiner Blendkraft erreicht. ...Wir sind dabei, uns der Blendung durch den Kapitalismus zu entziehen.« Während die Gesellschaften weltweit mit Brachialgewalt auf wachsende Profitraten getrimmt werden, ist Empörung über die asozialen Unsitten des Profitsystems wieder in. Kapitalismus-Kritik hat wieder Konjunktur.

Einerseits ist das zweifellos bloßer zynischer Tribut der Herrschenden an den Stimmungswandel unter den Beherrschten, wie er ihnen aus jedem Umfrageergebnis entgegenschreit. So haben etwa nach Erkundigungen des Allensbacher Meinungsforschungsinstituts heute noch ganze 40% der Westdeutschen »eine gute Meinung vom Wirtschaftssystem der Bundesrepublik«. Im Osten sind es gar nur 22%. Zwei Jahre zuvor lagen die Zahlen immerhin noch bei 52% bzw. 26%, was für den Westen einen Schwund an Akzeptanz von 12% in nur zwei Jahren bedeutet. Noch drastischer ist der Unterschied, wenn die Umfragen mit Ergebnissen aus den achtziger Jahren verglichen werden. So hielten 1980 immerhin 58% der Westdeutschen den Klassenkampf für überholt, nur 25% befanden, die Interessen von Arbeitenden und Unternehmern seien unvereinbar. 1997 haben sich die Verhältnisse umgekehrt. Dem Sozialpartnerschaftsgeschwafel gehen bloß noch 41% aller Westdeutschen auf den Leim, während sich 44% als Befürworter des Klassenkampfes outen. Unter den Ostdeutschen zählt der Klassenkampf sogar 56% Anhänger und ist damit wieder mehrheitsfähig geworden. Und das nach Umfragen eines stockkonservativen Instituts, das an einer Überzeichnung derartiger Trends gewiß kein Interesse hat. Konnte man 1990 mit dem Slogan »Freiheit statt Sozialismus« noch Wahlen gewinnen, riskiert man heute mit derartigen Losungen sein politisches Überleben, wie das Beispiel FDP zeigt. Plumpe Schönrederei der Verhältnisse kommt nicht mehr an und ein Gutteil der publizistisch prosperierenden Gesellschaftskritik dürfte auf diesen Umstand zurückzuführen sein. Aber das ist nur die eine Seite der Medaille.

Denn zwar gewährleistet die gegenwärtige Politik explodierende Gewinne zumindest für das multinationale Großkapital, gewährleistet bespiellose Bereicherung und Überliquidität einer kleinen Schicht von Großaktionären und Vermögensbesitzern. Aber der Preis dafür ist hoch. Der als Zins- und Gewinneinkommen weltweit angeeignete Mehrwert wächst seit Jahren um ein Vielfaches schneller als die Gesamtwirtschaft, d.h. was sich oben anhäuft, wird direkt unten weggeklaut; die meisten Dritt-Welt-Länder sind inzwischen bis aufs Blut ausgelaugt, auch die ehemals sozialistischen Staaten wurden so eilig ruiniert, daß hier – wie in den Schwellenländern – nur noch wenig zu holen ist; die Umverteilungsmaschinerie zur Befriedigung der Verwertungsansprüche des Weltgroßkapitals ist nurmehr am Laufen zu halten, wenn sie sich auf die nicht- bzw. kleinkapitalistischen Schichten der westlichen Industriestaaten selbst konzentriert. Somit wird die Möglichkeit aber immer zweifelhafter, den gegenwärtigen Trend auch noch morgen und übermorgen fortzuschreiben.

Da die Ideen der herrschenden Klasse freilich nur so lange die herrschenden Ideen einer Zeit bleiben, solange die herrschende Klasse Ideen hat, wird Stützung in der Vergangenheit gesucht. Mit der Kapitalismuskritik der bürgerlichen Publizistik floriert folgerichtig auch die – zum Teil wehmütig-resignierte, zum Teil als politisches Programm aufgepeppte – Rückbesinnung auf das Modell der westeuropäischen Nachkriegszeit, den Reformkapitalismus mit vermeintlich »menschlichem Antlitz«, den vierzigjährigen »Sozialvertrag« der gelobten Bonner Republik, den verantwortungslose Wirtschaftsmächtige, rüde Global Player und ihnen hörige neoliberale Politiker vor einigen Jahren ebenso brutal wie grundlos aufgekündigt hätten, statt dem großen Ganzen fortan nur noch schnödem Gewinnstreben verpflichtet.

Richtig an dieser Weltsicht, die von »Spiegel« und »Zeit« bis zum PDS-Wahlprogramm kultiviert wird, ist eins: die Veränderungen in den westlichen Industriestaaten, deren Beginn auf die frühen achtziger Jahre zu datieren ist, haben seit etwa einem Jahrfünft eine Qualität erreicht, die dem kapitalistischen Nachkriegsmodell seine entscheidende stabilitätspolitische Grundlage zu entziehen droht. Freilich handelt es sich nicht um die plötzliche, politisch initiierte Re-Barbarisierung einer über vierzig Jahre zivilisierten Gesellschaft, sondern um weltweit veränderte Reproduktionsbedingungen, die die ganze Wucht der Brutalität, Asozialität und Inhumanität der kapitalistischen Vergesellschaftungsform, die über vierzig Jahre an den gesellschaftlichen Rand bzw. in die Peripherien der Weltökonomie abgelenkt werden konnte, wieder in die kapitalistischen Kernländer und die Kerngruppen der Arbeiterklasse zurückholen.

Es ist müßig, darüber zu streiten, ob das keynesianistische Nachkriegsmodell – global betrachtet – humaner war als das heutige. Zweifellos hat es in den Industriestaaten für die Mehrheit der Menschen bessere Lebensbedingungen gewährleistet, und jedes soziale Zugeständnis jener Zeit ist heute verteidigenswert. Als Beleg für die Fähigkeit des Kapitalismus zu sozialem Ausgleich indessen taugen auch die Nachkriegsjahrzehnte nicht. Ihre Besonderheit lag vielmehr gerade darin, daß die rasch ansteigende Produktivität stetige und spürbare Lohnerhöhungen erlaubte, ohne die Profitrate merklich zu beeinträchtigen, weil jede Lohnerhöhung via Nachholbedarf der Massenkaufkraft sich direkt in überproportional wachsende Profite der expandierenden Gebrauchsgüterindustrien zurückverwandeln ließ. In dem Augenblick, in dem dieser Expansionsprozeß nur noch um den Preis sinkender Profitraten hätte fortgeführt werden können – am Beginn der siebziger Jahre – geriet das Modell in seine erste schwere Krise. Bekannter Ausweg waren verstärkte Produktionsverlagerungen in Billiglohn- und Niedrigsteuergebiete sowie massiver Abzug realisierten Mehrwerts aus dem Produktionsprozeß. Aufgesaugt wurde das überschüssige Geldkapital von dem parallel zu den Krisentendenzen wachsenden Kredithunger der Staaten, die die infolge Arbeitslosigkeit in den Metropolen wegbrechende Kaufkraft durch üppiges deficit spending stabilisierten, und die durch aufwendige Militärdiktaturen in der Dritten Welt den expandierenden Multis die gewünschte Infrastruktur und die Rechtlosigkeit der Ausgebeuteten sicherten.

So hatte das kapitalistische Nachkriegsmodell zwar Armut und Elend nie überwunden, sie jedoch über fast vierzig Jahre in die gesellschaftlichen Außenbereiche abgedrängt, dorthin, wo sie wehrlos blieb und bleiben mußte: es waren die Langzeitarbeitslosen, Ungelernte, ausländische Arbeiter, Alleinerziehende, Kranke und Schwache sowie die Völker der Dritten Welt und der Schwellenländer, für die »soziale Marktwirtschaft« und Menschenrechte stets die zynischen Phrasen blieben, die sie waren. Wer indes in den Industriestaaten eine reguläre Vollzeit-Arbeit hatte – und das war die Mehrheit der Arbeiter und Angestellten – wurde materiell weitgehend abgesichert und konnte auf Anteil am wachsenden Wohlstandskuchen hoffen. Und auch, wer kurzzeitig seinen Job verlor, wurde sozial aufgefangen. Institutionalisierte und strikt auf ökonomische Ziele begrenzte Kampfformen gewährleisteten, daß mit der Steigerung der Produktivität auch die Löhne wuchsen; und mit ihnen wuchs die Möglichkeit, eventuell aufkeimendes Unbehagen über Stumpfsinn und Einförmigkeit des herrschenden Arbeits- und Konsummodells durch immer größere Ansprüche auf seinen materiellen Ausstoß zuzuschütten. Auf dieser Basis gelang die nahezu vollständige politische Enthauptung der Arbeiterbewegung in den Industrieländern. Und mit den existentiellen sozialen Nöten fand sich auch die antikapitalistische Linke an den gesellschaftlichen Rand und bei Wahlen in den Bereich von Prozentbruchteilen abgedrängt. Oder sie verschwand durch Integration.

Wenn Selbstbehauptung gegen die kapitalistische Barbarei in den zurückliegenden dreißig Jahren stattfand und – unbestechlich, gradlinig und oft genug aufopferungsvoll – verteidigt wurde, dann vor allem jenseits der Metropolen: in Vietnam gegen die US-Aggression, in Mittel- und Lateinamerika gegen die Ausbeutungspraktiken multinationaler Agrar- und Industriekonzerne, und – als einzigem bis heute erfolgreichem Land – in Kuba. Die einzige Haltung, die ein Linker diesen Kämpfen gegenüber einnehmen kann, ist zweifellos die Haltung vorbehaltloser, uneingeschränkter Solidarität. Aber die Erfahrungen der vergangenen siebzig Jahre belegen auch, daß ein ökonomisch unterentwickelter, seinem Gegner an Produktivität unterlegener Sozialismus auf Dauer kaum Überlebenschancen hat – es sei denn um den Preis zutiefst entstellender Verzerrungen und massiver Nichteinlösung berechtigter Ansprüche. Denn einem ökonomisch unterentwickelten Land bleibt im Rahmen einer kapitalistisch bestimmten Weltökonomie letztlich nur die Wahl zwischen autarkem Armutssozialismus, der über kurz oder lang seinen Rückhalt in der Bevölkerung riskiert, oder aber partieller Öffnung für die Aktivitäten multinationaler Konzerne, mit allen daraus folgenden Abhängigkeiten und sozialen Verwerfungen.

Der langjährige gordische Knoten linker Theorie, wie mit einer von der imperialistischen Weltordnung mitprofitierenden, sozial stillgestellten Bevölkerungsmehrheit der Metropolen Weltveränderung zu machen sei, konnte nie durchschlagen werden. Heute löst er sich auf. Die ökonomische Basis der Integration erodiert seit zwei Jahrzehnten und ist inzwischen weitgehend verschwunden. Der beispiellosen Gewinnexplosion von Banken und Großunternehmen stehen ebenso beispiellose Pleiterekorde kleinerer und mittlerer Firmen gegenüber, die Arbeitslosenzahlen erreichen immer neue Nachkriegsspitzen, an die Stelle regulärer Arbeitsverhältnisse treten im großen Stil ungeschützte, schlecht bezahlte Teilzeitjobs oder Scheinselbständigkeit, Bildung, Gesundheit und Altersvorsorge werden wieder unmittelbar zur Frage des persönlichen Kontostands, über zwei Millionen Haushalte in Deutschland sind hoffnungslos überschuldet, der Sturz ins soziale Nichts wird wieder zur allgegenwärtigen Gefahr, deren Drohung die Ware Arbeitskraft zu immer mieseren Konditionen verfügbar macht. Das heutige »amerikanische Modell«, das via Maastricht-Vertrag auch in Europa installiert wird, lebt von einer immer breiteren Schicht sog. »working poor«, »arbeitender Armer«, und davon, daß auch bei den von tatsächlicher Armut nicht oder noch nicht Betroffenen Unsicherheit, Existenz- und Zukunftsangst zum bestimmenden Lebensgefühl werden.

Reflex dieser Situation sind Umfrageergebnisse wie die zitierten. Gewiß ist der aus ihnen sprechende Stimmungswandel kein Grund für übereilten linken Optimismus. Nicht jeder verdrossene Mitbürger ist ein potentieller Linkswähler und schon gar nicht ist er in jedem Falle ein potentieller Aktivist antikapitalistischer Bewegungen, der Streiks und Demonstrationen organisiert oder sich mindestens daran beteiligt. Dennoch: der Stimmungswandel der letzten 5 Jahre geht deutlich tiefer als die üblichen Stimmungsflauten im konjunkturellen Abschwung, wie es deren in der westdeutschen Geschichte schon manche gab. Unzufriedenheit mit der persönlichen Situation, Uneinverständnis mit den gesellschaftlichen Verhältnissen und – vor allem – Pessimismus bezogen auf die Möglichkeiten der kapitalistischen Gesellschaft, die Lage wenigstens in Zukunft wieder zum Besseren zu wenden, haben eine Breite erreicht, die während der vierzigjährigen Existenz des bundesdeutschen Staates ohne Beispiel ist. Der Abstieg der ehemals gesicherten Mittelschichten von gutbezahlten Facharbeitern, Angestellten und kleinen Selbständigen rührt – wie der »Spiegel« zu recht vermerkt – an den Fundamenten vierzigjähriger kapitalistischer Stabilität. Und mit den Streiks und Demonstrationen der Kohlekumpel und Bauarbeiter, mit den Aktionen der französischen Fernfahrer, die gezeigt haben, mit welch relativ einfachen Mitteln heute faktisch ein ganzer Kontinent lahmgelegt werden kann, mit den Protestaktionen der französischen Arbeitslosen, mit den italienischen Demonstrationen, mit den hiesigen Studentenstreiks verstärkt sich seit einiger Zeit spürbar und europaweit der Widerstand der Betroffenen.

Er wird spätestens dann nicht mehr ignorierbar sein, wenn, wie im Berliner Bündnis zwischen Studenten und Schülern, die einzelnen Aktionen nicht mehr isoliert bleiben, wenn das beliebte Ausspielen der Betroffenen, des Beschäftigten gegen den Arbeitslosen, der Belegschaften gegeneinander, des Arbeiters gegen den Studierenden, des Inländers gegen den Ausländer, an wiedererstehender Solidarität zerbricht, wenn die nach wie vor verbreitete Resignation und Lethargie dem wiedergewonnenen Selbstbewußtsein weichen, aus eigener Kraft – gemeinsam – Veränderung erzwingen zu können, wenn Verständnis für gemeinsame Ziele und gemeinsame Gegner an die Stelle Medien-errichteter Denkblockaden treten. Der derzeitige weltweite Umverteilungsprozeß lebt nicht primär vom Metropolen-Peripherie-Gegensatz, sondern ist klassengebunden; die Alternative zur nationalistischen Standortverblödung ist nicht erträumter globaler Neokeynesianismus, sondern Klassenkampf. Nicht anonyme Finanzmärkte beherrschen die heutige Weltökonomie, sondern einige hundert – überdies zunehmend verflochtene – multinationale Industriekonzerne und Finanzgiganten, deren Investitions- und Anlageentscheidungen über die Entwicklung von Weltproduktion und Welthandel, über das Auf und Ab der Währungen und letztlich über Sein und Nichtsein ganzer Volkswirtschaften entscheiden. Die immer wieder herbeigeredete Trennung zwischen Eigentum und Verfügung gibt es nicht; ein Management, das andere Prioritäten setzte als die Mehrung des Gewinns, wäre binnen kurzem gefeuert oder durch massiven Kursverfall und Fremdkapitalentzug in den Konkurs getrieben; abgesehen davon, daß die Elite der Topmanager weltweit selbst durch Großbesitz an Aktien und Aktienoptionen steigenden Kursen – koste es, was es wolle – verpflichtet ist.

Es ist auch unter den heutigen Bedingungen die Eigentumsfrage, an der sich die Möglichkeit wirklicher Gesellschaftsveränderung festmacht. Reformprojekte – aus welcher Richtung immer –, die suggerieren, die verteilungspolitischen Folgen der kapitalistischen Globalökonomie aufheben zu können, ohne das ihr zugrundeliegende privatkapitalistische Produktivvermögen anzutasten, machen den Leuten etwas vor. Die Ablösung der profitdiktierten Produktion mit ihren schreienden Kontrasten zwischen protzig-dekadentem Luxus und hoffnungsloser, demütigender Armut, ihrer massenhaften Fehlleitung und Vernichtung wertvoller natürlicher Ressourcen, ihrer zynischen Degradierung des Menschen zum bloßen Instrument kapitalistischer Verwertungsinteressen – die Ablösung dieser Produktion durch eine bedarfsorientierte und naturverträgliche setzt nicht andere subjektive Prioritäten, Verzichtbereitschaft der Bevölkerung der Industriestaaten oder ein verteilungswilliges Management voraus, sondern in erster Linie veränderte Eigentumsverhältnisse.

Es ist nicht nur die Niederlage der sozialistischen Alternative, die die Profitgier der Wirtschaftsmächtigen wieder ins Grenzenlose erweitert hat. Es ist ihre qualitativ neue Machtposition gegenüber jedweder – nationaler wie internationaler – Politik, eine Machtposition, die in der konzentrierten Verfügung über dreistellige Milliardenbeträge begründet und in den liberalisierten Kapital- und Finanzmärkten institutionalisiert ist. Das sozial integrative Nachkriegsmodell wurde nicht aus neoliberaler Ideologie aufgegeben, sondern weil die keynesianischen Reforminstrumente sukzessive ihre Voraussetzungen verloren haben. Heute sind die Staaten weltweit so hoch verschuldet, daß sie um jeden Preis darauf angewiesen sind, die Kreditgeber (zur Fortschreibung der Altschulden) bei der Stange zu halten; das setzt Begrenzung der Neuverschuldung voraus. Wer sich heute noch überdurchschnittliche Defizitquoten leisten will, hat dafür mindestens mit überdurchschnittlichen Zinssätzen zu zahlen; irgendwann wird er seine Staatsanleihen schlicht nicht mehr unter die Leute bringen. Aber die Hörigkeit der öffentlichen Haushalte gegenüber dem Finanzkapital als ihrem großen Gläubiger ist nur die eine Seite. Die andere ist die generelle Abhängigkeit jedes Währungs- und Wirtschaftsraums vom Zufluß oder mindestens Verbleib der Euromarkt-vermittelten Liquidität. Natürlich ist das nationalistische Standortgerede mit seiner Wir-sitzen-doch-alle-in-einem-Boot-Phraseologie übelste Volksverdummung, indem es die Betroffenen in die sie ruinierende Umverteilungsmaschinerie einzuspannen sucht. Aber unter den bestehenden Verhältnissen kann es sich tatsächlich kein Wirtschafts- und Währungsraum leisten, dem Kapital unterdurchschnittlich schlechte Verwertungschancen zu bieten. Zwar ist einmal investiertes Sachkapital auch unter den heutigen technischen Bedingungen weit weniger beweglich, als die Standortideologie suggeriert. Aber schnell steigende Produktivität bei abgewürgter Massenkaufkraft läßt immer mehr Produktionskapazitäten überflüssig werden. Eben deshalb rentiert sich das seit Jahren in immer größerem Stil gepflegte Firmenfressen der Konzerne. Die Standortkonkurrenz existiert im Rahmen der heutigen kapitalistischen Weltwirtschaftsstrukturen tatsächlich, aber nicht (oder fast nicht) als Konkurrenz um produktive Investitionen, sondern als Konkurrenz um den Erhalt der örtlichen Produktionsstruktur und Abwälzung der Entindustrialisierung und Realkapitalvernichtung auf andere. Von der Einführung des Euro wird ein neuerlicher Schub dieser Entwicklung erwartet. Die FAZ frohlockt: »Die kapitalkräftige deutsche Industrie wird Unternehmen in ganz Europa aufkaufen« (11. 12. 1997).

So zwingt das System des heutigen Kapitalismus die einzelnen Regionen, Staaten und Wirtschaftsblöcke in die Funktion bestmöglicher Renditebeschaffer für das ununterbrochen anschwellende, von wenigen Wirtschafts- und Finanzgiganten dirigierte internationale Geldkapital. Welteinfluß und Extraprofite dieser Giganten wachsen mit der internationalen Liquiditätsbasis ihrer nationalen Währung, während sich umgekehrt – mangels Devisendeckung – kein Währungsblock massive Umschichtungen zu seinen Ungunsten leisten kann. Das erzwingt Unterwerfung unter die Logik jenes weltweiten Anlagemonopoly, das den Wert jeder Währung in letzter Instanz danach taxiert, in welcher Höhe das betreffende Wertprodukt netto für Zins- und Gewinneinkommen zur Verfügung steht. Konsequenz ist ein internationaler Wettlauf um die asozialste Politik: die jämmerlichsten Löhne und flexibelsten Arbeitszeiten, die niedrigsten Kapitalsteuern und Sozialabgaben, die niedrigsten staatlichen Personalausgaben und Sozialtransfers, erkauft um den Preis zunehmender Einkommenskonzentration und sozialer Polarisierung, schrumpfender Binnenmärkte und galoppierender Arbeitslosigkeit. Verweigert sich eine Volkswirtschaft dieser Logik des Irrsinns, ist bei politisch deregulierten Kapitalmärkten ihr Hineinschlingern in eine Abwertungs-Inflations-Spirale mit wachsenden Leistungsbilanzdefiziten vorprogrammiert. Spätestens die damit ebenfalls wachsende Außenverschuldung erzwingt dann politische Umkehr. Der rigide Austeritätskurs, den Deutschland seinen Nachbarn per Maastricht-Vertrag diktiert hat, ist keineswegs Ausfluß neoliberaler Idiotie und ideologischer Borniertheit, sondern durchweg rationales Kalkül, um den Euro als Weltleitwährung fit zu machen. Sollte es langfristig gelingen, den Dollar in dieser Funktion abzulösen, würde die deutsche Wirtschaftselite eine globale Macht verkörpern, von der sie in den düstersten Zeiten ihrer Vergangenheit nicht zu träumen gewagt hätte. Und mit welcher Selbstverständlichkeit Deutschland schon heute die EU-Außengrenzen als Landesgrenzen betrachtet, zeigt die Erpressung Italiens in der Frage der kurdischen Flüchtlinge.

Allerdings bedeutet der geschilderte Austeritätswettlauf nicht nur beschleunigte Umverteilung von unten nach oben; er setzt eine Spirale der Verarmung in Gang, die letztlich auch an dem Ast sägt, auf dem ihre vorläufigen Profiteure sitzen: denn in ihrer Folge verschiebt sich mehr und mehr der reale Kapitalstock: weg von den existentiellen Bedarfsgüterindustrien, hin zu solchen Bereichen, deren Ausstoß zwar kein Mensch braucht, dessen Abnahme jedoch unter dem Druck mächtiger Lobbies auch im Zeichen des vorgeblichen Neoliberalismus staatlich garantiert wird: Rüstung, Bauwirtschaft, technologische Prestigeprojekte. Zugleich fließt ein immer größerer Teil des Mehrwerts in rein spekulative Währungstransaktionen, Immobilien- oder Aktienboome, die sich über eine gewisse Zeit selbst tragen. Aber je höher die Kurse, desto unersättlicher der Profitmaximierungstrieb, um eine allzu drastische Verschlechterung des Kurs-Gewinn-Verhältnisses zu vermeiden. Einer stagnierenden Produktionsbasis steht damit ein immer höher bewertetes Geldkapital gegenüber, das einen proportional zum eigenen Wachstum wachsenden Teil der Weltwertschöpfung an sich zu reißen sucht, und immer genau dahin fließt, wo es die Chance dazu wittert, – damit dann das ganze Spiel (auf noch engerer Basis) in die nächste Runde gehen kann.

Es ist also kein Zufall, daß wir nirgends mehr klassisch sozialdemokratische Politik vorfinden, ehemalige Linksparteien sich vielmehr europaweit zum Vollstrecker asozialer Sparkurse degradieren lassen. Gerhard Schröder ist kein Einzeltäter, sondern Standard. Daß selbst das deutsche Großkapital den Slogan »Kohl muß weg« inzwischen unterschreiben kann – in der Interpretation: »Schröder muß her« –, hat vor wenigen Wochen die FAZ klargestellt, als sie den unglücklichen Kanzler mit dem Vorwurf konfrontierte, sozialpolitisch links neben Tony Blaires Labour-Party zu stehen. Die Umverteilung zugunsten der Gewinn- und Vermögenseinkommen wird von allen Spielarten innerkapitalistischen Wirtschaftspolitik heute als Datum akzeptiert. Damit reduziert sich die Möglichkeit reformistischer Alternativen auf das, was in einer sozialdemokratischen Publikation der achtziger Jahre zynisch als »Sozialismus in einer Klasse« bezeichnet wurde: die Umverteilung unter den Lohnabhängigen selbst, die den unteren Gehaltsgruppen etwas mehr, den höheren etwas weniger zubilligt, die Maximierung des Mehrwerts aber unangetastet läßt. Wer sich über realpolitische, d.h. profitkonform finanzierbare Reformvorschläge den Kopf zerbricht, wer seinen Ehrgeiz darein setzt, um Gottes willen kein »Investorenschreck« zu sein, wird unter den gegenwärtigen Verhältnissen bei solcherart Konzepten landen. Damit wird freilich nicht nur die Zukunft verspielt; es wird angesichts eines immer engeren Verteilungsspielraums unten auch jedem wirklichen Widerstand die Spitze abgebrochen.

Selbstverständlich hat keine linke Partei die Macht, außerparlamentarische Widerstandsbewegungen *ins Leben* zu rufen. Das braucht sie auch gar nicht; sie entwickeln sich schon selbst. Linke Verantwortung ist es, ihr Entstehen wenigstens nicht zu behindern, sondern nach Möglichkeit zu unterstützen. Nötig ist dafür m.E. nicht ein »neues historischen Projekt«, sondern die Begründung eines *neuen Anlaufs* zur Lösung der alten Eigentumsfrage unter den heutigen, in vieler Hinsicht veränderten, in ihrem kapitalistischen Wesen aber seit Marxens Zeit gleichgebliebenen Bedingungen. Worum es gegenwärtig geht, ist, das Ziel nichtkapitalistischer Produktion nach der 89er Niederlage wieder überzeugungsfähig zu machen. Dafür bedarf es konkreterer Vorstellungen über ihre Gestaltung und Funktionsfähigkeit. Diese können nicht am grünen Tisch entwickelt, sondern müssen mit den Erfahrungen der vergangenen vierzig bzw. siebzig Jahre konfrontiert werden.

Das betriebswirtschaftliche Rentabilitätsprinzip als Regulierungsinstrument der bestehenden Ökonomie verschwindet mit dem kapitalistischen Eigentum. Nach der Marxschen Theorie tritt an seine Stelle zentrale, demokratisch bestimmte Planung. Aber die Erfahrungen des vergangenen Sozialismus machen deutlich, daß bestenfalls die Grundproportionen und Hauptrichtungen der wirtschaftlichen und technologischen Entwicklung planbar sind, daß konkrete Bedürfnisse in ihrer Differenziertheit von keiner Behörde – auch keiner computerisierten – detailliert vorab bestimmbar sind, daß also auch eine sozialistische Ökonomie mikroökonomischer Regulierung bedarf, wenn nicht an den Bedürfnissen vorbei und damit arbeitszeit- und ressourcenverschwendend produziert werden soll.

Jede warenproduzierende, marktvermittelte Ökonomie unterliegt mit dem Wertgesetz einer bestimmten Rationalität, die dahin wirkt, die zur Erzeugung der einzelnen Bedarfsgüter nötige Arbeitszeit zu vermindern. In der kapitalistischen Ökonomie erscheint diese Rationalität als Tendenz zur fortwährenden Kostenreduktion, wobei sie erheblich verzerrt wird, indem erstens nur die bezahlte Arbeit zählt, d.h. das betriebswirtschaftliche Rentabilitätsprinzip nur jene Kosten berücksichtigt, die das im Unternehmen angelegte Kapital zu tragen hat, nicht den Aufwand an Arbeitszeit, der zur Aufrechterhaltung der Produktion auf einem bestimmen Niveau gesamtgesellschaftlich anfällt, und zweitens die Produktion statt für den Bedarf, oft genug für einen erst künstlich geschaffenen Markt produziert: geschaffen durch Staatsnachfrage, durch aggressive Werbung, oder auch durch die Wucherung ganzer Produktionsbereiche, die einzig der Vermittlung des kapitalistischen Verwertungsprozesses dienen (ein Beispiel wäre die Computersoftware zur Unterstützung moderner Finanzmarktoperationen). Die kapitalistische Rentabilitätslogik bedingt also, daß der gesellschaftliche Gesamtarbeitstag einerseits den einzelnen Gesellschaftsmitgliedern äußerst ungleich aufgebürdet wird und andererseits große Teile von ihm – und damit zugleich wertvolle natürliche Ressourcen – nutzlos verschleudert werden. In der heutigen Weltökonomie, in der privatkapitalistische Marktführer eine wachsende Macht zum Preisdiktat haben und die geschilderten Mechanismen die Bedarfsgüterproduktion strangulieren, potenzieren sich diese Verzerrungen.

Eine sozialistische Gesellschaft hat mit der Rationalität des Wertgesetzes nun zumindest das gemein, daß auch sie versuchen muß, während eines bestimmten, möglichst kurzen gesellschaftlichen Gesamtarbeitstages einen möglichst umfassenden, bedarfsentsprechenden gesellschaftlichen Reichtum zu erzeugen. Wenn Produktivität nicht nur auf die Quantität, sondern auch auf die Qualität des Produktionsausstoßes pro Arbeitsstunde bezogen wird, hat ein diesbezügliches Effizienzkriterium auch für eine sozialistische Ökonomie Gültigkeit. Ohne ökonomische Regulierungen, die auf einen in diesem Sinne effizienten Umgang mit der gesellschaftlichen Arbeitszeit und auf technologischen Fortschritt zur Produktivitätssteigerung hinwirken, ist das Versprechen einer weltweiten Beseitigung von Hunger und Armut nicht einzulösen, von einem wachsendem allgemeinem Lebensstandard bei sinkender Arbeitszeit ganz zu schweigen.

Oft wird eingewandt, daß ein weltweit wachsender Lebensstandard nur um den Preis des ökologischen Ruins erreichbar wäre. Aber technologisch wäre es längst möglich, anstelle ressourcenruinierender Wegwerfprodukte Güter mit langer Lebensdauer, naturverträglichem Gebrauch und anschließender Recycelbarkeit zu produzieren. Allerdings wäre ihre Produktion unter den gegenwärtigen technologischen Bedingungen teurer, das heißt arbeitszeitaufwendiger als die heutige. Rein quantitativ würde bei einer entsprechenden Umstellung also die Produktivität pro Arbeitsstunde und damit der erzeugte Reichtum sinken. Unter kapitalistischen Bedingungen bedeutete dies entweder Inkaufnahme sinkender Profite, was schwerlich durchsetzbar ist, oder aber noch schlechtere Lebensbedingungen der großen Masse, was jedenfalls Linke nicht fordern können.

In diesem Dilemma bewegt sich ökologische Politik mit innerkapitalistischem Blickwinkel seit jeher. Unter den Bedingungen einer vergesellschafteten Ökonomie dagegen würden zum einen die bisher nutzlos verschwendeten oder durch Massenarbeitslosigkeit stillgelegten Teile des gesellschaftlichen Gesamtarbeitstages sinnvoll nutzbar, was den Produktivitätsrückgang weitgehend auffangen dürfte. Zum anderen bestünde dann – im Gegensatz zu heute – ein Anreiz für massive technologische Forschung in der genannten Richtung, in deren Folge die Produktivität rasch wieder ansteigen könnte. Daß die sozialistischen Staaten der Vergangenheit sich gerade im Umweltbereich so sehr versündigt haben, war nicht auf technologische Fortschrittsgläubigkeit, sondern im Gegenteil, auf technologische Zurückgebliebenheit zurückzuführen. Naturverträglichkeit verlangt nicht, daß weniger produziert wird, sondern daß so produziert wird, daß der gesellschaftliche Reichtum nach Gebrauch weitgehend in den natürlichen Kreislauf zurückkehren kann. Aus sozialen wie auch aus ökologischen Gründen bedarf Sozialismus also gesamtwirtschaftlich gesetzter Prioritäten in Forschung und Investition und mikroökonomischer Anreize, die in Richtung größtmöglicher Produktivität bei größtmöglicher Naturverträglichkeit wirken. Beides setzt Verteilungsverhältnisse voraus, die sich nach der in dieser Hinsicht erbrachten Leistung richten, nicht nur rein quantitativ nach der absolvierten Arbeitszeit. Wird nach letzterer abgerechnet – eine Situation, die wir mehr oder weniger in der DDR hatten – sinkt die Produktivität fast zwangsläufig ab, entstehen Disproportionen, die jede volkswirtschaftliche Planung über den Haufen werfen, wird durch stockenden Materialfluß auch denen das Arbeiten unmöglich gemacht, die mehr leisten würden, entsteht am einen Ende Mangel, am anderen Überschuß, und beides untergräbt den Reproduktionsprozeß. Um Leistung aber meßbar zu machen, muß der Verbraucher unter Produkten verschiedener Betriebe wählen können, und innerhalb der Betriebe bedarf es umfassender Mitbestimmung, damit der einzelne nicht die Konsequenzen fremder Entscheidungen auszubaden hat. Gesamtgesellschaftliche Planung und Prioritätensetzung wiederum macht wirkliche Demokratie erst möglich, indem die substantiellen Fragen durch die Vergesellschaftung des Eigentums in die politische Entscheidungsfindung *zurückgeholt* werden, anstatt – wie heute – einem Clan der Wirtschaftsmächtigen überlassen zu sein.

War die Marxsche These von den gegen die Produktionsverhältnisse revoltierenden Produktivkräften zur Zeit des »Manifest« eher weitblikkende historische Vorwegnahme als realistische Gegenwartsbeschreibung, erscheint sie mit Blick auf die kapitalistische Globalökonomie unserer Zeit, die Verelendung ganzer Kontinente, die Massenarbeitslosigkeit und ökologische Zerstörungswut, die abgewürgte Bedarfsgüterproduktion und die anarchisch expandierenden Weltfinanzmärkte, die nur durch immer neue und immer größere politische Feuerwehraktionen vor dem Desaster bewahrt werden, – erscheint sie mit Blick auf diese heutige Globalökonomie alles andere als weltfremd. Ein Zusammenbruch der kapitalistischen Weltwirtschaft im Selbstlauf wird freilich heute ebensowenig stattfinden wie vor hundert Jahren. Es gibt immer innerkapitalistische Auswege. Der gegenwärtige lautet: Verstärkung des staatlichen Repressionsapparates, Aushöhlung bürgerlich-demokratischer Rechte, großer Lauschangriff, Verschärfung des Strafrechts, eine Europolkonvention, die alle nationalen Gesetze mit Füßen tritt, eine neue geheime Staatspolizei, wie sie der thüringische SPD-Innenminister Dewes fordert, kurz: der Euro-weite Polizeistaat in festungsartigen Grenzen und unter deutscher Vorherrschaft. Und wenn das alles nicht reicht, vielleicht noch Schlimmeres. Der neofaschistische Rand wird nicht umsonst in Reserve gehalten und auf Bundeswehrakademien eingeladen. Längst plagen nicht nur die Herren Henkel und Hundt, die derzeit mit solchen »Denkanstößen« durch die Presse tollen, sondern auch den Deutsch-Banker Norbert Walter Zweifel, ob die rigorose Umverteilung zugunsten der Reichsten im Rahmen der Strukturen bürgerlicher Demokratie durchsetzbar ist. In einem Buch unter dem schönen Titel »Der neue Wohlstand der Nation« schreibt der letztere: »All diesen Herausforderungen [die in den kommenden Jahren angeblich vor uns liegen] kann nur entsprochen werden, wenn die Wirtschaftspolitik der Absicherung und der Befriedigung von Ansprüchen lautstarker Gruppen weniger Aufmerksamkeit schenkt und sich einer Politik der Förderung der Motivation der einzelnen zuwendet. Eine solche Politik zwingt dazu, Gruppeninteressen zu enttäuschen. Sie impliziert eine Politik der Konflikte. Wie eine solche Politik in einer Demokratie mit Volksparteien, die meist nur mit knappen Mehrheiten der jeweils Regierenden ausgestattet sind, realisiert werden kann, ist nur schwer auszumachen. Ob die bisherige Unzufriedenheit mit dem Konjunktursteuerer Staat, dem Strukturkonservator Staat und dem Sozialstaat ausreicht, um Härte gegen viele Gruppen gesellschaftspolitisch erträglich zu machen, bleibt trotz engagierter Reden gegen die hohe Staatsverschuldung abzuwarten.« Was zu tun ist, wenn die alternativlos geforderte »Härte gegen viele Gruppen« innerhalb der bestehenden politischen Strukturen nicht durchsetzbar sein sollte, schreibt der Banker nicht – da mag der Leser seine eigenen Schlüsse ziehen.

Der Sumpf, der da noch fruchtbar ist, modert also keineswegs in erster Linie in brandenburgischen Dörfern und unter verspießerten Kleinbürgern; was in Ost wie West unter den aus allen sozialen Bindungen Herausgeschleuderten entsteht, ist – in einem Amalgam von Resignation, Zukunftsangst und Aggressivität gegenüber dem noch Schwächeren – schlimmstenfalls das nutzbare Potential. Da die soziale Integration der Arbeiterklasse nicht mehr machbar ist, spricht einiges dafür, die nationalistische wieder zu versuchen. Ob sie funktionieren wird, hängt allerdings auch und in hohem Grade von der Politik der Linken ab. Die rechten Demagogen haben doppelte Chance, Anhang zu finden, wenn links keine ernsthafte Alternative erkennbar wird: sei es, weil Linke als Regierungswillige oder Mitregierende ihr Programm in den verwertungskonformen Rahmen eingezwungen haben, sei es, weil sie, zufrieden mit der selbstgewählten Nische, den Kampf für soziale Ziele und um Einfluß in Betrieben und Gewerkschaften längst abgeschrieben haben.

Eine Linke indessen, die darum ringt, eine soziale Basis auch unter den Arbeitenden wiederzugewinnen, die die sozialistische Alternative als machbare konzeptionell untersetzt, die Widerstand, wo immer er sich regt, mit all ihren Möglichkeiten unterstützt, hat durchaus Chancen, zum Enstehen breiter Gegenwehr gegen die kapitalistische Barbarei beizutragen. Dazu bedarf es nicht realpolitischer Reformkonzepte, sondern – im Gegenteil – möglichst vieler Leute, die es schlicht und einfach nicht mehr interessiert, ob und wie ihre Forderungen profitkonform finanziert werden können, die – wie die Studierenden – einfach nicht mehr bereit sind, die Zeche für eine immer schamlosere Bereicherung der Reichsten zu zahlen. Solche Gegenwehr kann auch schon hier und heute der Umverteilungsmaschinerie Steine ins Getriebe werfen. Wenn in sensiblen Bereichen gestreikt wird, wenn Fernfahrer – wie in Frankreich – Autobahnen blockieren, wenn Demonstranten zäh und kontinuierlich die Innenstädte bevölkern, wenn – kurz – das Kapital den von ihm so geschätzten »sozialen Frieden« in Gefahr geraten sieht, wird es Zugeständnisse machen, – und irgendwann werden die Leute sich gerade aus den Erfahrungen solcher Kämpfe heraus nicht mehr mit Zugeständnissen abspeisen lassen.

Denn eine grundlegend andere Verteilung setzt eben eine grundlegend veränderte Gesellschaft voraus. Der Weg dahin ist nicht Anbiederung an die Unternehmerverbände und Mitkungeln im Einheitsbrei etablierter Politik, sondern Widerstand von unten, Gegenwehr vor allem im außerparlamentarischen Bereich, und ein eindeutiges politisches Nein zu den Sachzwängen kapitalistischer Profitwirtschaft, die alles andere sind als das non plus ultra jeder Gesellschaftsgestaltung.

Bitte beachten Sie die nächsten Seiten.

160 Seiten, 11 Abbildungen, Hardcover

19,90 DM ISBN 3-89144-258-0

Karl Heinz Jahnke
Sie haben nie aufgegeben
CARTE D'IDENTITE
CARTE D'IDENTITE
Ettie und Peter Gingold –
Widerstand in Frankreich und Deutschland
PAHL-RUGENSTEIN

Europa-strategien des deutschen Kapitals 1900 1945

Herausgegeben von Reinhard Opitz

PAHL-RUGENSTEIN

Hardcover, 1070 Seiten,

68,00 DM ISBN 3-89144-198-3